Heike Dunkhorst

Gestaltung und Beschäftigung

Lehrbuch Altenpflege

Heike Dunkhorst

Gestaltung und Beschäftigung

2., überarbeitete Auflage

Vincentz Network

Bibliografische Information Der Deutschen Bibliothek

Die Deutsche Bibliothek verzeichnet diese Publikation in der Deutschen Nationalbibliografie; detaillierte bibliografische Daten sind im Internet über <http://dnb.ddb.de> abrufbar.

Zur Entlastung unserer Umwelt auf chlorfrei gebleichtem Papier gedruckt.

Kleines Titelfoto oben: Werner Krüper, Steinhagen

Zeichnungen: Olaf Thielsch, Osnabrück

Druck: Kösel GmbH & Co. KG, Krugzell

Gestaltung: BöHM Druckvorstufe, Ronnenberg

ISBN 3-86630-000-X

Inhaltsverzeichnis

Vorwort

»Gestaltung und Beschäftigung«, »psychosoziale Betreuung« oder »Aktivierungsangebote« – diese Begriffe haben inzwischen einen festen Platz in der ganzheitlichen Altenpflege und beinhalten umfangreiche Bedeutungen. Beschäftigung ist Gesundheitsförderung, denn da wo gelacht wird und Bewegung ist, ist Lebendigkeit und Wohlbefinden. Präventiv und prophylaktisch werden Einschränkungen durch Krankheiten oder Schwächen damit vorgebeugt. Gleichzeitig steigt der Anspruch der alten Menschen und der Gesellschft an rehabilitativen Angeboten der stationären und teilstationären Altenpflege.

Mit diesem Buch möchte ich alle in der Altenpflege Tätigen weiterhin ermuntern und befähigen Beschäftigungsangebote einzusetzen und Kommunikation, Wahrnehmung und Bewegung bei den alten Menschen zu fördern. Unabhängig von Pflegetheorien, Konzepten oder Therapieformen soll dieses Buch Basisinformationen liefern und praktische Hinweise zur konkreten Umsetzung geben. Die unterschiedlichen Aktivitäten wie Spielen, Gedächtnistraining oder Seniorengymnastik sind methodisch- didaktisch aufbereitet, damit diese Inhalte entsprechend der Zielgruppe pädagogisch durchdacht in der Altenarbeit verwirklicht werden können.

Diese zweite überarbeitete Auflage wurde ergänzt durch die Kapitel »10-Minuten-Aktivierung« und »Snoezelen«. Dieses erschien mir notwendig, da die Anzahl dementiell erkrankter alter Menschen in den Altenpflegeeinrichtungen stark gestiegen ist und eine qualifizierte gerontopsychiatrische Betreuung erforderlich macht. Unter diesem Aspekt ist auch das Kapitel »Gestaltung der Wohnumwelt« um weitere Hinweise ergänzt worden.

Ich hoffe, dass Sie durch die Anregungen und Überlegungen in diesem Buch sowohl in der Ausbildung wie auch in Ihrem Berufsleben inspiriert werden und gute Begegnungen mit den alten Menschen erfahren.

Heike Dunkhorst

Gestaltung und Beschäftigung – ein pflegerischer Grundanspruch

Das Ziel ist,

- *die Bedeutung von Gestaltungs- und Beschäftigungsangeboten im Sinne der ganzheitlichen Altenpflege zu erkennen.*

DAS ZIEL IST...

Zu den Inhalten der Altenpflegeausbildung gehören neben allgemeinen theoretischen Grundlagen die medizinisch-pflegerischen Fächer und die sozial-pflegerischen Fächer. Da die Ausbildung nicht bundeseinheitlich geregelt ist, werden für den sozialpflegerischen Bereich unterschiedliche Fächerbezeichnungen benutzt, wie z. B. Geragogische Medien = Darstellen, Bewegen und Gestalten, oder musisch-kulturelle Arbeitsformen oder Aktivierung und Rehabilitation. Die Inhalte dieser Fächer befassen sich mit der Aktivierung und Beschäftigung zur Förderung der Selbständigkeit, Zufriedenheit und der Lebensqualität der alten Menschen. Dieses Buch will Anregungen geben und Möglichkeiten aufzeigen, wie die Beschäftigung in den Alltag der Altenpflege zu integrieren ist. Zum einen soll es Wissensgrundlagen geben, und zum anderen soll es zu Tätigkeiten anregen, die zu einer ganzheitlichen Altenpflege führen.

Unterschiedliche Fächerbezeichnungen

Ganzheitliche Altenpflege bedeutet:

Ganzheitliche Altenpflege

- die Zusammenhänge von Körper, Geist, Seele und Umwelt zu erkennen und zu berücksichtigen,
- die Lebenssituation des alten Menschen anzuerkennen und Hilfen anzubieten, die gewünscht und möglich sind,
- nicht nur auf Defizite zu reagieren, sondern die Stärken und gesunden Anteile der Persönlichkeit wahrzunehmen und zu unterstützen,
- die psychosoziale Betreuung gleichberechtigt neben die körperliche Versorgung zu stellen,
- individuell und flexibel auf die alten Menschen zu reagieren,
- mit Angehörigen zusammenzuarbeiten, um den Bezug zur Lebensgeschichte des alten Menschen zu erhalten.

Das oberste Ziel der Altenpflege ist das psychophysische und psychosoziale Wohlbefinden des alten Menschen. Durch Förderung, Erhaltung und Wiederherstellung alltagspraktischer Kompetenzen soll dem alten Menschen ein höchstmögliches Maß an Autonomie und Selbstbestimmung ermöglicht werden. Laut der Definition des

Autonomie und Selbstbestimmung

Kuratoriums Deutsche Altershilfe (KDA) und des Deutschen Roten Kreuzes (DRK) sind die wichtigsten Prinzipien der Altenpflege Ganzheitlichkeit und Aktivierung, Personenzentriertheit und Interaktionsorientierung.

Psychosoziale Betreuung

Dieses personenorientierte Pflegekonzept macht deutlich, dass neben dem Fachwissen über eine gute körperliche und medizinische Versorgung auch das Fachwissen über psychosoziale Betreuung einen großen Stellenwert hat.

Die unterschiedlichen Arbeitsfelder in der ambulanten (Sozialstation, ambulanter Dienst), teilstationären (Tagespflegeeinrichtung, Kurzzeitpflege, Betreutes Wohnen) und stationären Altenpflege (Altenpflegeheim, Geriatrische und Gerontopsychiatrische Klinik) unterscheiden sich durch die dazugehörige Bewohnerstruktur[1] und deren Erwartungen. Die beschriebene Zielsetzung gilt jedoch für alle Einrichtungen der Altenhilfe. Um diese Ziele zu erreichen, hat die Beschäftigung, wie z. B. das Erzählen, Lesen, Spielen, Singen, Bewegen und Feiern, einen unentbehrlichen und wesentlichen Wert in der Arbeit mit Hochbetagten[2].

»Das klingt gut und ist auch richtig,« werden sie jetzt denken »aber dafür bleibt doch im Alltag keine Zeit!« Das ist ein Argument, das immer wieder angeführt wird und mit dem sich auf einfachste Weise erklären lässt, warum in der Altenpflege die Schere zwischen den Ansprüchen und der beruflichen Realität auseinander geht. Natürlich kostet Beschäftigung Zeit, und der Zeitfaktor ist auch, oder gerade im Zusammenhang mit der Pflegeversicherung, ein wichtiger, mitwirkender Gesichtspunkt. Doch wenn alle Mitarbeiter der Pflege verinnerlicht haben, dass Körper, Geist und Seele zusammengehören und sich gegenseitig beeinflussen, darf die Pflegearbeit sich nicht auf das Körperliche beschränken!

---

1 Die Bezeichnung »Bewohner« wird hier und im folgenden Text synomym zu Kunde, Patient oder Klient benutzt. Trotz des Wissens um die Bedeutung der Sprache und Ausdrucksweise soll dieses zur Vereinfachung des Lesens beitragen.

2 Die Begriffe »Hochbetagte« und »alte Menschen« werden bedeutungsgleich in diesem Buch benutzt.

Verbesserung der Mobilität

Außerdem kann Beschäftigung auch Zeit sparen. Einerseits kann durch die Aktivierung eine Verbesserung der Mobilität der Hochbetagten erreicht werden, so dass an anderer Stelle weniger Hilfe in Anspruch genommen werden muss. Andererseits wird durch die geplante und zielgerichtete Beschäftigung dem Wunsch nach Aufmerksamkeit und Zuwendung nachgekommen, so dass das »Dauerklingeln« aus Langeweile oder Unruhe verbleibt.

AEDL

Im Sinne der Ganzheitlichkeit sind die Aktivitäten und Existentiellen Erfahrungen des Lebens (AEDL) an den Grundbedürfnissen des Menschen ausgerichtet. Die Beschäftigung hilft Bedürfnisse zu erkennen und zu befriedigen und leistet so einen wichtigen Beitrag zur Realisierung einer ganzheitlich-fördernden Pflege.

Das Verwirklichen von Beschäftigung bzw. Beschäftigungsangeboten in der Altenpflegearbeit verlangt fundiertes sozialpsychologisches Wissen, gekoppelt mit Kreativität und Vertrauen.

Gestaltung und Beschäftigung als Mittel, um Informationen zu gewinnen und Ressourcen zu erkennen

Die Informationssammlung und das Erfassen von Problemen und Ressourcen eines alten Menschen sind die Grundvoraussetzungen für eine individuelle Pflegeplanung. Mit Hilfe einer Checkliste, der Biographie und/oder nach dem Konzept der Aktivitäten des täglichen Lebens (ATL) bzw. den Aktivitäten und Existentiellen Erfahrungen des Lebens (AEDL) wird die Situation des Pflegebedürftigen erfasst. Dabei werden Informationen gesammelt über Bedürfnisse, Erwartungen und Lebensgewohnheiten.

Individuelle Pflegeplanung

Das bedeutet, vor der Pflegehandlung steht das Kennenlernen des Menschen. Anders formuliert: Das Wissen über und die Kenntnis von einer Person, gekoppelt mit biographischem Verständnis, sind die Voraussetzungen für eine individuelle Pflege.

Kennenlernen des Menschen

Diese Grundvoraussetzungen haben für die Beschäftigung zwei wichtige Bedeutungen:

1. Um eine angemessene Beschäftigung für Hochbetagte zu planen und durchzuführen, werden vorab Informationen über die Teilnehmer benötigt. Welche Fähigkeiten und Interessen, welche anthropogenen (individuellen) und sozialkulturellen (gesellschaftlich bedingten) Voraussetzungen haben die Menschen, die angesprochen werden sollen? An welche Erfahrungen kann angeknüpft werden, an welchen Inhalten sind die Bewohner interessiert? Das bedeutet, ich brauche Kenntnis über die Zielgruppe, um adäquat, also angemessen, für und mit den alten Menschen arbeiten zu können.

Kenntnis über die Zielgruppe

2. Während oder in der Beschäftigung erhalte ich eine Menge Informationen von den Bewohnern. Hier ist es möglich, die alten Menschen besser – und auch oft anders – kennenzulernen und die Ressourcen zu erkennen.

Ressourcen erkennen

Ressourcen

Im Berufsalltag einer Altenpflegerin nehmen die medizinalpflegerischen Versorgungen einen großen Raum ein. Ständig haben die Pflegekräfte mit den Defiziten von Alter und Krankheit zu tun, wie z. B. Bewegungseinschränkungen und Multimorbidität. Doch in der Beschäftigung wird eine andere Sichtweise der alten Menschen möglich. Gemeinsam wird gelacht, jeder entdeckt etwas Neues am Gegenüber, nimmt Reaktionen wahr, mit denen keiner gerechnet hat. Der alte Mensch kann anders erlebt werden, nicht mit seinen Einschränkungen, sondern mit seinen Ressourcen. Spontanität, Humor, Neugierde und Lebensweisheit werden erfahrbar. Bei verschiedenen Praktikumsbesuchen in Einrichtungen der Altenpflege habe ich langjährige MitarbeiterInnen angetroffen, die nach einer Beschäftigungsstunde mit Hochbetagten völlig erstaunt waren über das Verhalten einzelner alter Menschen. »Ich wusste gar nicht, dass Frau M. so gesprächig sein kann; ich habe gestaunt, dass Frau B. trotz ihrer Körperbehinderung so geschickt mit einem Ball umgehen kann; ich habe heute erst erfahren, dass Herr D. viele Jahre einen Kirchenchor geleitet hat.« Diese Beispiele machen deutlich, wie bereichernd Beschäftigung für die alten Menschen und für das Pflegepersonal sein kann. Außerdem können die neugewonnenen Informationen über die Bewohner in den Pflegeprozess aufgenommen werden, um dem Anspruch nach personenorientierter, ganzheitlicher Pflege ein Stück näher zu kommen.

Gestaltung und Beschäftigung als Mittel zur Verbesserung der Kommunikation

In der Beschäftigung liegt ein hohes Potential an Gesprächsanregungen. Im Alltag verläuft die Kommunikation zwischen Pflegeperson und Hochbetagten oft einseitig. Das kann einerseits an krankheitsbedingten Sprachstörungen liegen, andererseits passiert so wenig, worüber gesprochen werden kann. »Haben sie gut geschlafen? Hat das Mittagessen geschmeckt? Wie geht es ihnen heute?« Mit Freunden und Bekannten wird über Dinge gesprochen, die den Alltag ausmachen, z.B. Ladenöffnungszeiten, Kinoprogramm, Ärger mit dem Nachbarn oder den Anruf einer Freundin. Doch in der Altenarbeit, und hier vor allem in der stationären Altenpflege, fehlen häufig Gesprächsinhalte. Natürlich kann auf das frühere Leben der alten Menschen zurückgegriffen werden: »Wohin sind Sie früher in den Urlaub gefahren? Hatten Sie einen eigenen Garten?« Doch die Hochbetagten leben nicht nur in der Vergangenheit und sollten auch nicht auf diese reduziert gesehen werden. Die Beschäftigung kann hier eine Lücke schließen. Es passiert etwas, um miteinander ein Gesprächsthema zu haben. Das Beschäftigen bietet vielseitige Möglichkeiten der Kommunikation.

Gesprächsinhalte

Anregung

Bewohner und Bewohnerinnen von Altenpflegeheimen sollten dazu ermuntert werden, an Gruppenveranstaltungen in oder außerhalb des Hauses teilzunehmen, indem sie persönlich angesprochen und auf die Veranstaltung aufmerksam gemacht werden. Doch manche Bewohner scheuen sich, an einer neuen Gruppe teilzunehmen. Diese Hemmschwelle wird vielleicht einfacher überwunden, wenn beim ersten Mal eine vertraute Person mitgeht.

Gestaltung und Beschäftigung als Mittel, um Angehörigenarbeit zu gestalten

Eine Aufgabe der Altenpflege ist die Angehörigenarbeit. Sowohl pflegende Angehörige als auch Verwandte von Bewohnern in teilstationären und stationären Einrichtungen sollen informiert, beraten und unterstützt werden. Die Einbeziehung von Angehörigen in die Beschäftigung kann auf vielfältige Weise Entlastung und Bereicherung bedeuten.

Angehörigenarbeit

Entlastung und Bereicherung

1. Angehörige fühlen sich häufig unsicher bei Besuchen in Institutionen der Altenhilfe (vor allem mit verwirrten Menschen). Indem das Pflegepersonal hier unterstützend, begleitend und motivierend handelt, können Angehörige sicher und selbständig werden. Eine Sammlung von Spielen, kleinen Geschichten zum Vorlesen oder Bildbänden, die man gemeinsam ansehen kann, würde eine gute Grundlage bieten, um Angehörigen etwas »in die Hand zu geben«, um sich gemeinsam mit dem alten Menschen damit zu beschäftigen.
2. Die Zusammenarbeit bei Festen und die Begleitung bei Ausflügen und Ferienmaßnahmen sind wichtige Punkte in der Angehörigenarbeit. Für Angehörige und Hochbetagte sind dabei gemeinsame Aktionen von Bedeutung, um noch einmal »wie in alten Zeiten« gemeinsam etwas zu unternehmen und zu erleben.

Gemeinsame Aktionen

3. Angehörige sind häufig eine wichtige Ressource bei der Informationssammlung und Biographiearbeit in der Pflegeplanung. Das gilt insbesondere bei Angehörigen von dementiell erkrankten alten Menschen.

Wichtige Ressource bei der Informationssammlung

Anregung

Stellen Sie sich vor, Sie sind in einem Altenpflegeheim tätig und sollen einen Fragebogen entwerfen, in dem Sie Angehörige über Interessen und Lebensgewohnheiten der Hochbetagten um Auskunft bitten. Versuchen Sie so einen Fragebogen zu entwerfen!
(Ein paar Stichpunkte dazu: Lieblingsmusik, Gewohnheiten beim Essen, Fotos, evtl. mit Beschriftung, frühere Vereinszugehörigkeiten, Umgang mit Haustieren)

Gestaltung und Beschäftigung als Mittel der Qualitätssicherung

Im Rahmen des Pflegeversicherungsgesetzes wird die Gewährleistung der Pflegequalität gefordert. Dazu gehören unter anderem ein Pflegekonzept, die Pflegeplanung, die Dokumentation und hinreichend qualifiziertes Personal. Beinhaltet das Pflegekonzept die Ganzheitlichkeit bzw. personenorientierte Pflege, ist die Beschäftigung ein Bestandteil der Pflege. Alte Menschen und deren Angehörige werden bei der Wahl einer Institution oder eines Dienstleistungsunternehmens in Zukunft verstärkt auf das Preis-/Leistungsniveau achten. Nur die Einrichtungen, die einen guten Ruf haben bzw. gute Arbeit leisten, können auf dem Altenhilfemarkt weiterhin bestehen. Auch aus diesem Grund lohnt es, mit Angeboten zur Beschäftigung die Qualität der Pflege zu sichern.

Pflegequalität

Preis-/
Leistungsniveau

Eine Grundvoraussetzung der Beschäftigung

Wenn ich als Altenpflegerin eine Bewohnerin gewaschen, angezogen und das Bett frisch bezogen habe, ist meine Arbeit sichtbar. Ich sehe, dass ich etwas geschafft habe, und meine Kolleginnen sehen es auch. Das Resultat meiner Arbeit ist deutlich und in dem Moment erkennbar. Anders ist es, wenn ich mich zehn Minuten zu drei BewohnerInnen in die Flurecke setze und mit ihnen ein kleines Denkspiel mache (z.B. Welche Berufe kennen Sie, in denen eine Uniform oder eine bestimmte Arbeitskleidung getragen wird?).

Dabei stellt sich kein sichtbares, mit den Augen wahrnehmbares Arbeitsergebnis ein. Und eine Kollegin, die mich dort sitzen sieht, denkt vielleicht »statt zu arbeiten, sitzt sie nur rum!«

Eine Grundvoraussetzung für die Beschäftigung, die sich nicht unmittelbar auf die körperbezogene Grundversorgung der Pflegebedürftigen richtet, ist, dass alle Kolleginnen und Kollegen die Beschäftigung als legitim und wichtig ansehen, so dass die Motivation und auch die Bestätigung durch die Mitarbeiter erfolgen kann. Leider ist in vielen Einrichtungen der Altenhilfe in diesem Bereich auch heute noch ein großes Defizit zu beklagen. Eine weitere

Intensive Kommunikation im Pflegeteam

wesentliche Ressource im Umgang mit der Beschäftigung ist die intensive Kommunikation im Pflegeteam.

Gruppenarbeit mit Hochbetagten

Das Ziel ist,

- *die Bedeutung und Wirkung von Gruppenarbeit mit Hochbetagten zu erkennen,*
- *die beeinflussenden Faktoren zu erfassen und somit Gruppenarbeit in der Altenarbeit sinnvoll einsetzen zu können.*

DAS ZIEL IST...

Die Teilnahme an Gruppenveranstaltungen gibt den alten Menschen die Möglichkeit, mit anderen Menschen in Kontakt zu treten, soziale Beziehungen zu stärken und eigene Fähigkeiten und Fertigkeiten zu erleben. Gruppenarbeit ist eine Methode in der sozialen Arbeit, die Kommunikation fördert, individuelles Lernen ermöglicht und ein Gemeinschaftsgefühl erleben lässt.

Gemeinschaftsgefühl erleben

Der Begriff »Gruppe« soll hier verwendet werden für eine Anzahl von Menschen, die über eine bestimmte Zeitdauer häufig miteinander Umgang haben und sich von Angesicht zu Angesicht kennen. Auch gemeinsame Interessen und ein Zusammengehörigkeitsgefühl zeichnen eine Gruppe aus.

Bedeutung und Ziele der Gruppenarbeit mit alten Menschen

Die Gruppenarbeit kann, wenn sie gut gestaltet wird, eine hohe Bedeutung haben. Folgende Faktoren machen diese Bedeutung aus:

Neue Kontakte

1. Die Gruppe bietet neue Kontakte und einen gewissen Ersatz für verlorengegangene zwischenmenschliche Beziehungen. Besonders für isolierte oder vereinsamte alte Menschen ist das Kontakteknüpfen in einer Gruppe einfacher, als allein auf jemanden zuzugehen. Durch das gemeinsame Erleben, durch gemeinsame Erfahrungen in der Gruppenarbeit können Beziehungen erwachsen, die die Hochbetagten zu weiteren Kontakten und gegenseitiger Hilfestellung motivieren.

Gegenseitige Hilfestellung

Austausch mit Gleichaltrigen

2. Die Gruppenarbeit bietet die Möglichkeit, anderen Menschen zu begegnen, sich auszutauschen. Dieser Austausch mit Gleichaltrigen, also mit Menschen, die in ähnlichen Situationen sind, vermittelt den Hochbetagten, dass nicht nur sie als einzelne Belastungen und Einschränkungen erfahren. Die Konfrontation mit den Beschwerden und auch dem Wohlbefinden der anderen regt an, die eigenen Befähigungen und Einschränkungen bewusst wahrzunehmen und so auch evtl. zu verändern.
3. In der Gruppe können alte Menschen neue Erfahrungen mit sich und anderen Menschen machen. Fähigkeiten und Fertig-

keiten können ausprobiert, wiedergewonnen und erweitert werden. Dadurch ist es möglich, Anerkennung und Selbstvertrauen zu gewinnen und zu erhalten. Außerdem können durch die Gruppenarbeit gleiche oder ähnliche Interessen und Neigungen erkannt werden, die auch außerhalb der Gruppe soziale Beziehungen stärken.

Anerkennung und Selbstvertrauen

4. Zusätzlich zu den zwischenmenschlichen Erfahrungen können Hochbetagte durch die Teilnahme an unterschiedlichen Programmangeboten Fähigkeiten und Kompetenzen zur besseren Bewältigung ihres Alltags wiedererlangen und erweitern.

Bessere Bewältigung ihres Alltags

Zusammenfassend betrachtet, fördert das gemeinsame Handeln in der Gruppe beim einzelnen die Gemeinschaftsfähigkeit, das Selbstbewusstsein und die Eigeninitiative.

Überlegungen zur Planung und Vorbereitung der Gruppenarbeit

Die Durchführung der Gruppenarbeit mit Hochbetagten erfordert eine sorgfältige Planung und Vorbereitung. Es müssen gruppeninterne und -externe Bedingungen geschaffen werden, damit die oben genannten Zielvorstellungen erreicht werden können und die positiven Auswirkungen sichtbar werden.

Am Anfang der Planung muss sich die Gruppenleitung ein möglichst genaues Bild von den Gruppenteilnehmern machen. Mit den Informationen über die Gruppe wird dann das Thema, also der Inhalt der Gruppenstunde festgelegt. Anschließend werden die Ziele gesetzt, die erreicht werden sollen. Diese Herangehensweise ist ähnlich wie bei der Pflegeplanung, am Anfang steht die Informationssammlung einschließlich des Erkennens der Probleme und Ressourcen, dann werden die Ziele formuliert.

Informationssammlung

Neben den inhaltlichen Vorbereitungen sind äußere Rahmenbedingungen zu planen und zu beachten.

Rahmenbedingungen

Gruppengröße

Die Zahl der Teilnehmer ist abhängig von der Zielsetzung, der Arbeitsweise und der Organisationsform. Bei der Organisationsform wird unterschieden zwischen offenen, halboffenen und geschlossenen Gruppen.

Offene Gruppe

Offene Gruppen sind für jeden Interessierten leicht zugänglich und bieten die Möglichkeit, das Mitmachen auszuprobieren. Durch diese unverbindliche Teilnahme wird einerseits die Hemmschwelle einer Gruppe beizutreten herabgesetzt. Andererseits wird die Beziehung zwischen den Teilnehmern weniger intensiv erlebt und bleibt weitgehend auf die Leitung und die von ihr angebotenen Programmaktivitäten zentriert. In einer offenen Gruppe bildet sich in der Altenarbeit häufig eine feste Kerngruppe, also Teilnehmer, die jedesmal dabei sind und sich gut untereinander kennen. Dazu kommen Hochbetagte, die hin und wieder dabei sein möchten.

Geschlossene Gruppe

Eine geschlossene Gruppe zeichnet sich dadurch aus, dass alle Mitglieder gemeinsam beginnen und gemeinsam aufhören. Ausscheidende Mitglieder werden dabei in der Regel nicht ersetzt. Geschlossene Gruppen eignen sich besonders für die therapeutische Arbeit. In den halboffenen Gruppen wird die Gruppengröße durch das Ersetzen von ausgeschiedenen TeilnehmerInnen konstant gehalten.

Die Gruppengröße ist auch abhängig von der Zielgruppe und der Zielsetzung. Eine Kleinstgruppe, bestehend aus zwei oder drei Personen, kann sinnvoll sein, wenn die Hochbetagten viel Hilfe von der Gruppenleitung brauchen (z.B. bei einer Werkarbeit).

So eine kleine Gruppe kann den Teilnehmern Sicherheit geben und Möglichkeiten bieten, um Erfahrungen in der Gruppenarbeit zu sammeln. Manche alte Menschen scheuen sich, vor einer großen Gruppe zu reden, werden aber im kleinen Kreis gesprächig. Außerdem ist es für eine Gruppenleitung zweckmäßig, mit einer kleinen Gruppe zu beginnen, um selber Sicherheit zu gewinnen und jeden Teilnehmer bewusst wahrnehmen zu können.

Bei regelmäßig stattfindenden Gruppen in der Altenarbeit ist eine Gruppengröße von sechs bis zwölf Teilnehmern zweckmäßig. Bei einer kleineren Anzahl werden aufgrund der bei Älteren unvermeidbaren Fehlzeiten, z. B. durch Krankheit oder Arztbesuche, die Treffen oft nur von drei oder vier Teilnehmern besucht. Dieses beeinträchtigt dann die Arbeitsfähigkeit und entmutigt sowohl die Hochbetagten wie auch die Gruppenleitung. Eine zu große Teilnehmerzahl erschwert das Zusammenwachsen der Gruppe, und auf die Bedürfnisse von einzelnen kann nicht mehr eingegangen werden.

Natürlich ist die Gruppengröße auch abhängig vom Gruppenraum, z. B. bei einer Kochgruppe.

Gruppenraum

Eine wesentliche Voraussetzung für das Gelingen einer Gruppenarbeit ist ein geeigneter Raum, der passend zur Zielsetzung und zum Thema ausgewählt werden sollte. Zum Beispiel bei der Seniorengymnastik wird viel Platz benötigt, beim Gedächtnistraining Ruhe und bei Werkarbeiten ein leicht zu reinigender Fußboden. Allen gemein ist, dass der Raum über die gesamte Dauer der geplanten Gruppenarbeit regelmäßig zur Verfügung stehen sollte.

Zielsetzung und Thema

Beleuchtung
Mobiliar
Raumtemperatur

Bei der Ausstattung des Raumes muss auf eine gute Beleuchtung geachtet werden; das Mobiliar soll bequem sein, die Stühle und Tische sollten eine angemessene Höhe haben. Die Gruppenleitung muss auf die passende Raumtemperatur und auf genügend Frischluftzufuhr achten. Ein Telefon oder eine Klingel sollte in unmittelbarer Nähe sein, um bei Schwierigkeiten Hilfe herbeirufen zu können. Werden in der Gruppenarbeit elektrische Geräte (z. B. Kassettenrecorder, Bügeleisen) benötigt, muss die Gruppenleitung Kenntnis haben über den Sitz und die Anzahl von Steckdosen, so dass sie gegebenenfalls Verlängerungskabel oder Mehrfachsteckdosen besorgen kann. Eine Toilette sollte in der Nähe des Gruppenraumes sein, von der die Teilnehmer Kenntnis erhalten. Außerdem ist sicherzustellen, dass Störungen durch Hereinrauschende vermieden werden. Dazu ist es evtl. nötig, ein entsprechendes Schild an die Tür zu hängen. Bei manchen Arbeiten sollte ein Verbandskasten in greifbarer Nähe liegen.

Dass der Raum eine freundliche und gemütliche Atmosphäre ausstrahlen sollte, versteht sich von selbst. Ein jahreszeitlich passender Blumenstrauß, Bilder oder Materialien, die den Inhalt der Gruppenstunde ankündigen, machen den Raum nicht nur schöner, sondern haben auch einen Aufforderungscharakter. Auch die Gruppe kann dazu beitragen, das Zimmer weiter auszustatten und behaglich zu gestalten.

Zeitplanung

Kontinuität der Gruppenarbeit

Bei der Zeitplanung ist die Häufigkeit, die Dauer, sowie Tag und Stunde der einzelnen Treffen festzulegen. Im Interesse der Kontinuität der Gruppenarbeit sollten die Treffen regelmäßig und in nicht zu großen Abständen stattfinden. Die Praxis zeigt, dass sich wöchentlich wiederkehrende Gruppen vor allem in den stationären Altenhilfeeinrichtungen bewährt haben. In manchen Bereichen ist auch ein häufigeres Zusammentreffen sinnvoll, z. B. in der Arbeit mit verwirrten alten Menschen. Größere Abstände, wie monatliche Treffs, sind ungünstig. Fällt in diesem Fall mal eine Veranstaltung

aus, für den einzelnen oder für die ganze Gruppe, sind die zeitlichen Abstände zu groß, um eine kontinuierliche Arbeit zu gewährleisten. Der wöchentliche Termin sollte regelmäßig am gleichen Wochentag, zur gleichen Uhrzeit und im gleichen Raum stattfinden, damit sowohl die TeilnehmerInnen als auch die Institution diesen Termin fest einplanen können.

Tageszeit

Die Tageszeit einer Gruppenveranstaltung richtet sich nach dem Inhalt bzw. der Zielsetzung. Fordert die Veranstaltung Konzentration und Aufmerksamkeit, sollte sie am Vormittag stattfinden, gesellige Gruppenangebote passen besser in die Nachmittags- und frühen Abendstunden.

Dauer

Wird die Dauer der einzelnen Gruppenstunden geplant, muss berücksichtigt werden, dass Hochbetagte häufig nur eine begrenzte Konzentrationsfähigkeit haben und schnell ermüden. Darum sollte eine Gruppenarbeit mit inhaltlicher Arbeit nicht länger als eine Stunde, bei eher geselligen Veranstaltungen nicht länger als zwei Stunden dauern.

Die Zeitplanung muss mit der Institution und den Mitarbeitern abgesprochen werden, ebenso sind Mahlzeiten und andere Angebote zu berücksichtigen. Und natürlich müssen auch die Anliegen und Möglichkeiten der Hochbetagten in die Planung einbezogen werden.

Programmplanung (= methodische Umsetzung)

Die Programmplanung muss sich an den Interessen, Bedürfnissen und Fähigkeiten der alten Menschen orientieren und einen Alltagsbezug darstellen. Dabei müssen sowohl physische Beeinträchtigungen, wie Schwerhörigkeit, Sehschwäche und Bewegungseinschränkungen, berücksichtigt werden als auch emotionale Bedürfnisse, wie z. B. Anerkennung erhalten oder über Ängste sprechen.

Alltagsbezug

Folgende methodische Aspekte sollten beachtet werden. Zu Beginn einer Gruppenarbeit ist es wichtig, der Gruppe das Gefühl zu vermitteln, dass eine gute Vorbereitung der Gruppenstunde stattgefunden hat. Die Erwartungen der alten Menschen sind an die Gruppenleitung gerichtet. Eigene Wünsche und Bedürfnisse zu formulieren und kundzutun sind viele alte Menschen nicht gewöhnt. Die jetzigen Hochbetagten sind mit demokratischen »Spielregeln« wenig vertraut. Ein Urteil abzugeben oder der Mut, die eigenen Gedanken in einer Gruppe zu äußern, fällt alten Menschen häufig schwer. Diese Verhaltensweisen müssen erst langsam wachsen bzw. erlernt werden (bei jüngeren Alten ist das sicher schon anders). Den Teilnehmern muss also immer wieder deutlich gemacht werden, dass sie mitbestimmen können, dass ihre Wünsche und Bedürfnisse im Mittelpunkt stehen, und es nicht darum geht, ein Programm »durchzuziehen«. Die Gruppenarbeit soll den alten Menschen das Gefühl geben, dass sie akzeptiert und wichtig sind und selbst etwas zu der Arbeit beitragen können, das Programm mitgestalten können.

Demokratische Spielregeln

Wünsche und Bedürfnisse

Für den Beginn einer Gruppenstunde ist eine Aufwärmphase einzuplanen, in der sich die Teilnehmer örtlich und situativ orientie-

Aufwärmphase

ren können. Hierzu gehört die Begrüßung durch die Gruppenleitung und der Teilnehmer untereinander sowie ein Gespräch über alltägliche Vorkommnisse. Danach folgt die Aktivitätsphase oder auch Leistungsphase genannt, die abgestimmt auf die Zielgruppe 30 – 60 Minuten dauern sollte. Den Abschluss bildet die Ausklangphase, in der das Ende der Gruppenstunde angekündigt wird. Den Ausklang kann ein Gespräch zum vorangegangenen Thema bilden, ein gemeinsam gesungenes Lied oder ähnliches. An dieser Stelle kann auch nach Wünschen und Anregungen für die nächste Gruppenstunde gefragt werden. Die Verabschiedung der Teilnehmer bildet den Abschluss der Gruppenstunde und kündigt den Aufbruch an.

Aktivitätsphase

Ausklangphase

Abschluss

Bei der Programmplanung sind noch drei weitere methodische Aspekte zu beachten, die die Gruppenarbeit mit Hochbetagten vereinfachen. Erstens: » Thematische Orientierung«; ein thematischer Zusammenhang der einzelnen Übungen während einer Gruppenstunde sollte bestehen. Das gibt den Teilnehmern Sicherheit und hat einen Aufforderungscharakter eigene Gedanken beizusteuern. Zweitens: »Vom Bekannten zum Unbekannten«. Es gibt den einzelnen Teilnehmern Sicherheit, wenn am Anfang der Arbeit Aufgaben oder Anforderungen gestellt werden, die einen Wiedererkennungswert haben. Drittens: »Vom Leichten zum Schweren«.

Methodische Aspekte

Wird mit einfachen Arbeitsimpulsen begonnen, die von allen Teilnehmern bewältigt werden können, wird das Selbstwertgefühl der einzelnen gestärkt. Etwas zu können, etwas zu meistern, gibt Motivation weiter zu machen und auch größere Herausforderungen anzunehmen.

Aspekte der Gruppenleitung

Viele der von der LeiterIn wahrzunehmenden Aufgaben sind bereits beschrieben worden.

Die erste Aufgabe der Gruppenleitung ist es, einen stabilen äußeren Rahmen zu schaffen, in dem sich die Gruppe zusammenfinden und entwickeln kann. Dazu gehören sowohl die organisatorischen Rahmenbedingungen (Raum, Zeit, Gruppengröße usw.) als

Organisatorische Rahmenbedingungen

auch die regelmäßige Durchführung, das Achten auf die Anwesenheit bzw. das Fehlen der Teilnehmer und das gemeinsame pünktliche Beginnen und Beenden einer Gruppenstunde.

Soziales Klima

Die Gruppenleitung ist die zentrale Bezugsperson für die Gruppe als Ganzes und die einzelnen Teilnehmer. Ihr Verhalten dient als Modell für Normen und Regeln in der Gruppe. Das soziale Klima wird von der Gruppenleitung stark geprägt. Das kann Äußerlichkeiten betreffen wie pünktliches Erscheinen. Aber auch der Umgang miteinander wird durch sie geprägt, z. B. wie mit abweichenden Meinungen und Konflikten umgegangen wird. Ist die Gruppenleitung gut vorbereitet und fühlt sich sicher in ihrer Rolle, gibt das auch der Gruppe Sicherheit im Umgang untereinander und mit den gestellten Aufgaben.

Auswahl der Materialien

Wichtig ist, dass die Teilnehmer zu möglichst viel eigenem Handeln aktiviert werden. Das muss von der Gruppenleitung nicht nur bei der Programmgestaltung berücksichtigt werden, sondern auch bei der Auswahl der Materialien, z. B. müssen Aufgabenkarten groß bedruckt sein, damit sie jeder Hochbetagte selber lesen kann.

Die Gruppenleitung muss auf jeden einzelnen in der Gruppe eingehen, gleichzeitig aber auch der Gesamtgruppe gerecht werden. Das ist nicht einfach. Der Einzelne möchte so angenommen werden wie er ist, mit seinen Schwächen und seinen Eigenheiten. Andererseits steht das Gemeinsame in der Gruppenarbeit im Mittelpunkt. Hier muss die Gruppenleitung vermitteln zwischen den Erwartungen einzelner und der Gruppe. Das kann z. B. bedeuten, dass »Dauerredner« gebremst werden müssen und auch »Minderheiten« zu ihrem Recht kommen.

Eigenaktivität der Gruppe

Das Bemühen der Gruppenleitung sollte darauf gerichtet sein, die Eigenaktivität der Gruppe zu fördern, d. h. Wünsche und Erwartungen aufzuspüren und umzusetzen. Dazu gehört es, dass die alten Menschen mitentscheiden bei der Auswahl des Themas und des Programms. Erfahren die Gruppenteilnehmer, dass ihre Ideen und Vorschläge auch verwirklicht werden, wird sich ihre Beteiligung und Aktivität sicher verstärken.

Namenschilder

Der persönliche Umgang in einer Gruppe wird gefördert, wenn die Gruppenleitung die Hochbetagten mit ihrem Namen anspricht. Als Orientierungshilfe, auch für die Teilnehmer untereinander, können Namenschilder dienlich sein.

Um all den hier beschriebenen Anforderungen gerecht zu werden, muss sich die Gruppenleitung immer wieder selbst überprüfen, wie sie auf die alten Menschen zugeht und welche Gefühle gegenüber der Arbeit und der Gruppe bestehen.

Wissenschaftliche Untersuchungen beweisen, dass sich eine kontinuierliche und kreative Gruppenarbeit positiv stimulierend auf die alten Menschen, die Mitarbeiter und die ganze Institution auswirkt.

Einzelarbeit als Alternative zur Gruppenarbeit

Der Sinn und die positive Bedeutung von Gruppenarbeit wurde ausführlich aufgezeigt. Doch gibt es in der stationären und vor allem auch in der ambulanten Altenpflege Hochbetagte, die nicht an Gruppen teilnehmen können. Das kann vielfältige Gründe haben, z. B. Immobilität durch Bettlägerigkeit, Verwirrtheitszustände oder auch der bewusste Rückzug auf die eigene Person. Um auch diesen

Menschen Anregungen geben zu können, muss Einzelarbeit angeboten werden. Die Beschäftigung ist hier noch notwendiger als bei mobilen Hochbetagten. Auch oder besonders Bewohner, die stark eingeschränkt sind in ihrer geistigen und körperlichen Mobilität, brauchen Anregung durch sensorische und kognitive Reize.

Was ist bei der Einzelarbeit zu beachten?

Informationssammlung

Grundvoraussetzung ist auch hier die Informationssammlung (einschließlich der Biographie), das Wissen über Interessen, Gewohnheiten und Ressourcen der alten Menschen, damit die Inhalte der Einzelarbeit auf die Zielperson ausgerichtet werden können.

Dialog

Bei der Einzelarbeit muss darauf geachtet werden, dass die Beschäftigung in einem Dialog verläuft. Es sollte zu einer abwechselnd geführten Rede und Gegenrede kommen, also kein einseitiges Aus- oder Abfragen stattfinden.

Die Dauer einer Einzelarbeit muss auf die Zielperson ausgerichtet sein und sollte nicht länger als 30 Minuten betragen. Es hat sich gezeigt, dass ein tägliches Angebot von wenigen Minuten eine positive Veränderung im psychosozialen und körperlichen Bereich bewirken kann.

Selbstreflexion

Zu den Aufgaben einer Altenpflegeschülerin während des Praktikums in einem Altenpflegeheim gehörte die Pflege einer alten Dame. Diese war seit längerer Zeit bettlägerig und desorientiert. Sie sprach nur undeutlich oder gar nicht, schien weder das Pflegepersonal noch ihren Besuch richtig wahrzunehmen. Die Schülerin beschäftigte sich täglich nach dem Reichen des Mittagessens wenige Minuten mit ihr. Mal sang sie ihr etwas vor, legte der Dame einen Gegenstand in die Hand oder zeigte ein Bild. Nach Rücksprache mit der Tochter der Bewohnerin wusste die Schülerin, dass die alte Dame gerne Gedichte von Ringelnatz gelesen hatte und häufig in Österreich im Urlaub war. So hatte sie weitere Themen für die Beschäftigung. Schon nach einer Woche konnte die Schülerin Veränderungen im Verhalten der Dame erken-

nen. Sie schien wacher und aufmerksamer, manchmal summte sie bei einem Lied mit oder lächelte bei bekannten Fotos.
Diese Reaktionen waren nicht nur ein Pflegeerfolg für die alte Dame und die Schülerin, auch die anderen Pflegekräfte gingen wieder offener und bewusster mit dem Blick der Ganzheitlichkeit auf die bettlägerige Frau zu. Fazit: Das Leben der alten Dame wurde bereichert und das Pflegepersonal ging motivierter an die Arbeit.

Sitzordnung

Bei der Sitzordnung in einer Einzelarbeit ist darauf zu achten, dass der alte Mensch und die Pflegeperson sich gegenüber (zur besseren Verständigung) und auf der gleichen Höhe sitzen. Das ist bei einer Beschäftigung mit einem Bettlägerigen nicht einfach. Hier muss die Pflegeperson ausprobieren, welche Sitzordnung für beide die bequemste ist, auf dem Bettrand sitzend oder auf einem Stuhl neben dem Bett. Doch das Stehen neben dem Bett sollte vermieden werden während einer Beschäftigung, da dieses immer ungemütlich wirkt.

Durch die Einzelarbeit ist es auch möglich, Hochbetagte auf eine Gruppenarbeit einzustimmen oder für diese zu gewinnen. In

der Einzelarbeit kann die Pflegeperson den alten Menschen vertraut machen mit den Inhalten verschiedener Gruppenangebote und bei Interesse auf diese verweisen.

Erfährt der Bewohner in der Einzelarbeit eigene Stärken und die Bedeutung der Beschäftigung, könnte das eine Motivation zur Gruppenarbeit bedeuten.

Methodisch/ didaktische Planung einer Gruppen- bzw. Einzelarbeit

Das Ziel ist,

→ *mit Hilfe eines didaktischen Modells personen-orientiert und zielgerichtet Veranstaltungen zu planen und durchzuführen.*

DAS ZIEL IST...

Im folgenden Kapitel wird ein didaktisches Modell zur Planung einer Gruppenarbeit vorgestellt. Dieses Schema der Planung ist angelehnt an das »Berliner Modell« zur Unterrichtsplanung, das anfänglich entwickelt wurde für Ausbildungszwecke im Rahmen der Lehrerausbildung an der Pädagogischen Hochschule in Berlin. Initiatoren dieser Konzeption waren P. Heimann, W. Schulz und G. Otto.

Dieses lerntheoretisch/didaktische Modell wird an dieser Stelle etwas näher beschrieben. Das Ziel der oben genannten didaktischen Theorie ist, gleichzeitig alle im Unterrichtsgeschehen wirksamen Faktoren zu erfassen, da sie sich gegenseitig beeinflussen. Diese Faktoren bestehen zum einen aus der Ausgangslage und Situation der Lernenden und Lehrenden, zum anderen aus den Zielen, Inhalten, Methoden und Medien.

Anthropogene und sozial-kulturelle Voraussetzungen

Um die Ausgangslage und Situation aller Beteiligten zu verdeutlichen, werden anthropogene und sozial-kulturelle Voraussetzungen erfasst. Anthropogene (durch den Menschen beeinflusst, verursacht) und sozial-kulturelle Voraussetzungen sind u. a. Bedürfnisse, Fähigkeiten, Interessen, Probleme, Persönlichkeitsstruktur, Schicht, Bildung, Alter. So werden also die beteiligten Menschen und die Situation, in der sie leben, genau untersucht. Die hier festgestellten Bedingungen beeinflussen dann die Entscheidungsfelder: Ziele, Inhalte, Methoden und Medien. Zwischen diesen unterrichtlichen Entscheidungsfeldern besteht eine wechselseitige Abhängigkeit, d. h. sie beeinflussen sich untereinander. So erhält z. B. die inhaltliche Entscheidung auch methodische Entscheidungen, ebenso bestimmt ein methodisches Vorgehen das Ziel, die Medien und den Inhalt mit. Die folgende Skizze verdeutlicht dies.

Das lerntheoretische Modell von Heimann/Schulz liegt der folgenden methodisch/didaktischen Planung für Veranstaltungen in der Altenarbeit zugrunde. Dabei wird Lernen nicht nur als kognitives (die Erkenntnis betreffend) Lernen verstanden, sondern Lernen ist jede Verhaltensänderung aufgrund von Erfahrungen.

Das methodisch/didaktische Modell stellt einen Rahmen dar, um Veranstaltungen zu planen und durchzuführen. Es lässt sich anwenden bei der Gruppenarbeit wie auch für die Einzelarbeit, aber

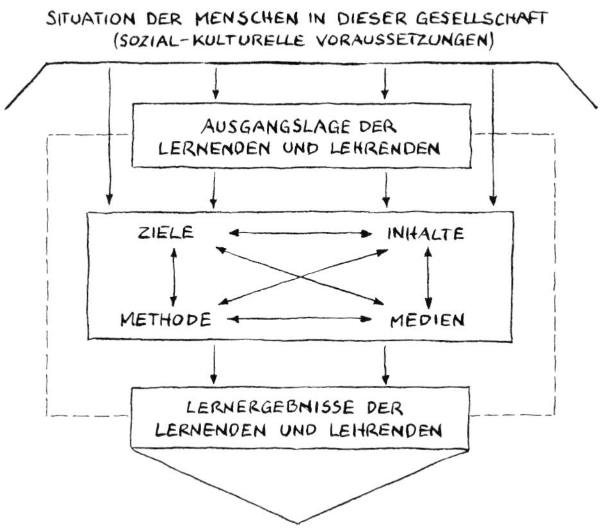

vgl. Martin, E., 1989

auch für größere Veranstaltungen, wie z. B. ein Sommerfest. Es ist darauf ausgelegt, personenorientiert und zielgerichtet zu arbeiten und ist somit für die Altenarbeit zweckdienlich. Die Durchführung einer Gruppenarbeit erfordert sorgfältige Planung und Vorbereitung. Es müssen gruppeninterne und -externe Bedingungen geschaffen werden, um eine sinnvolle Arbeit gewährleisten zu können. Um diesem Anspruch gerecht zu werden, hilft die Planung nach dem Raster, das im folgendem vorgestellt wird. Es umfasst alle Bedingungen, die bei der Durchführung von Gruppenarbeit beachtet werden müssen.

Personenorientiert und zielgerichtet

Das Planungsraster ist in vier Teile gegliedert:

1. Vorplanung – Mit wem will ich was machen und warum?
2. Vorbereitung – Was muss ich vor der Veranstaltung tun?
3. Durchführung – Wie wird die Veranstaltung verwirklicht?
4. Reflexion – Wie ist die Veranstaltung gelaufen?

Das methodisch/didaktische Raster

1. Vorplanung
1.1 Ausgangslage – Hochbetagte
1.2 Themenfindung
1.3 Ziele

2. Vorbereitung
2.1 Ort und Zeit
2.2 Information und Absprache
2.3 Finanzierung
2.4 Praktische Vorbereitung

3. Durchführung
3.1 Arbeitsplatzvorbereitung
3.2 Sitzordnung
3.3 Programmablauf
3.4 »Lückenfüller«
3.5 Nachbereitung

4. Reflexion und Auswertung

Das Raster ist eine Hilfestellung, um sorgfältig und überlegt Gruppenarbeit zu planen und durchzuführen. Im Folgenden werden die einzelnen Schritte genau beschrieben.

1. Vorplanung

1.1 Ausgangslage – Hochbetagte

Informationssammlung

Die Informationssammlung über die Hochbetagten ist der erste Schritt bei der Planung. WER macht mit?

Hierbei geht es um eine möglichst »ganzheitliche« Informationssammlung über den alten Menschen, bestehend aus persönlichen und sozialen Daten, wichtigen biographischen Informationen, Wünschen und Bedürfnissen, medizinischen Daten und Informationen über die Selbständigkeit/ Unselbständigkeit bei der Verrichtung der AEDL´s (Aktivitäten und Existentiellen Erfahrungen des Lebens). Das bedeutet sozial-kulturelle und anthropogene Voraussetzungen werden erfasst.

Wichtig ist es hierbei, Kenntnis zu erhalten über die Zielgruppe. Mit welchen Menschen habe ich hier zu tun? Was machen sie? Was wollen sie? Was interessiert sie? Nur mit diesem Wissen ist eine personenorientierte Arbeit möglich.

In Stichpunkten umfasst also die Informationssammlung Folgendes: Alter, Geschlecht, Hobbys, Religion, Herkunft, Familie, Bildung, Beruf, Fähigkeiten, Bedürfnisse, Interessen, Probleme, Motivation, Behinderung, Einschränkungen, Persönlichkeitsstruktur.

Natürlich ist es kaum möglich, all diese Informationen detailliert aufzulisten und zu beachten. Wichtig dabei ist der Grundgedanke der Ganzheitlichkeit. Mitentscheidend für die Informationssammlung ist auch die Art der Veranstaltung. Für die Durchführung einer Seniorengymnastik sind z.B. Kenntnisse über körperliche Fähigkeiten und Einschränkungen sehr wichtig; bei einer Musikstunde sind Informationen über Herkunft und Alter wesentlicher.

Nach der Informationssammlung über einzelne Teilnehmer muss noch die Gruppe betrachtet werden. Kennen sich die Hochbetagten untereinander? Existiert die Gruppe schon länger? Bestehen Beziehungen zwischen den Teilnehmern? Gibt es Gemeinsamkeiten, die einer Gruppenarbeit förderlich sind? Bestehen Abneigungen zwischen den Hochbetagten? Auch die Ausgangslage der Gruppenleitung muss bedacht werden (z. B. Interesse, Begabungen, Möglichkeiten, Einschränkungen) wie auch die Rahmenbedingungen der Institution.

Durch all diese Informationen über die einzelnen Teilnehmer und die Gruppe wird das Thema bestimmt:

1.2 Themenfindung

Der zweite Schritt in der Planung ist:

Inhalt der Veranstaltung

WAS soll für diese Gruppe angeboten werden? Hier wird also der Inhalt der Veranstaltung festgelegt. Die Inhaltsfrage ist in erster Linie ein Problem der Auswahl der Themen, die dem alten Menschen »etwas bringen«. Der Inhalt soll einen Sinn ergeben für die Hochbetagten.

Inhaltlich kann sich das Angebot beziehen auf:

- erholsame und entspannende Aktivitäten oder
- die Wissenserweiterung oder
- Förderangebote der Prävention oder Rehabilitation

und auf den Bereich, den das tägliche Leben vorgibt, z. B. Jahreszeiten, Feste.

Unter Berücksichtigung der Lebenssituation und Lebenswelt der Hochbetagten wird das Thema gefunden und begründet. Dazu ein paar Fragestellungen, die die Themenfindung erleichtern sollen:

- An welche Erfahrungen der alten Menschen kann ich anknüpfen?
- Welche Bedeutung hat der Inhalt für das Leben des Hochbetagten?
- Welche Fähigkeiten kann ich durch den Inhalt fördern und unterstützen?
- Welche Interessen kann ich wecken?
- Welche Bedürfnisse können befriedigt werden?
- Welche Ressourcen kann ich nutzen?

Zusammenfassend betrachtet, soll mit der Themenfindung begründet werden, WAS angeboten wird, und warum dieses Thema für diese Gruppe gewählt wird.

Allerdings ist auch die umgekehrte Reihenfolge dieser beiden Überlegungen machbar, also erst das Thema und dann die Zusammenstellung der Gruppe.

Dazu ein Beispiel:
Eine Altenpflegerin hat die Idee, den Weihnachtsbaumschmuck für den Tannenbaum im Aufenthaltsraum des Altenheimes selbst zu gestalten. Daraufhin fragt sie unterschiedliche Bewohner, ob sie Lust und Interesse zum Mitmachen haben.

Mitbestimmend für das Thema einer Gruppenstunde ist auch die Person, die die Gruppe leitet. Natürlich, und das ist wohl auf den letzen Seiten sehr deutlich geworden, kann sie nicht wahllos irgendeine Aktivität einer Gruppe überstülpen. Aber auch die eigenen Fähigkeiten und Fertigkeiten einer Gruppenleitung bestimmen den Inhalt mit. Besonders bei ungeübten Gruppenleitern ist der Rückgriff auf eigene Ressourcen wichtig, um Sicherheit im Thema und der Gruppenführung zu erlangen.

Fähigkeiten und Fertigkeiten einer Gruppenleitung

1.3 Ziele

Ziele beschreiben Intentionen oder Absichten. Das Ziel ist die Bezeichnung für das, was durch die Gruppenarbeit angestrebt werden soll, was erreicht werden soll. Die Ziele sollen möglichst genau das beobachtbare Verhalten (Kenntnisse, Fähigkeiten, Fertigkeiten) beschreiben, zu dem die Teilnehmer durch die Gruppenstunde gelangen sollen. Dabei betreffen die Ziele immer zugleich die geistigen, seelischen und körperlichen Bereiche des menschlichen Verhaltens.

Die Festlegung der Ziele ist immer von einer bestimmten Vorstellung oder Einstellung in bezug auf Altwerden und Altsein geprägt, d. h. eigene Vorstellungen beeinflussen die Zielsetzung der Gruppenarbeit mit Hochbetagten. Ideal wäre also das Formulieren der Ziele gemeinsam mit der Gruppe. Doch diese Anforderung erscheint mir sehr hoch und häufig nicht durchführbar. Unverzichtbar ist aber, dass die Gruppenleitung versucht, die Ziele aus der Sicht der alten Menschen zu überprüfen.

Sicht der alten Menschen

Mit dem Festlegen der Ziele werden Entscheidungen getroffen, die sich auf die Methoden, Inhalte und Medien auswirken. Soll zum

Vorstellungsrunde

Beispiel erreicht werden, dass die Bewohner sich untereinander kennenlernen, ist das Programm dementsprechend aufzubauen. Das heißt, es muss mit einer Vorstellungsrunde oder einem Kennenlernspiel beginnen und im weiteren Verlauf auch die Möglichkeit bieten, sich näher kennenzulernen. Ein Diavortrag, bei dem die Teilnehmer nicht zu Wort kommen, kann nicht zur Erreichung dieses Zieles führen.

In den folgenden Kapiteln werden Beschäftigungsangebote aufgezeigt, und es wird detailliert beschrieben, welche Ziele damit erreicht werden können.

Aufgabe

Nachstehend wird Ihnen eine Gruppe vorstellt.

A: Überlegen Sie sich für die fünf Bewohner/innen eine Gruppenaktivität und begründen Sie die Themenfindung!

B: Setzen Sie für diese Gruppenaktivität vier Ziele fest, die Sie erreichen wollen!

1.1 Ausgangslage:

Fünf Bewohner/innen eines Altenpflegeheimes

Frau Meier ist 79 Jahre alt. Sie kann mit Hilfe eines Stockes noch gut laufen. Manchmal vergisst sie, wo sie wohnt und weshalb sie im Heim ist. An den Freizeitaktivitäten im Heim nimmt sie rege teil, sie ist gerne in Gesellschaft. Von Beruf war Frau Meier Hausfrau, sie hatte ein kleines Haus mit Garten, und Kochen und Gartenarbeit hat sie als Hobby betrachtet.

Frau Müller ist 85 Jahre alt. Aufgrund von Durchblutungsstörungen ist sie zeitweise desorientiert, sie kann sich schlecht konzentrieren. Sie ist sehr zurückhaltend, sie wartet oft, bis sie angesprochen wird.

Frau Müller war nicht verheiratet, sie hat früher für ihre Schwester den Haushalt besorgt und hat in der Landwirtschaft mitgearbeitet. Im Heim hilft Frau Müller in der Küche beim Kartoffelnschälen. Sie nimmt nur unregelmäßig an den Freizeitaktivitäten des Heimes teil.

Frau Schmidt ist 82 Jahre alt, kann kurze Strecken mit Gehstützen bewältigen, für längere Wege setzt sie sich in den Rollstuhl, womit sie alleine und gut zurechtkommt. Sie trägt in beiden Ohren ein Hörgerät. Geistig ist sie recht »fit«, sie liest viel, schreibt gerne Briefe an Angehörige und außerdem spielt sie mindestens einmal in der Woche Rommé mit zwei anderen Bewohnern. Ihre Mutter ist früh gestorben und da sie das älteste Kind war, musste sie für ihren Vater und die jüngeren Geschwister den Haushalt führen. Auch später in ihrer Ehe war sie alleine für den Haushalt verantwortlich. Von Beruf war sie Schneiderin.

Herr Heinrich ist 86 Jahre alt und wohnt seit 7 Jahren im Altenheim. Er ist linksseitig gelähmt, kommt damit jedoch sehr gut zurecht, so dass er weitgehend selbständig ist. Kurze Strecken geht er mit Hilfe einer 3-Punkt-Gehhilfe, ansonsten besitzt er einen elektrischen Rollstuhl, mit dem er lange Touren unternimmt. In seinem Berufsleben war er Verwalter auf einem Gut und hatte für »Ordnung« in Feld, Wald und Flur zu sorgen.

Frau Rolle ist 84 Jahre alt und körperlich sehr »fit«. Sie ist Diabetikerin und hält sich sehr strikt an ihre Diät. Frau Rolle ist ein sehr naturverbundener Mensch. Sie hilft dem Hausmeister des Heimes gern bei den Arbeiten draußen. Sie hat eine kleine Ecke des Gartens ganz für sich alleine, die sie nach ihrem Geschmack mit Blumen bepflanzt und selbständig pflegt.

Die fünf Bewohner/innen kennen sich untereinander kaum, da sie ihre Mahlzeiten nicht gemeinsam einnehmen. Nur Frau Rolle und Herrn Heinrich sieht man häufiger zusammen im Garten.

2. Vorbereitung

2.1 Ort und Zeit

WO und WANN soll die Gruppenaktivität stattfinden?

Ort: Anforderungen an einen Gruppenraum sind in dem Kapitel Gruppenarbeit beschrieben.

Folgende Details müssen beachtet werden:

Größe des Raumes, Fenster (Licht, Luftzufuhr), Beleuchtung, Mobiliar, Temperatur (Heizung), Toilette in der Nähe, Telefon oder Klingel, Verbandskasten, Steckdosen, keine Störungen (evtl. Hinweisschild).

Zeit: Der Tag, die Uhrzeit und die Gesamtdauer (von – bis) der Veranstaltung werden festgelegt unter Beachtung des Tagesablaufes anderer Angebote und der Aufnahmefähigkeit der Hochbetagten.

Die Häufigkeit und Dauer bei wiederkehrenden Veranstaltungen muss überlegt werden. Eine Regelmäßigkeit erleichtert die Orientierung (gleicher Tag, gleiche Stunde, gleicher Raum).

2.2 Information und Absprache

WER muss von der Gruppenaktivität Kenntnis haben? Um einen reibungslosen Verlauf der Gruppenarbeit zu gewährleisten, müssen im Vorfeld, je nach Art der Veranstaltung, Übereinkünfte mit einzelnen Personen oder Berufsgruppen getroffen werden.

Absprachen sind zu treffen mit:

Pflegepersonal, Leitung der Institution, Pflegedienstleitung, Küche, Hausmeister, Referenten, Raumpflegerinnen, Sozialem Dienst, Angehörigen, Zivildienstleistenden.

Die Gruppenteilnehmer sollten durch eine persönliche oder schriftliche Einladung eingeladen werden oder durch ein Plakat, das auf die Veranstaltung hinweist.

2.3 Finanzierung

Im Vorfeld muss abgeklärt werden, welche Kosten durch die Gruppenarbeit entstehen und wer diese übernimmt.

2.4 Praktische Vorbereitung

WAS wird gebraucht bzw. WAS muss vorbereitet werden? Hierbei geht es um die Vorbereitung von Material, Hilfsmitteln, Techniken, Medien. Es hat sich bewährt, in der Planung eine Liste zu erstellen, in der festgehalten wird, welche Dinge vorzubereiten, anzufertigen oder zu erledigen sind. Sollen z. B. die Teilnehmer eine schriftliche Einladung erhalten, beginnt diese »Aufgabenliste« mit »Einladungskarten herstellen und verteilen«. Oder werden für das geplante Kennenlernspiel Luftballons benötigt, hilft der Eintrag »zehn Luftballons besorgen und vor der Veranstaltung aufblasen« der vollständigen Vorbereitung.

Bis hierher konnte das methodisch/didaktische Raster chronologisch, also der Reihe nach, bearbeitet werden. Die »Aufgabenliste« der praktischen Vorbereitung muss aber parallel zur gesamten Planung geführt werden. Damit soll gewährleistet werden, dass bei der Vorbereitung nichts vergessen wird und somit die Durchführung problemlos gelingt.

3. Durchführung

3.1 Arbeitsplatzvorbereitung

Rechtzeitig vor Beginn der Veranstaltung muss die Gruppenleitung den Gruppenraum vorbereiten.
Dazu gehören:

> Materialien bereitlegen, Tische und Stühle anordnen, Heizung aufdrehen (oder lüften), evtl. Tische eindecken, Raumschmuck anbringen, technische Hilfsmittel anschließen und überprüfen.

Räume und Material stellen eine wesentliche Rahmenbedingung für die Gruppenarbeit dar. Sie ermöglichen oder behindern, regen an oder schränken ein, erleichtern oder erschweren die Arbeit. Von daher lohnt es sich, auf die Gestaltung viel Sorgfalt zu verwenden und das Ambiente kritisch zu prüfen und gegebenenfalls zu verbessern.

3.2 Sitzordnung

Je nach Gruppengröße, Zielsetzung und Inhalt einer Gruppenstunde muss die Sitzordnung durchdacht werden, das betrifft die Anordnung des Mobiliars und die Sitzordnung der Teilnehmer.

Ein Stuhlkreis hat den großen Vorteil, dass sich alle Beteiligten gut sehen und hören können, einige Aktivitäten sind aber nur am Tisch durchzuführen. Bei der Platzierung des Mobiliars ist darauf zu achten, dass der Weg zum Ausgang frei bleibt und alle Teilnehmer genügend Platz haben. Bedenken Sie dabei auch, dass Rollstuhlfahrer häufig mehr Platz benötigen und dass die Beinfreiheit aller Teilnehmer gewahrt bleibt.

Rollstuhlfahrer

Die Sitzordnung kann offen gelassen werden, so dass die Hochbetagten selbst wählen können, wo oder neben wem sie sitzen möchten. Manchmal ist aber eine von der Gruppenleitung »angeordnete« Sitzordnung wichtig für das Gelingen der Gruppenarbeit. So muss also im Vorfeld überlegt werden, wer neben wem sitzen sollte. Das kann abhängig sein von Sympathie oder Antipathie, vom Grad der Hilfsbedürftigkeit (wer kann wen unterstützen), von Sinneseinschränkungen (Sehschwäche, Schwerhörigkeit) und Eigenarten der Teilnehmer (z. B. besonders unruhige alte Menschen). Auch

Angeordnete Sitzordnung

an dieser Stelle wird deutlich, wie wichtig es für die Gruppenleitung ist, die Teilnehmer gut zu kennen.

Die Gruppenleitung muss von allen Teilnehmern gut gesehen werden können und darf nicht mit dem Rücken zum Fenster sitzen (Gegenlicht!).

3.3 Programmablauf

Allgemeine Aspekte der Programmplanung wurden bereits besprochen (siehe Kapitel Gruppenarbeit).

Ein durchdachter und festgelegter Programmablauf sichert die Erreichung der gesteckten Ziele. Das bedeutet aber nicht, das Programm auch unbedingt »durchzuziehen«, die Bedürfnisse der Teilnehmer müssen berücksichtigt werden.

Angesichts der großen Vielfalt möglicher Aktivitäten, die in Gruppenarbeit für Hochbetagte angeboten werden können, ist es an dieser Stelle nicht möglich, einen Ablauf zu schildern, der auf alle Veranstaltungen übertragen werden kann. Ein paar unverzichtbare methodische Hinweise können aber genannt werden:

Methodische Hinweise

- die Begrüßung steht am Anfang jeder Gruppenstunde,
- danach folgt die Vorstellung der Gruppenleitung und der Teilnehmer,
- zur Einstimmung kann ein Alltagsgespräch geführt und gemeinsam ein Lied gesungen werden,
- ein kurzer Überblick über die geplanten Aktivitäten und die Dauer sollte zur Orientierung der Teilnehmer folgen,
- wenige Minuten vor dem Ende der Gruppenstunde sollte der Schluss angekündigt werden, z. B. vor der letzten Übung oder dem Abschlusslied,
- zum Ende der Gruppenstunde sollten die Teilnehmer Gelegenheit bekommen, sich zu der Veranstaltung zu äußern und Vorschläge für die nächste Gruppenarbeit zu machen,
- die Verabschiedung bildet den Abschluss der Gruppenaktivität.

3.4 Lückenfüller

Trotz guter Planung passiert es immer wieder, dass es zu Lücken im Programm kommen kann. Vielleicht wird eine Aufgabe abgelehnt von den Teilnehmern oder ein Spiel braucht weniger Zeit als vorgesehen war. Besonders für ungeübte Gruppenleiter ist es darum sinnvoll, eine »Reserve in der Tasche« zu haben. Der Lückenfüller sollte zum Thema der Gruppenstunde passen und im Zusammenhang mit der Programmplanung ausgewählt werden.

3.5 Nachbereitung

Auch nach der Beendigung der Gruppenaktivität gibt es noch ein paar Dinge, die durchdacht und organisiert werden müssen. Zum einen ist es das Aufräumen des Raumes. Macht das die Gruppe gemeinsam, die Gruppenleitung oder einzelne Teilnehmer? Außerdem muss der Transport der alten Menschen zurück nach Hause, auf den Wohnbereich oder ins eigene Zimmer gewährleistet sein. Eine weitere Aufgabe der Gruppenleitung sind die Eintragungen ins Dokumentationssystem.

Aufräumen des Raumes

Eintragungen ins Dokumentationssystem

4. Reflexion und Auswertung

Nach jeder Gruppenarbeit sollte eine Reflexion stattfinden (im Idealfall mit einem Kollegen). Dabei stellt sich die Gruppenleitung folgende Fragen:

- Sind die Ziele erreicht worden?
- Was war gut bei der Gruppenarbeit?
- Wobei und womit gab es Schwierigkeiten?
- Was sollte bei der nächsten Gruppenarbeit verändert werden?

Zum besseren Verständnis im Umgang mit dieser methodisch/didaktischen Planung schließt jedes Kapitel der Beschäftigungsangebote in diesem Buch mit einem Vorschlag für eine Gruppenarbeit ab, der nach dieser Vorgehensweise erarbeitet wurde.

Hinweis

Anmerkung:
Die Planung einer Veranstaltung (Gruppen- oder Einzelarbeit) nach diesem methodisch/didaktischen Raster ist erstmal sehr aufwendig. Trotzdem möchte ich Gruppenleitungen, und hier besonders Anfängern in dieser Arbeit, nahelegen, hiernach zu arbeiten, um eine sorgfältige Planung und Durchführung zu verwirklichen und damit die Sicherheit im Umgang mit Gruppenarbeiten zu erlangen. Wenn sich mit der Zeit diese Herangehensweise automatisiert hat, kann man sicherlich das Verfahren verkürzen.

Link-Empfehlung:
Hier veröffentlichen Altenpflegeschüler/innen unterschiedliche Beschäftigungsangebote:
http://www.altenpflegeschueler.de/beschaeftigung/

Hinweis

Spielen

Das Ziel ist,

→ *Spielen in der Altenarbeit als eine Beschäftigung zu erkennen, bei der Körper, Geist und Seele aktiviert werden.*

Der zweite Teil des Kapitels gibt Anregungen zum Entwickeln eigener Spiele. Vielleicht werden Sie dadurch ermuntert, selbst ein Spiel zu gestalten!

DAS ZIEL IST...

Den Begriff »Spielen« zu definieren ist nicht einfach. Als erstes wird oftmals an das Spielen der Kinder gedacht. Kinder spielen, um die Welt kennenzulernen und zu begreifen. Es werden kognitive Fähigkeiten trainiert, die soziale Identität wird entwickelt und stabilisiert. In den ersten beiden Lebensjahren übt das Kind mit Hilfe häufig wiederholter Bewegungen und Handlungsabläufe körperliche Funktionen ein. Dann werden Rollenspiele gespielt, in denen das Kind mit Mimik und Gestik Handlungen und Verhaltensweisen anderer nachmacht (z.B. Mutter und Kind). Im Konstruktionsspiel versucht das Kind, Gegenstände miteinander in Beziehung zu setzen. Aus der Einzelbeschäftigung wird im zunehmenden Alter das Gruppenspiel. Friedrich Fröbel (deutscher Pädagoge 1782 – 1852) bezeichnete das Spiel als »höchste Stufe der Kindesentwicklung«. Andere sehen das Spiel als ein Ventil, um Impulse und Gefühle abzureagieren.

Was bedeutet aber das Spielen für Erwachsene? Manchmal ist es hilfreich, eine Erscheinung durch ihren Gegensatz zu charakterisieren: Spiel ist eindeutig Abwesenheit von Arbeit! Arbeit ist durch Zwang definiert, sie ist zweckgerichtet, leistungsorientiert und häufig mühevoll. Spiel dagegen ist zweckfrei, ist Selbstzweck und eine Äußerung der Lebensfreude.

Spiel ist zweckfrei

Auch große Dichter wollten das Geheimnis des Spielens erklären. Shakespeare zählte zu den fünf Fingern der Lebenshand die Arbeit, das Gebet, das Mahl, den Schlaf und das Spiel. Schiller ging sogar noch einen Schritt weiter und sagte: »Der Mensch spielt nur, wo er in voller Bedeutung des Wortes Mensch ist, und er ist nur da ganz Mensch, wo er spielt.«

Für alte, und besonders für pflegebedürftige Menschen, denen im Alltag häufig Entscheidungen abgenommen werden, kann Spielen bedeuten, wieder eigene Entscheidungen zu treffe. Darüber hinaus fördert gemeinsames Tun die Geselligkeit und bringt Spaß.

Anregungen für Körper, Geist und Seele

Spiel lässt den Menschen üben und lernen, und das in jedem Alter. Das Spiel bietet eine große Bandbreite an Anregungen für den Körper (bewegen, reagieren, handeln), für den Geist (wahrnehmen, denken) und für die Seele (fühlen, empfinden).

Beispiel

»Was haben sie als Kind gespielt?«

Ein älteres Ehepaar, das sich schon als Kind kannte:

Er: »Wir haben Soldat gespielt. Jeden Sonntag um ein Uhr trafen wir Kinder uns in der Bauernschaft in einem Schuppen (Nebengebäude eines Hofes). Ein Mädchen und ein Junge waren jeweils ein Paar. Wir Jungen gingen dann mit unserem Holzgewehr in den nahegelegenen Wald.«

Sie: »Und wir Mädchen richteten eine kleine Wohnung ein; zwei Backsteine waren der Herd, Glasscherben waren das Geschirr usw. Wir mussten sauber machen, kochen, aufräumen.

Willi, der Jüngste in unserer Runde, hatte keine Frau und war der Kurier. Wir schrieben dann kleine Briefe, ja Liebesbriefe, die Willi in den Wald zu unseren Männern brachte, und wir warteten dann ungeduldig auf die Antworten.«

Er: »Manchmal hatten wir auch 'Heimaturlaub' und gingen zurück zu unseren 'Frauen', die uns sehnsüchtig erwarteten.«

Auf die Frage, ob es beim Spielen auch etwas zu trinken oder zu essen gegeben hätte, sagen die beiden:

»Nein, nichts! Schokolade, Bonbons und so etwas gab es zu der Zeit ja nicht. Und da es keiner hatte, haben wir es auch nicht vermisst. Wenn wir richtig durstig waren, haben wir Wasser getrunken, an Sprudel oder Limonade haben wir nicht mal gedacht.«

Er: »Aber einmal hatte die Gisela einen Kuchen mitgebracht, einen Schokoladenkuchen. Ich weiß nicht mehr warum und woher der kam, aber ich sehe ihn noch heute ganz deutlich vor mir: einen richtig großen Schokoladenkuchen!«

Das Spiel als Lebensbereicherung

Für viele ältere Menschen hat Spielen den Beigeschmack von »Kinderkram« und »Faulenzerei«. Das hat etwas mit der Erziehung und der Biographie zu tun. Aber in der spielerischen Tätigkeit liegen feste Voraussetzungen für eine positive Entwicklung bis ins hohe Alter. Das Spiel ist immer eine Aktion, auf die eine spürbare Reaktion folgt. Und das Aktivwerden und Aktivsein hat einen entscheidenen Einfluss auf das Lebensgefühl.

Einfluss auf Lebensgefühl

→ Gemeinschaft und Miteinander erleben

Die Fähigkeit auf Menschen zuzugehen ist nicht jedem Menschen in gleichem Maße gegeben. Besonders frustrierende Situationen, wie Einsamkeit, Krankheit, Alleinsein, das Gefühl des Abgeschobenseins machten das Aufeinanderzugehen noch schwieriger. Das gemeinsame Tun, das Spiel als Gemeinschaftserlebnis, kann eine Hilfe sein, die Beziehungsfähigkeit und Offenheit förderlich zu unterstützen. Spiele helfen sozial-, alters- und bildungsbedingte Schranken zu überwinden. Denn weder das Alter noch die Herkunft, weder Bildung noch Erziehung, weder Talent noch Temperament können beeinflussen, wie der Würfel fällt oder welche Karte gezogen wird.

Spiel als Gemeinschaftserlebnis

So ist es möglich, dass eine Mitspielerin, die sonst eher am Rand der Gruppe steht, im Spiel eine führende Rolle einnimmt.

Dieses kann Selbstvertrauen geben, sich stärker in eine Gruppe einzubringen.

In einem Spiel müssen sich alle Teilnehmer an die Regeln halten – die Spielregeln. Dadurch, dass jeder gleichberechtigt ist, jeder die gleichen Rechte und Aufgaben hat, wird das Gefühl »ich gehöre dazu« gestärkt.

Außerdem können sich Stärken und Schwächen unterschiedlicher Mitspieler zu einer Ganzheit ergänzen; eine Mitspielerin setzt den Spielstein für eine andere weiter, ein Mitspieler kann sich nach dem heruntergefallenen Würfel bücken und eine weitere Mitspielerin achtet auf die einzuhaltende Reihenfolge.

Eine der wichtigsten Grundlagen für das Miteinander ist die Kommunikation. Um Beziehungen und Kontakte aufrecht zu erhalten oder aufzubauen, müssen Menschen ihre Sprachfähigkeit und Ausdrucksweise erhalten und trainieren. Das Spiel kann diese kommunikativen Kompetenzen verstärken. Im Spiel wird miteinander geredet, Gedanken und Gefühle werden ausgesprochen, das gegenseitige Ansprechen wird gefördert. Ein Spiel kann Menschen öffnen und verbinden, man kann miteinander lachen, aber auch Enttäuschungen und Ärger zum Ausdruck bringen. Das Spiel kann als Ventil genutzt werden, um Unmut herauszulassen und Empfindungen auszusprechen. So dient das Spiel als Kommunikationsbrücke, mit sich selbst und mit anderen in Kontakt zu treten.

Spiel als Kommunikationsbrücke

→ Freude und Spaß haben

Lust und Freude sowie der Wunsch nach Ablenkung sind die Hauptmotive zum Spielen, sowohl bei jungen als auch bei älteren Menschen. Miteinander etwas auszuprobieren, auf Lösungen stolz sein und gemeinsam zu lachen, machen das Spiel aus. Spielen bedeutet etwas anderes als Wirklichkeit. In einer Spielsituation kann etwas getan werden, das nicht die gleiche Konsequenz hat wie in der Realität. Auf spielerische Art können Gefühle zum Ausdruck kommen, man darf jemanden »rauswerfen«, kann sich Verbündete suchen und sich freuen über gelungene Spielzüge oder Mißerfolge des Spielgegners.

Das Spiel kann ein Weg sein, um die Senioren aus ihrem recht eintönigen Alltag herauszuholen, sie neu anzuregen und zu fördern, damit sie sich an ihren Fähigkeiten erfreuen, sich gemeinsam wohlfühlen, Spaß haben und lachen.

Manchmal müssen ältere Menschen allerdings erst lernen, dass sie etwas nur für sich zum Spaß tun dürfen, dass sie sich etwas gönnen können.

Beispiel

Was haben Sie als Kind gespielt?
Eine ältere Dame, die die ersten Lebensjahre in einer Vorstadt gelebt hat:
»Spielzeug, wie es heute üblich ist, hatte ich natürlich nicht; ein paar Murmeln, einen Ball und ein Seil zum 'Strickspringen'. Und eine Puppe, die hatte ich auch, allerdings habe ich damit kaum gespielt. Irgendwann bekam ich von meiner älteren Cousine einen Puppenwagen. Das war etwas ganz Besonderes und in meinen Augen ein sehr praktisches und nützliches Teil. Ich habe Steine und Wasser darin transportiert und fand es wunderbar. Als meine Cousine einmal sah, dass ich ihren herrlichen Puppenwagen umfunktioniert hatte für Transporte aller Art, wurde sie richtig blaß und starrte mich entgeistert an. Fast hat mir das Mädchen in dem Moment leid getan!«

→ Sich bewegen

Spielen hat eine belebende und fördernde Wirkung auf den Körper, auf die Sinne, auf das Gehirn, auf Muskeln, Atmung und Kreislaufsystem. Durch die aktive Teilnahme am Spiel, durch das Erleben von Spannung und Entspannung wird die Durchblutung angeregt, der Körper und auch das Gehirn werden besser mit Glucose und Sauerstoff versorgt. Bei Tischspielen wie »Memory« oder »Mensch-ärgere-Dich-nicht« sind es zwar nur kleine Bewegungen, die erforderlich sind, doch auch sie helfen, die Beweglichkeit der Gelenke zu erhalten oder zu fördern.

Bewegungsspiele, z. B. mit einem Ball, stellen eine gute Möglichkeit dar, ältere Menschen spielerisch zur Bewegung anzuregen. So ergibt sich durch die Bewegung und das Spiel ein doppelt positiver Effekt, denn körperliche Bewegung führt von selbst zu einem Abbau von Spannungen physischer und psychischer Natur. Neben

Abbau von Spannungen

der Steigerung der Beweglichkeit können durch Spiele die Reaktionsfähigkeit, die Geschicklichkeit und die Koordination verbessert werden.

→ Förderung von Gedächtnis und Konzentration

Was für Muskeln und Gelenke gilt, trifft auch auf die Leistungsfähigkeit des Gehirns zu. Wird das Gehirn nicht trainiert, setzt ein Verlust seiner Fähigkeit ein. Das Spiel fordert auf zum Mitdenken! Man muss sich merken, welche Regeln abgesprochen werden, aufpassen, was passiert, ordnen und planen. So werden Gedächtnis und Konzentration angesprochen und gefördert. Fähigkeiten wie das Erlernen, das richtige Zuordnen, das Erinnern, die Konzentration und die Ausdauer werden im Spiel angeregt.

Bevor Reize und Informationen aus der Umwelt durch das Gehirn verarbeitet und gespeichert werden können, müssen sie durch Sinnesorgane aufgenommen werden.

Diese Wahrnehmungsfähigkeit ist bei älteren Menschen häufig eingeschränkt. Das Spielen kann die Sinne und damit die Wahrnehmung stärken. Um die Sinne zu erhalten und zu pflegen, um mehr Sinnerfahrung zu haben, müssen Menschen immer wieder neu das Spektrum ihrer Handlungs- und Wahrnehmungsweisen erleben und erproben. Das Spiel bietet die Gelegenheit der vielsinnigen Wahrnehmung und des vielsinnigen Erlebens. Besonders bei Tast- und Wahrnehmungsspielen wird die Möglichkeit geboten, Fähigkeiten und Funktionen der Sinne zu erhalten, auszubilden und Freude an der Betätigung der Sinne zu empfinden.

Wahrnehmung stärken

Aufgabe

Formulieren Sie Ziele, die durch Spielen mit älteren Menschen erreicht werden können!

Motivation zum Spielen

Aktivierungswünsche

In einer empirischen Untersuchung von Krista Mertens[3] wurden Bewohner, die größtenteils in Alten- und Pflegeeinrichtungen lebten, nach Aktivierungswünschen gefragt. Insgesamt wurden 909 Altenheimbewohner mit einem Durchschnittsalter von 85 Jahren angesprochen. Da viele Antworten nicht exakt ausgewertet werden konnten, beruft sich die Studie auf 441 ältere Menschen, von denen 384 Personen in sechs Alten- und Pflegeheimen und 57 in der eigenen Wohnung lebten. In dieser Untersuchung ging es um die Frage:

- Wünscht sich der Bewohner in einem Alten- und Pflegeheim überhaupt solche Beschäftigungs- bzw. Freizeitangebote?
- Welche Art von Beschäftigung bzw. Aktivität soll ins Programm aufgenommen werden?
- Stehen spezielle Bewegungs-/Sportangebote in einer Beziehung zur sportlichen Aktivität im Lebenslauf des Bewohners?
- Welche Grundvoraussetzungen müssen gegeben sein, damit der Bewohner die Angebote auch annimmt?

Das Ziel der Studie war, Alten- und Pflegeheimen ein auf die Verbesserung der Lebensqualität der Bewohner abgestimmtes Grundprogramm an Aktivitäten zur Verfügung zu stellen.

Die Fragen umfassten folgende Betätigungsfelder:

- sportliche Aktivitäten,
- soziale Aktivitäten,
- musisch-künstlerische Aktivitäten,
- geistige Aktivitäten und
- spezielle Hobbys und Liebhabereien.

3 Krista Mertens. Psychomotorische Aktivierungsprogramme für Alten- und Pflegeheime. Grundlagen der Akzeptanzgewinnung und der praktischen Anwendung. Und: Aktivierungspro gramm für Senioren. 1997. Dortmund: verlag modernes lernen. Band 1 und 2.

In zwei Bänden wird diese Studie ausführlich beschrieben und ausgewertet. An dieser Stelle sollen nun ein paar Ergebnisse, die das Spielen betreffen, vorgestellt werden. Dabei werden die Begriffe »Gesellschaftsspiele« und »Kleine Spiele« benutzt. Diese sind folgendermaßen definiert: »Gesellschaftsspiele« sind meist Tischspiele, die mit einem Spielplan und Spielfiguren gespielt werden. Viele Gesellschaftsspiele haben einen »Kampf- und Wettbewerbscharakter«, doch steht die Geselligkeit und Gemeinschaft im Vordergrund.

Gesellschaftsspiele
Kleine Spiele

»Kleine Spiele« sind unkomplizierte, freudvolle, anregende und unterhaltene Bewegungs-Spiele – am Tisch/im Sitzen oder im Raum- ohne amtlichen Wettkampfcharakter. Die Spielregeln sind variabel und können auf die Spielsituation abgestimmt werden. Es wird mit einem Partner oder in einer Gruppe gespielt, wobei kleine Geräte (z. B. Ball oder Würfel) einbezogen werden können.

In der Studie (Band 1) zu dem Aktivierungsprogramm für Senioren wurde die These aufgestellt, dass in einer Senioreneinrichtung »Gesellschaftsspiele kaum gewählt werden, da man sich hierfür einen Partner oder eine Gruppe suchen muss«. Diese Vermutung wurde ausgesprochen, da bei Besuchen in verschiedenen Alten- und Pflegeheimen kaum eine gemeinsame Aktivität beobachtet wurde. Es gab zwar Aufenthaltsräume mit meist im Schrank versteckten Brettspielen, jedoch konnte bis auf wenige Ausnahmen kein sich aus eigener Initiative entwickelndes, gemeinsames Spiel beobachtet werden.

Die Befragung der 441 Menschen im Alter von 52 bis 102 Jahren hat überrascht:

> 71 % aller Befragten würden gerne Gesellschaftsspiele und 56,6 % Kleine Spiele wählen.

Gesellschaftsspiele finden bei den älteren Menschen verständlicherweise wegen der häufig anzutreffenden Mobilitätsbeeinträchtigung größere Resonanz, da sie auch im Sitzen und ohne große Wegstrecken durchgeführt werden können. Die Kleinen Spiele, da oft mit viel Bewegung verbunden (wie die Senioren meinen), werden von fast der Hälfte der Menschen in Alten- und Pflegeheimen (43,6 %) abgelehnt.

Außerdem gibt es eine Anzahl von Menschen, die generell nicht für Spiele zu begeistern ist. 26,6 % der alten Menschen in Wohnheimen interessiert sich für keines der Spielangebote und würde sich entweder zurückziehen wollen oder andere Aktivitäten wählen. Es gibt sogenannte »Spielmuffel«, deren Einstellung und Entscheidung zu respektieren ist. Es darf kein Mensch zum Spielen gezwungen werden. Es ist aber zu berücksichtigen, dass einige Bewohner von Alten- und Pflegeheimen erst einmal eine Sperre überwinden müssen und eines kleinen Anstoßes bedürfen.

Spielmuffel

Aber auch unter den Senioren gibt es wahre Spielnaturen: Menschen, die ihr Leben lang gerne gespielt haben und das auch bis ins hohe Alter weiterführen. Sie sind sofort für jedes Spiel in der Gruppe zu begeistern. Besuche in Senioreneinrichtungen zeigen, dass einige Hochbetagte alleine für sich Rommé-Karten legten oder Schach spielten, ohne zu wissen, dass ihre Nachbarn vielleicht gleiche Interessen haben. Ein vom Personal unterstütztes/eingeleitetes, immer wieder publik gemachtes Aktivierungsangebot und die Einrichtung eines gemütlichen Spielzimmers würde den 56 – 71 % an Spielen interessierten Damen und Herren entgegenkommen und ihren Lebensalltag bereichern!

Anregung

Angeregt durch diese Studie wäre es sicher interessant in der »eigenen« Alteneinrichtung eine Befragung zum Thema Spielen durchzuführen.

Zum Spielen soll und kann nur motiviert werden, wenn die Lust, Freude und Freiwilligkeit Ausgangssituation ist. Doch dazu müssen die Biographie und die persönlichen Interessen jedes Einzelnen gesehen werden. Das heißt: Vor der Animation zum Spielen müssen Gespräche in persönlichen Kontakten geführt werden. Die Mitspieler sollten nach ihren Bedürfnissen gefragt werden. Wie haben sie bisher gelebt? Wie ist ihre Einstellung zu Spielen? Was kennen sie? Was möchten sie? Nur über diesen biographischen Ansatz, also vor dem Hintergrund der Interessen in der Kinder-, Jugend- bzw. Erwachsenenzeit, ist es möglich, personengerecht zu motivieren.

Folgende Barrieren können zwischen der Aktivität Spielen und dem alten Menschen entstehen:

- Alte Menschen haben teilweise schon lange nicht mehr gespielt und kennen viele neue Spiele nicht. Besonders Spiele, die keinen Wettkampfcharakter haben, sondern ausgerichtet sind auf Miteinander, sind häufig nicht bekannt.
  Tipp: Hier hilft es sicher, neugierig zu machen und evtl. sprachlich das Angebot anders zu formulieren, z. B. statt zum »Spielnachmittag« kann zur »Kontaktrunde« eingeladen werden.

Kontaktrunde

- Beeinträchtigungen des Sehens, Hörens und der Feinmotorik erschweren alten Menschen das Spielen.
  Tipp: Das Spielmaterial sollte groß und deutlich sein. Die Spielbretter sollten sich gut vom Untergrund abheben und bunte Tischdecken beiseite geräumt werden. Würfel gibt es in vielen Varianten in Größe und Form (manchmal sind helle Punkte auf dunklem Untergrund besser zu erkennen). Da das Farbensehen im Alter schlechter wird, können häufig blaue und grüne Spielsteine nicht unterschieden werden. Es bietet sich an, eine von beiden Farben dann durch weiße oder schwarze Spielsteine zu ersetzen. Spielanweisungen, die vorgelesen werden müssen, sollten sehr groß und deutlich geschrieben sein, damit jeder seine Anweisungen auch selbst lesen kann. Und mit etwas Kreativität können auch mit Hilfsmitteln bewegungseingeschränkte Menschen bei vielen Spielen mitwirken (z. B. einen Zollstock als Kartenhalter benutzten).

Spielmaterial

- Im Bewusstsein vieler alter Menschen ist Spielen etwas für Kinder. Erwachsene spielen nicht, da sie »Wichtiges« tun müssen oder kein Sinn darin gesehen wird.
  Tipp: Vielleicht ist durch Erklärung oder das Miteinandersprechen über Aspekte des Spielens eine Verhaltensänderung mög-

lich. Die Vorurteile gegen das Spielen werden evtl. auch durch das Ausprobieren abgebaut. Eine weitere Idee zum Motivieren wäre das Spielen mit kleinen Kindern. In Zusammenarbeit mit einem Kindergarten oder einer Grundschulklasse könnte das Spiel ein Stück Lebensqualität bedeuten, dass jung und alt verbindet. In der Rolle als »Großmutter« mit Kindern zu spielen ist evtl. manchem älteren Menschen lieber, als mit Gleichaltrigen zu spielen.

- Spielen ist auch immer eine Intelligenzleistung, die stark verwirrte alte Menschen nicht vollbringen können.

  Tipp: Ihnen sollten insbesondere Angebote für die Sinne gemacht werden. Es ist sicherlich falsch, hier allgemeingültige Aussagen zu treffen. Aber manchmal kann auch das »Dabeisitzen« positive Gefühle wecken. Oder das regellose Beschäftigen mit Spielmaterial (z.B. Memory-Karten ansehen, Dominostein sortieren) kann von Spannungszuständen ablenken.
- Manche alten Menschen sind kontaktscheu oder haben Angst vor der Blamage, Spielregeln nicht zu verstehen oder zu vergessen.

  Tipp: In einer sehr kleinen Spielrunde beginnen und mit ganz einfachen Spielen anfangen. Spielerklärungen sollten möglichst kurz und verständlich sein. Nicht alle Informationen auf einmal geben, dafür lieber das Spiel in Raten einüben oder Proberunden spielen.

  Damit die Mitspieler »ihre Spielfarben« nicht vergessen, können farbige Namensschilder oder Bänder als Gedächtnisstütze helfen.
- Andere ältere Menschen haben Ängste vor Bloßstellungen und Versagen.

  Tipp: Spiele spielen, die das Miteinander und nicht das Gegeneinander fördern, sogenannte kooperative Spiele. Bei einem Quiz oder Wettkampfspiel sollte stets in Gruppen gespielt werden, damit keine Einzelpersonen als Verlierer dastehen.

Beispiel

Was haben Sie als Kind gespielt?
Ein älterer Herr, der auf dem Land groß geworden ist: »Da ich Einzelkind war, habe ich viel alleine gespielt und zwar 'Bauernhof'. Mit Stöckchen und Strohbändern habe ich Weidezäune gebaut. Aus einem alten Holzschuh machte ich mir einen Anhänger für meinen Trecker, der ebenfalls selbst gebaut war; ein gegabeltes Stöckchen mit etwas Leder waren ein Pferd oder eine Kuh. Wenn also Zuhause irgendetwas übrig war, z. B. ein alter Lederriemen vom Pferdegeschirr, alte Hosenträger, ein Fahrradreifen, so wurde das sofort fürs Spiel umfunktioniert. Mein Freund Wilfried hat mal was ganz Tolles gebaut. Auf dem Untergestell eines alten Puppenwagens hat er eine Holzkiste montiert, die er mit Blech ausgeschlagen hatte. Das war dann eine Feldküche! Wir haben darin Feuer gemacht und in einem Stahlhelm Brombeermarmelade gekocht!
Aber ich erinnere mich auch, dass für das Spielen gar nicht so viel Zeit war. Nur in der Mittagsruhe, wenn meine Eltern nach dem Essen einen Mittagsschlaf machten, hatte ich eine Stunde für mich und der Sonntagnachmittag war zum Spielen. Ansonsten musste ich bei den anfallenden Arbeiten auf dem Hof mithelfen!«

Aufgaben der Spielleitung

In den vorangegangenen Kapiteln ist bereits vieles über den Umgang des Mediums »Spiel« mit Hochbetagten gesagt worden. In dem folgenden Abschnitt werden die Aufgaben der Spielleitung zusammengefasst.

Die wichtigste Voraussetzung für die Spielleitung ist, dass sie selbst eine positive Einstellung zum Spielen hat. Diejenige, die selber Freude am Spiel empfindet, hat eine Chance, dass der »Funke«

überspringt. Das bedeutet, dass evtl. erst eigene Hemmungen und Vorurteile gegenüber dem Spiel abgebaut werden müssen. Um Unsicherheiten zu vermeiden, muss die Spielleitung die angebotenen Spiele vorher ausprobieren und für gut befinden. Dazu kann sie beispielsweise Proberunden im eigenen Familien- und Freundeskreis spielen, um so Befangenheit oder Unklarheiten abzubauen und Selbstsicherheit zu gewinnen.

Spiele vorher ausprobieren

Außerdem wird durch das Probespielen deutlich, welche Regeln möglicherweise verändert werden sollten und wie lange das Spiel dauert.

Führung der Gruppe

Die Spielleitung übernimmt in der Durchführung die verantwortliche Führung der Gruppe, ist dabei aber nicht die Alleinunterhalterin, die im Mittelpunkt steht. Sie sollte versuchen, Aufgaben, die andere übernehmen können, abzugeben.

Beim Erklären von Spielen ist auf eine kurze, klare Darstellung der Regeln mit einfachen und verständlichen Sätzen zu achten (evtl. Proberunde). Wichtig ist dabei, das Spielziel zu erklären, die Regeln für alle verständlich zu machen und den Ablauf kurz zu beschreiben. Erst mit der präzisen Absprache der Spielregeln ist eine Grundlage für die gemeinsame Aktivität geschaffen.

Während des Spieles muss die Spielleitung Ruhe und Übersicht bewahren und flexibel auf einzelne Mitspieler reagieren. Das heißt, helfen, wo es notwendig ist, die »Schwachen« unterstützen und die »(Über-)Aktiven« steuern.

Animation

Die Spielleitung muss ein gutes Gefühl für die optimale Animation entwickeln. Animation ist eine wesentliche, aber schwer zu definierende Aufgabe, da viele pädagogischen Fähigkeiten, wie z. B. Einfühlungsvermögen, gutes Verhältnis von Nähe und Distanz, Ruhe und Geduld, Problembewusstheit, Kontaktfähigkeit usw., zusammenfließen sollten. Auf welche Art und Weise eine Spielleiterin die eigenen Animationsfähigkeiten, d. h. die Fähigkeiten, Menschen anzusprechen, zu bewegen, einsetzt, ob sehr direkt, fast fordernd oder aber subtil, versteht, hängt sehr von der Persönlichkeitsstruktur der Spielleitung ab. Wichtig ist, dass jede ihre Art zu animieren kennt, mag und zielgruppengerecht einsetzen kann. Um ein Gefühl für die optimale Animation zu entwickeln, muss die Spielleitung die Mitspieler genau beobachten. Die verbalen und nonverbalen Äußerungen und Gefühle sollen von der Spielleitung gehört, gesehen, gefühlt, ernstgenommen und aufgegriffen werden.

Zeitplanung

Die Spielleitung hat die Zeitplanung unter Kontrolle. Ein Spiel sollte nicht zu lange dauern. Häufige Wiederholungen bedeuten oft, dass das Spiel langweilig wird. Aber aus Zeitmangel ein nicht zu Ende gebrachtes Spiel ist für alle Beteiligten unbefriedigend.

Auswertung der Aktivitäten

Am Ende jeder Spieleinheit sollte eine Auswertung der Aktivitäten mit den Mitspielern stehen. Dabei muss die Spielleitung offen für Kritik an dem Angebot und dem eigenen Verhalten sein. Wenn wirklich konstruktive Kritik geäußert wird, so ist das durchaus als Erfolg der Arbeit zu sehen. Denn meist nehmen alte Menschen Angebote kritiklos dankbar hin, unabhängig von der Qualität. In der Auswertung sollte auch Platz sein für Wünsche und Anregungen für weitere Spielaktionen.

Einbeziehung der Mitspieler

Die beste Voraussetzung für das Gelingen einer Spielstunde ist die Einbeziehung der Mitspieler, sowohl in der Planung wie in der Durchführung.

Sicher gibt es noch weitere »Dinge« zu beachten, entscheidend aber ist der Mut zur Aktion. Die Freude und der Spaß beim Spielen, die lachenden oder konzentrierten Gesichter und gelegentlich sogar die Verbesserung von Fähigkeiten und Fertigkeiten sind eine motivierende Belohnung für die Spielleitung.

Aufgabe

Stellen Sie zehn Regeln auf, die Sie für die Leitung einer Spielstunde mit Hochbetagten wichtig finden! (Beachten Sie dabei auch das Kapitel: Motivation zum Spielen)

Spiele selbst entwickeln

Das Spiel ist so alt wie die Menschheit, älter als Schreiben und Lesen. Im Laufe der Geschichte entstand eine unerschöpfliche, kaum mehr erfaßbare Fülle an Spielen. Dabei unterscheidet man Gesellschaftsspiele, Kartenspiele, Bewegungsspiele, Geschicklichkeitsspiele, mechanische und elektronische Spiele. Alle Menschen, die jemals Spiele erfunden, entwickelt, beschrieben und weitergetragen haben, wollten andere erfreuen und zum Mitspielen ermuntern.

Gesellschaftsspiele

Die folgenden Ausführungen konzentrieren sich auf Gesellschaftsspiele. Gesellschaftsspiele zeichnen sich dadurch aus, dass sie für zwei oder mehr Personen konzipiert sind, vorwiegend am Tisch gespielt werden und Spielmaterial benötigt wird.

Eine Unterteilung ist möglich in:

- Brettspiele (z. B. Malifiz, Mensch-ärgere-Dich-nicht),
- Kartenspiele (z. B. Skat, Doppelkopf, Canasta),
- Wortspiele (z. B. Lingua, Scrabble),
- Würfelspiele (z. B. Kniffel, Meyer),
- Strategiespiele (z. B. Mühle, Dame, Schach),
- Fragespiele (z. B. Spiele des Wissens),
- Schreibspiele (z. B. Stadt-Land-Fluß).

Buchempfehlung

»Das Spiele-Buch« von Erwin Glonnegger (Ravensburger Spielverlag. 1988) zeigt Beispiele der beliebtesten Gesellschaftsspiele aus aller Welt mit vielen farbigen Bildern und informiert über Herkunft, Regeln und Geschichte. Es ist ein schönes Buch zum Betrachten und spannend zu lesen.

Das Angebot der Spiele ist unüberschaubar geworden, wobei die meisten Spiele für Kinder und Jugendliche entwickelt wurden.

Auch für Erwachsene kommen immer neue Spiele auf den Markt. Doch für Hochbetagte sind viele Spiele zu kompliziert, die Materialien zu klein und unübersichtlich, die Spielregeln zu umfangreich. Um auch älteren Menschen die Möglichkeit zum Mitspielen zu geben, haben verschiedene Firmen Spiele entwickelt, die den speziellen ergonomischen Anforderungen älterer Menschen entsprechen: Gesellschaftsspiele im Großformat mit gut erkennbaren Zahlen und Symbolen, Spiele in vereinfachter Form oder mit übergroßen Spielsteinen. Dazu ein paar Beispiele:

- Spielkarten im Großformat 19 x 12 cm,
- Magnetische Spiele, z. B. Halma, Mühle.
  Bei diesen Spielen besteht das Spielbrett aus Stahl, und der Magnetkern der Spielfiguren verhindert das Umfallen oder das unbeabsichtigte Verschieben der Spielfiguren.
- »Mensch-ärgere-Dich-nicht« in vereinfachter Form mit nur zwei Spielfiguren pro Mitspieler. Die übergroßen Figuren »wandern« in gefrästen Vertiefungen eines Holzbrettes.
- Würfel in unterschiedlichen Größen (Holzwürfel mit Seitenlänge 4 cm, Plastikwürfel mit Seitenlänge 11 cm oder Schaumstoffwürfel mit Seitenlänge bis zum 30 cm),
- Kartenhalter als Hilfsmittel für Kartenspieler, die ihre Karten nicht auf der Hand halten können. Der Kartenhalter ist eine ca. 40 cm lange und 4 cm hohe Holzschiene. Die Karten werden in einer Rille aufgestellt, so dass mit einer Hand gespielt werden kann.

Spiele mit einfachen Regeln und leichter Handhabung können auch selbst hergestellt werden. Damit kann individuell auf die jeweiligen Bedürfnisse der Hochbetagten eingegangen werden. Spiele zu bauen für eine bestimmte Zielgruppe (oder noch besser: mit der Zielgruppe) erfordert zwar etwas Phantasie und Zeit, kann aber genau an die Fertigkeiten und Fähigkeiten der Hochbetagten anknüpfen, die gefördert werden sollen. Je nach Anforderung kann das Spiel die Kommunikation, die Konzentration, die Geschicklichkeit und die Wahrnehmung fördern. Solche angepassten Spiele müssen nicht langweiliger sein. Im Gegenteil sie haben einen größeren Aufforderungscharakter, weil sie den Interessen und Möglichkeiten der älteren Menschen entgegen kommen.

Für die Kreation eigener, altengerechter Spiele sind folgende Kriterien zu berücksichtigen:

Die Spiele

- sollen groß und übersichtlich sein,
- die Figuren müssen sich gut greifen lassen,
- Fragekarten sollen groß und gut lesbar sein,
- die Spielregeln müssen einfach und verständlich sein.

An dieser Stelle sollen nun einige Beispiele selbsthergestellter Spiele aufgezeigt werden (die dargestellten Ergebnisse sind in einer Fachschule für Altenpflege entstanden).

1. Domino

Domino ist ein leicht erlernbares Legespiel.

Gespielt wird mit Steinen, die in der Mitte durch eine Linie unterteilt sind. Auf jeder Hälfte befinden sich unterschiedliche Punktwerte von 1 – 6, außer wenigen Paschsteinen, deren Hälften gleich sind. Das Ziel des Spieles ist es, aus einem Vorrat an Steinen den entsprechenden Wert an den Enden anzulegen, der bereits vom Mitspieler ausgelegt wurde.

Das Foto zeigt Spielsteine (10 x 5 cm) mit Sattlernägeln

Variationen zum herkömmlichen Domino:

- Farbdomino mit verschiedenfarbigen Flächen (angelegt werden die gleichen Farben),
- Dominosteine beklebt mit unterschiedlichen Stoffresten (angelegt werden gleiche Muster, z. B. Streifen, Blümchen),
- Tastdomino mit verschiedenartigen Oberflächen, z. B. Kork, Filz, Jute (angelegt werden gleiche Materialien).

Ein gut zu bearbeitendes Material für Dominosteine ist Holz. Es ist für wenig Geld im Baumarkt erhältlich (Sperrholz) und manche Baumärkte schneiden es sogar zu. Mit Farbe und/oder Lack überzogen können die Steine sauber gehalten werden und haben somit eine lange Lebensdauer. Aber auch dicke Pappe wäre als Spielstein möglich. Als ungünstig hat sich das Bekleben mit Schutzfolie (Klarsichtfolie) herausgestellt, da es zu Spiegelungen kommt.

Domino wird in der Regel mit 2 – 4 Mitspielern gespielt, doch auch als Einzelspiel kann es genutzt werden. Ein Dominospiel in einer schönen Schachtel regt vielleicht Verwirrte an, sich mit den Steinen zu beschäftigen, stimuliert die Wahrnehmung und lockt sie aus der Passivität.

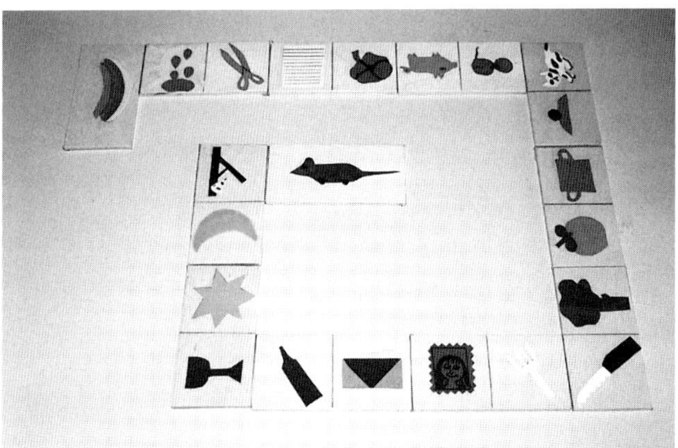

Hier müssen Gegenstände, die zueinander passen, aneinander gelegt werden (Messer-Gabel, Topf-Deckel)

2. Würfelspiel mit Fragekarten

Auf einem individuellen Spielplan verläuft ein Parcours. Bei den besonders farblich gekennzeichneten Feldern werden Fragen gestellt. Jeder Mitspieler »geht« mit seinem Püppchen die gewürfelten Punktzahlen weiter. Bei diesem Spiel geht es nicht vordergründig um das Besiegen der Mitspieler, sondern um das gemeinsame Gespräch. Durch die Fragen wird sowohl die Kommunikation als auch das Gedächtnis gefördert. Viele unterschiedliche Variationen sind hier möglich.

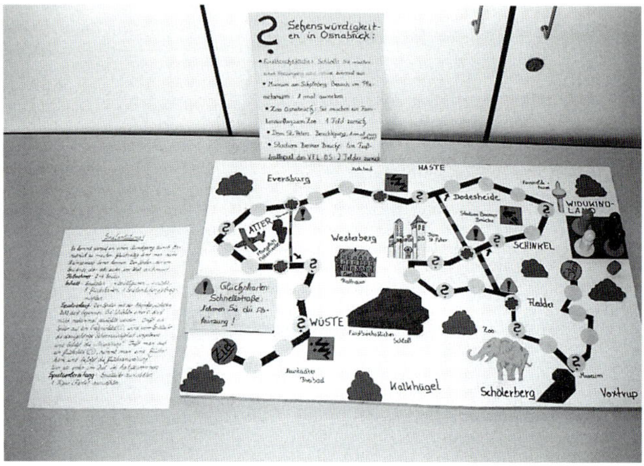

Der Inhalt dieses Spieles ist Osnabrück.

Hier kann also der Inhalt des Spieles genau auf die Zielgruppe abgestimmt werden bzw. die Zielgruppe gibt die Themen an. Mögliche Variationen wären z. B.:

- »Rund um die Musik« mit Liederraten, Singen, Fragen zu jahreszeitlichen Liedern usw.,
- »Ein Küchenspiel« mit Fragen zur Zubereitung von Speisen, Saisonfrüchten, Fragen nach Gewürzen, Putzmitteln, Haushaltsarbeiten usw.,
- »Reisespiel« mit Fragen zu unterschiedlichen Ländern, Städten, Souvenirs, Garderobe, Fortbewegungsmitteln usw.

Diese Anregungen machen deutlich, dass bei diesem Würfelspiel auch Aktionen wie Pantomime oder gemeinsames Singen einbezogen werden können. Der Phantasie sind dabei keine Grenzen gesetzt.

Dieses »Spielfeld« besteht aus einzelnen Holztäfelchen, die mit Lederbändern aneinandergereiht sind. So ist es nicht nur flexibel legbar, sondern kann mit verschiedenen Frage- bzw. Aufgabenkarten eingesetzt werden.

Das Spielfeld sollte groß und übersichtlich gestaltet werden, die Laufrichtung muss deutlich erkennbar sein. Holz, starker Karton oder ein Wachstuch dienen als Feld. Die Spielfiguren können in unterschiedlichen Größen im Bastelgeschäft gekauft werden und mit Lackfarben bemalt werden. Damit sich die Mitspieler ihre Farben merken können, ist es hilfreich, kleine farbliche Erinnerungshilfen

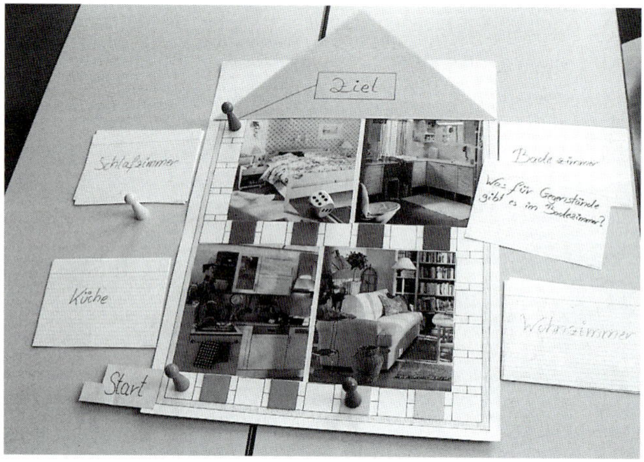

Dieses Spiel gibt Hilfen zur Orientierung (ideal wären hierbei Bilder der eigenen Wohnung bzw. der eigenen Einrichtung).

zu geben, z. B. Namensschild in der gleichen Farbe, ein Stück Tonkarton oder ein kleines farbiges Püppchen, das vor den Mitspielern stehen bleibt. Würfel in unterschiedlichen Größen gibt es in Spielzeug- oder Bastelgeschäften.

Die Frage- bzw. Aufgabenkarten sollten so groß und deutlich geschrieben sein, dass die Hochbetagten sie selber lesen können.

3. Farbenwürfelspiel

Dieses Würfelspiel ist ein einfaches und leicht zu erlernendes Spiel für zwei und mehr Mitspieler. Ziel des Spieles ist es, möglichst viele Spielfiguren über die Ziellinie zu bringen. Gewürfelt wird mit einem Farbenwürfel, der anordnet, welche Farbe gesetzt wird, und einem Punktwürfel, der die Anzahl der vorzurückenden Felder anzeigt. Es spielt also nicht jeder Mitspieler mit seiner Farbe, sondern alle spielen mit allen Farben. Am Ende wird gezählt, wer die meisten Spielfiguren hat.

Da die Spielregeln dieses Spieles so unkompliziert sind und die Mitspieler sich nicht mal »ihre« Farbe merken müssen, ist es auch geeignet für leicht verwirrte Hochbetagte.

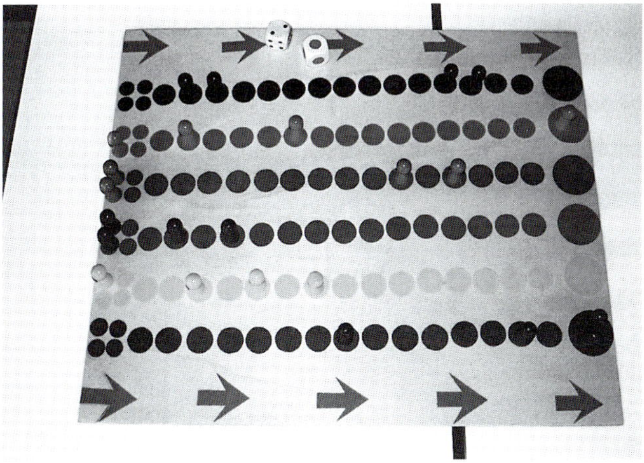

Zwei Würfel geben an, welche Spielsteine gesetzt werden können.

Bei der Herstellung dieses Spieles sollte darauf geachtet werden, dass der Parcours nicht zu lang ist, sonst kann es langweilig werden. Farbwürfel sind in Spielwarengeschäften erhältlich, ebenso Blanko-Würfel, die selbst gestaltet werden können. Kleine Schäl-

Link-Empfehlungen:

Eine umfangreiche Spielesammlung, allerdings für Kinder und Jugendliche (einige Kennlern- und Kreisspiele sind gut in die Altenarbeit übertragbar): http://www.felsenkirche-oberstein.de/spielekartei/

Viele Spielvorschläge für Kinder und Jugendliche mit einer besonders umfassenden Sammlung von Fingerspielen: http://www.spielekiste.de/archiv/

Schöne Sammlung von Abzählreimen, die sicher manchen Hochbetagten bekannt sind: http://jungschar.untermais.net/spiele/reime.htm

chen oder Kästchen, in denen jeder Mitspieler seine gewonnenen Spielfiguren sammelt, runden das Spiel ab.

Und noch ein Tipp: Für bewegungseingeschränkte Mitspieler bietet ein Würfelteller eine große Erleichterung. Dafür kann ein rundes Tablett, das mit Filz ausgelegt wird, benutzt werden. Der oder die Würfel können dann schwungvoll geworfen werden und bleiben doch in erreichbarer Nähe.

Kim-Spiele

Spiele zur Wahrnehmung

Kim-Spiele sind Spiele zur Wahrnehmung. Sie sprechen die fünf Sinne an, den Tast-, Geschmacks- und Geruchssinn, das Sehen und das Hören. Bei der Wahrnehmung werden die über die Sinnesorgane kommenden Informationen im Gehirn verarbeitet. Die bewusste Wahrnehmung von Sinnesreizen vermehrt die Sensibilität und fördert das Gedächtnis. Je mehr Sinne beim Merken eingesetzt werden, desto besser kann das Gehirn speichern und desto leichter fällt das Abrufen. Diese Erkenntnis führt dazu, dass möglichst oft alle Sinnesorgane zum Einsatz kommen sollten.

Für die Hochbetagten, die mit Einschränkungen unterschiedlicher Art leben, sind Kim-Spiele eine gute Möglichkeit zur Erhaltung und Verbesserung der noch vorhandenen Befähigung und der Selbständigkeit. Tastübungen, Geräuscheraten, das Erkennen von Düften und Gerüchen, das Schmecken und Erinnern unterschiedlicher Lebensmittel wie auch das bewusste Beobachten regen die Vorstellungskraft an und unterstützen das Gedächtnis. Mit Kim-Spielen können den alten Menschen Reize gesetzt werden, die sonst in ihrem Alltag kaum noch vorkommen. Hierbei denke ich vor allem an Bewohner und Bewohnerinnen in stationären Einrichtungen, die häufig in einer reizarmen Umwelt leben.

Der Begriff »Kim-Spiele« hat folgenden Ursprung:

Kim, so heißt der Titelheld eines Romanes des englischen Schriftstellers Rudyard Kipling, entdeckte sein geringes Erfahrungswissen im Spiel. Er bekam den Rat, die Umwelt genauer zu betrachten und zu erkennen, Wiederholungen und Übungen durchzuführen, um die Merkfähigkeiten wachsen zu lassen.

Kim-Spiele sind Spiele, in denen Augen, Ohren, Nase, Gaumen, Hand und Gehirn Spielmittel sind. Dabei geht es nicht um einen Wettbewerb, sondern um das Erleben.

Mit Kim-Spielen kann versucht werden, gespeicherte Wahrnehmungen durch aktuelle Wahrnehmungen zu reaktivieren und für eine Kommunikation nutzbar zu machen. Neben dem Wecken von Erinnerungen kann diese Art von Stimulation auch assoziative Gedankengänge auslösen, die dann die Basis für ein Gespräch bilden können.

Im folgenden Teil werden zu jedem Sinn ein paar Kim-Spiele vorgestellt. Doch noch etwas vorab. Um die einzelnen Sinne bewusst anzusprechen, ist es bei vielen Kim-Spielen nötig, die Augen zu schließen oder zu verbinden. Dadurch entsteht natürlich Unsicherheit, da ein Sinn völlig ausgeschaltet wird. Die Aufgabe der Spielleitung ist es, dafür zu sorgen, dass sich die Mitspieler trotzdem sicher fühlen, also alle Gefahren auszuschließen. Außerdem sollte es selbstverständlich sein, nicht Ekliges ins Spiel zu bringen!

→ Sehkim

Die meisten Sinneseindrücke von unserer Umwelt erhalten wir durch das Sehen. Besonders durch das genaue Hinschauen werden unterschiedliche Perspektiven eröffnet.

1. Die Spielleitung legt unterschiedliche Gegenstände aus einem Themenbereich auf ein Tablett, z. B. Wolle, Häkelnadel, Stopfpilz, Fingerhut, Nähgarn, Zwirn. Alle Mitspieler werden aufgefordert, sich die Dinge genau anzuschauen und zu merken. Anschließend wird das Tablett mit einem Tuch abgedeckt und die Mitspieler aufgefordert, die zugedeckten Gegenstände zu nennen. Die Menge der zu merkenden Teile ist abhängig von der Gruppe. Bei ungeübten Gruppen sollten es nicht mehr als sechs bis acht Gegenstände sein.
   Eine Variation zu diesem Kimspiel könnte sein, die gezeigten Gegenstände in eine andere Reihenfolge zu legen, einen

Gegenstand zu entfernen oder auszutauschen. Diese Veränderungen sollen dann von der Gruppe benannt werden.

2. Die Mitspieler sitzen im Stuhlkreis. Die Spielleitung fordert nun dazu auf, sich eine Person genau anzuschauen, z. B. Frau M. Dann werden alle gebeten, die Augen zu schließen und Frau M. wird gebeten, etwas an ihrem Äußeren verändern, vielleicht die Füße anders hinzustellen oder die Brille abzunehmen. Nachdem Frau M. etwas verändert hat, dürfen die Mitspieler die Augen öffnen. Wer erkennt die Veränderung?
3. Kalenderblätter oder große Abbildungen in Zeitschriften eignen sich für Bildbetrachtungen. Die Spielleitung zeigt der einen Hälfte der Mitspieler ein Bild. Dieses soll nun den »Nicht-sehenden« beschrieben werden.

   Oder ein Bild wird durch Abdecken mit Papier nur teilweise gezeigt. Nun soll erraten werden, was auf dem Bild zu sehen ist.

4. Es werden Kartoffeln auf den Tisch gelegt. Jeder Mitspieler wählt eine davon aus, betrachtet sie genau und versucht sich einzuprägen, was diese Kartoffel von den anderen unterscheidet. Dann werden die Kartoffeln zurückgelegt, gemischt, und

danach muss jeder Mitspieler »seine« Kartoffel wieder heraussuchen. Dieses Kimspiel kann auch mit Blüten, Steinen, Äpfeln und anderem durchgeführt werden.

5. Interessant sind auch Beobachtungen mit Geräten zum Verkleinern oder Vergrößern der Dinge. So können Blätter, Käfer, Blüten, aber auch Fotos oder die eigenen Hände mit einer Lupe betrachtet werden. Auch ein Blick durch ein Fernglas kann eine unterhaltsame Betrachtung sein. Beim Schauen durch Papprollen sieht man nur einen Ausschnitt der Umgebung, diesen nimmt man aber ganz besonders genau wahr.

→ Tastkim

Um die Wahrnehmung ganz auf das Tasten und Fühlen konzentrieren zu können, müssen die Augen geschlossen oder verbunden werden. Eine andere Möglichkeit ist, die zu betastenden Gegenstände unter ein Tuch, in einen Stoffbeutel oder eine Kiste mit Greifloch zu legen.

Je nach geistiger Beweglichkeit der Mitspieler bleibt es dem Spielleiter überlassen, die zu erratenden Gegenstände erst im allgemeinen vorzustellen und anschließend verdeckt erraten zu lassen.

1. Die Spielleitung legt unterschiedliche Obstsorten auf den Tisch und deckt die Früchte ab. Alle Mitspieler versuchen nun, durch Tasten das Obst zu erkennen.
2. Wesentlich schwieriger ist es, wenn jeder Mitspieler eine Zitrone bekommt, die genau betrachtet und gefühlt werden soll. Anschließend werden alle Zitronen in einen Stoffbeutel gelegt. Nun soll jeder Mitspieler »seine« Zitrone durch Tasten wiederfinden. (Diese Aufgabe ist nur in einer kleinen Gruppe lösbar!)
3. Die Spielleitung legt Gegenstände aus unterschiedlichen Materialien in einen abgedeckten Korb, z. B. Kochlöffel aus Holz, Eierbecher aus Plastik, Brillenetui aus Leder, Aschenbecher aus Keramik, Schlüssel aus Metall. Nun sollen die Mitspieler nicht die Gegenstände benennen, sondern die Materialien, aus denen sie bestehen.

4. Es gibt viele unterschiedliche Arten von Papier. Das sind Fotopapier, Zeitungspapier, Toilettenpapier, Karton, Wellpappe usw. Auch daraus ließe sich ein Tastkim machen!
5. Spannend kann es auch sein, durch Fühlen und Abwägen das Gewicht von unterschiedlichen Gemüsesorten zu bestimmen. Eine Waage hilft anschließend bei der Lösung.
   Oder es werden gleiche Dosen oder Schachteln mit unterschiedlichem Inhalt gefüllt (z.B. Wolle, Sand, Perlen), und diese müssen dann nach ihrem Gewicht von »ganz leicht« bis »ganz schwer« geordnet werden.

→ Hörkim

Wir können unterschiedliche Klänge, Töne und Geräusche hören und unterscheiden. Mit geschlossenen Augen ist das Hörerlebnis intensiver.

1. Der Spielleiter sitzt verdeckt hinter einem Wandschirm und führt verschiedene Geräusche vor, die von den Mitspielern erraten und benannt werden, z.B. Papier zerknüllen, in eine Flasche blasen, mit Besteck klappern, mit einem Schlüsselbund rasseln.
2. Die Mitspieler sitzen mit geschlossenen Augen im Raum. Der Spielleiter geht im Raum umher und macht Geräusche (z.B. mit einem Glöckchen). Die Mitspieler sollen erkennen, von wo das Geräusch kommt.
3. Natürlich ist es auch möglich mit Hilfe eines Kassettenrecorders unterschiedliche Geräusche aufzunehmen und diese dann von den Mitspielern erraten zu lassen.
4. Die Spielleitung füllt unterschiedliche Gegenstände, z.B. Reis, Heftzwecken, Perlen, Sand in kleine undurchsichtige Döschen (Filmdosen). Durch Schütteln am Ohr sollen die Mitspieler erkennen, was sich in den Dosen befindet. Dieses Hörkim ist wesentlich einfacher, wenn die Mitspieler vorher wissen, welche Dinge dabei in Frage kommen.
5. Eine Geschichte wird vorgelesen oder erzählt. Wenn darin ein bestimmtes, vorher vereinbartes Wort vorkommt, müssen alle Mitspieler eine bestimmte Handbewegung oder ein Geräusch

machen, z.B. bei »Frau« oder »Dame« wird kurz gepfiffen, bei »Herr« oder »Mann« wird einmal in die Hände geklatscht.

6. Auch das Experimentieren mit der eigenen Stimme kann zu schönen Hörerlebnissen werden. Es macht Spaß, in der Gruppe gemeinsam zu pfeifen, flüstern, gurgeln oder zu lispeln. Vielleicht probieren Sie einmal, eine Melodie gemeinsam zu »schnalzen«?
7. In einen unaufgeblasenen Luftballon wird ein kleines Glöckchen gesteckt. Dann wird der Ballon aufgeblasen und zugeknotet. Bei jeder Bewegung erklingt nun ein leises Klingeln.

→ Riechkim

Auch mit dem Geruchssinn kann man experimentieren. Allerdings sollte die Nase dabei nicht überstrapaziert werden, denn Duftmoleküle setzen sich in den Nasenschleimhäuten fest und bleiben dort eine Zeitlang haften. Duftvergleiche dürfen also nicht zu lange dauern und Pausen sind erforderlich.

1. Die Spielleitung füllt unterschiedliche Essenzen in undurchsichtige Filmdosen, z.B. Kaffeepulver, Zitronensaft, Muskatnuß, Rum, Spülmittel. Damit die Mitspieler nicht mit den Augen erkennen, um was es sich handelt, ist es sinnvoll etwas Watte in die Döschen zu stecken. Die Mitspieler sollen nur am Geruch erkennen, um was es sich handelt.
2. Die Spielleitung verteilt unterschiedliche Käsesorten, die von den Mitspielern erkannt werden sollen.
3. Weitere Varianten für Riechkim-Spiele sind Teesorten, Getränke, Gewürze, Obst und Gemüse.
4. Frische Kräuter riechen oft besonders intensiv. Pfefferminz, Salbei oder Basilikum duften sehr kräftig, andere Kräuter erkennt man am Geruch erst, wenn man die Blätter zwischen den Fingern zerreibt.
   Die Spielleitung stellt ein Glas mit frischen Kräutern auf den Tisch. Außerdem werden beschriftete Kärtchen mit den Namen der Kräuter dazugelegt. Die Mitspieler sollen nun die Kräuter

bestimmen. Dabei lässt sich auch gut über den Verwendungszweck der Kräuter sprechen.

5. Es werden drei Parfümflaschen auf den Tisch gestellt und drei Wattebäusche mit je einem der Düfte besprüht. Nun sollen die Mitspieler die Wattebäusche den Parfümflaschen zuordnen.
6. Die Spielleiterin bereitet vier Schälchen mit unterschiedlicher Marmelade vor. Wenn die Mitspieler die Sorten nicht durch das Riechen erkennen, dürfen sie auch probieren!
7. Häufig sind Erinnerungen an die Kindheit mit bestimmten Gerüchen verbunden. Außerdem beeinflussen Geruchswahrnehmungen sehr stark unsere Emotionen. So kann die Spielleitung mithilfe unterschiedlicher Düfte, wie z.B. Bohnerwachs, Weihrauch oder Sonnencreme Erinnerungen wecken und zum Erzählen anregen.

→ Geschmackskim

Bei Spielen mit dem Geschmackssinn muss natürlich auf die Hygiene geachtet werden. Auch sollte für jeden Mitspieler eine Serviette bereit liegen.

1. Die Spielleitung schneidet unterschiedliche Obstsorten in kleine, mundgerechte Stücke. Die Mitspieler bekommen mit geschlossenen Augen ein Fruchtstück in den Mund (Löffel benutzen!) und sollen erraten bzw. erschmecken, um was es sich handelt.
2. Verschiedene Säfte (Orangensaft, Apfelsaft, Tomatensaft, Ananassaft) werden den Mitspielern angeboten und sollen bestimmt werden.
3. Mit offenen Augen kann ein Geschmackskim gespielt werden, wenn die Speisen oder Getränke mit Lebensmittelfarbe eingefärbt werden. Wer erkennt wohl den Biergeschmack, wenn die Flüssigkeit blau ist?
4. Die Spielleitung schneidet verschiedene Brotsorten in kleine Würfel. Die Mitspieler nehmen mit geschlossenen Augen einen Würfel und probieren herauszufinden, um welche Brotsorte es sich handelt.

5. Und zum Schluss noch etwas Süßes:
   Ein Geschmackskim mit unterschiedlichen Schokoladensorten! Dabei wäre es sicher auch interessant, wenn eine Diät-Schokolade »heraus geschmeckt« werden soll.

In vielen Büchern wird im Zusammenhang von Kim-Spielen auch das Denk-Kim oder Gedächtnis-Kim genannt. Doch Spiele oder Aufgaben, die das Denken anregen, finden Sie in dem Kapitel Gedächtnistraining diese Buches.

Methodisch/didaktische Planung einer Spielstunde

1. Vorplanung

1.1 Ausgangslage: Eine Gruppe von zwölf Bewohner/ innen eines Altenpflegeheimes

Seit drei Jahren findet regelmäßig einmal in der Woche eine Spielrunde in unserem Altenpflegeheim statt. Es hat sich daraus eine feste Gruppe entwickelt. Alle Teilnehmer kennen sich untereinander bzw. die Gesichter sind vertraut. Mehrere Teilnehmer sind desorientiert oder haben starke körperliche Einschränkungen; es ist eine sehr »schwache« Gruppe. Aber ich habe das Gefühl, dass sie gerne kommen. Ich kenne die Bewohnerinnen seit über zwei Jahren und bin mit ihrer Biographie größtenteils vertraut. (Auf die Auflistung der einzelnen Teilnehmer wird an dieser Stelle verzichtet).

1.2. Themenfindung

Die Spiele sollen sich diesmal hauptsächlich ums Geld drehen (z. B. was kostet wieviel?). Da mehrere Teilnehmer im Umgang mit Geld sehr verunsichert sind, soll es bei der Orientierung helfen. Außerdem werden Bewegungsspiele dabei sein, da die Gruppe das ausgesprochen gerne tut.

1.3 Ziele

- Im Umgang mit Geld wieder etwas Sicherheit gewinnen,
- Förderung der Beweglichkeit,
- Spaß und Freude haben.

2. Vorbereitung

2.1 Ort und Zeit

Im Gymnastikraum des Altenpflegeheimes am 15.9. von 10 – 11 Uhr.

2.2 Information und Absprache

Ist nicht nötig, da diese wiederkehrende Veranstaltung bei allen bekannt ist.

2.3 Finanzierung

Das Geld für den Schaumstoffwürfel (ca. 40 Euro) bekomme ich vom Haus erstattet.

2.4 Praktische Vorbereitung

- Bewegungen ausdenken für das Sitzspiel und ausprobieren,
- ein Schraubverschlussglas und einen Stoffbeutel mit Geldstücken füllen. Die gezählten Beträge aufschreiben,
- Liedkopien anfertigen von: »Taler, Taler du musst wandern«,
- Schaumstoffwürfel kaufen,
- ein Fünfmarkstück mitnehmen.

3. Durchführung

3.1 Arbeitsplatzvorbereitung

Den Raum lüften, Stuhlkreis aufstellen, Materialien zurechtlegen, Wandtafel putzen und einen Teil der Bewohner/innen abholen.

3.2 Sitzordnung

Wir sitzen im Stuhlkreis. Jede/r Bewohner/in sucht sich ihren/seinen Platz aus. Aber ich werde darauf achten, dass Frau B. neben mir sitzt, weil sie sehr schlecht hört.

3.3 Programmablauf

- Begrüßung aller Teilnehmer durch Handschlag,
- Alltagsgespräch (z. B. gestern war der Männergesangsverein im Haus. Wer hat ihn gehört?),
- Lied: Danke für diesen guten Morgen (als Einstiegslied ist dieses inzwischen zum Ritual geworden),
- Thema wird vorgestellt: Heute soll es ums Geld gehen!
- Einen kurzen Überblick über die Stunde geben,
- Frage: Ergänzen sie das Sprichwort: »Wer den Pfennig nicht ehrt .... (ist des Talers nicht wert)«,
  welche Bedeutung hat dieses Sprichwort?
- Sitzspiel mit Bewegung
  Die Spielleitung erklärt der Gruppe, dass alle Bewegungen, die sie macht, von ihrer Nachbarin zur linken übernommen werden und dann in Uhrzeigerrichtung von allen nachgemacht werden, und zwar der Reihe nach. Beispiel: Die Spielleitung klatscht einmal in die Hände. Danach legt sie ihre Hände wieder auf die Oberschenkel. Das macht die linke Nachbarin, dann die übernächste usw. bis alle durch sind. Dann macht die Spielleitung eine neue Bewegung. Folgende Bewegungen werden durchgespielt: Daumen und Zeigefinger aneinanderreiben wie beim Geld zählen, mit den Füßen stampfen, eine »Schwimmbewegung« vor der Brust (im Geld schwimmen), Hände über dem Kopf zusammenschlagen, Arme ausstrecken und Hände drehen.
- Frage: An welchen Orten kann man Geld aufbewahren?
- Geld schätzen: In einem Schraubverschlussglas sind verschiedene Geldstücke. Reihum geht das Glas, und jede Teilnehmerin gibt einen Tipp ab, wieviel Geld sich in dem Glas befindet. Die Ergebnisse werden von der Leiterin an die Wandtafel geschrieben. Gewonnen hat, wer am besten geschätzt hat.
- Lied: »Taler, Taler du musst wandern«,
- Würfelspiel mit einem großen Schaumstoffwürfel
  Es wird reihum gewürfelt in die Kreismitte. Die gewürfelte Punktzahl wird mit zehn multipliziert. Zu diesem »Betrag« sol-

len die Teilnehmer etwas nennen, was man damit kaufen kann. Zum Beispiel: eine Drei wird gewürfelt. Was kann man mit dreißig Euro kaufen? (Wichtig zur Orientierung: was kostet ein Friseurbesuch hier im Haus, Fußpflege, Tageszeitung),

- Schluss ankündigen,
- Münzwandern (Geschicklichkeitsspiel): Ein Zwei-Euro-Stück wird reihum im Kreis auf dem Handrücken (wenn es möglich ist) weitergegeben,
- kurze Reflexion: Was hat gefallen, was war nicht so gut?
- Abschlusslied: »Kein schöner Land« (wird immer zum Schluss gesungen) und Verabschiedung.

3.4 Lückenfüller

Das Spiel »Geld schätzen« wird wiederholt, wobei diesmal die Geldstücke in einem Stoffbeutel sind, der reihum gegeben und betastet wird.

3.5 Nachbereitung

Ich rufe auf dem Wohnbereich an, damit meine Arbeitskollegen die Bewohner/innen abholen. Anschließend räume ich auf und erledige die Eintragungen in die Dokumentation.

4. Reflexion und Auswertung

Musik gestalten und erleben

Das Ziel ist,

- → *sich der Wirkung und Bedeutung von Musik bewusst zu werden und daraufhin unterschiedliche Gestaltungsmöglichkeiten der Musik in der Altenarbeit einsetzen zu können.*

DAS ZIEL IST…

Wichtiger Bestandteil des Lebens

Musik ist ein elementares menschliches Bedürfnis und ein wichtiger Bestandteil des Lebens. Musik ist seit langem im menschlichen Dasein verwurzelt und hat neben allem unterhaltenden Wert auch Bedeutung

- in der Religion
  (Gesang und Tanz dienen seit urdenklichen Zeiten der religiösen Verehrung und Anbetung. Alle Völker der Erde kennen Musik zu kultischen Zwecken),
- bei der Arbeit
  (zur Unterstützung der körperlichen Arbeit wurden Gesang oder Instrumentalmusik eingesetzt, z. B. Shanties der Seeleute, Marschmusik bei Soldaten),
- zur Wahrung von Tradition
  (z. B. bei der Gestaltung von Festen und Feiern im Jahresablauf oder im Lebenslauf) und
- des eigenen Ausdrucks
  (die Musik ist zwar keine Sprache im vollen Sinn des Wortes, doch ist sie ein Mittel, um Gefühle und Empfindungen auszudrücken).

Wirkungen durch oder mit Musik

Einfluss der Musik

Aufgrund des Wissens um die Ganzheitlichkeit des Menschen soll der Einfluss der Musik auf der psychischen, sozialen, geistigen und körperlichen Ebene deutlich gemacht werden. Dabei wird nicht unterschieden, ob es sich um das aktive Musikmachen (also singen oder selbst ein Instrument spielen) oder um das passive Musikmachen (also Musik hören und konsumieren) handelt.

→ Psychische Wirkung der Musik

Stimmung in der Gruppe

Musik beEinflusst die Stimmung, sie kann anregen, fröhlich stimmen, aber auch entspannen und beruhigend wirken. Voraussetzung hierfür ist jedoch, dass sich die alten Menschen auf die Musik einlassen. Es liegt oftmals in der Hand der Gruppenleitung durch gezielte Liedauswahl und behutsames Vorgehen die Stimmung in der Gruppe zu beeinflussen. Doch es geht nicht nur darum, die Stimmung zu verändern. Die Bedeutung der Musik kann zum Beispiel auch darin liegen, die momentanen Gefühle, d. h. auch weniger erfreuliche, auszudrücken.

Das Selbstwertgefühl kann durch das Erkennen noch vorhandener Fähigkeiten und Fertigkeiten gestärkt werden. Die Erfahrung, in einer Gruppe mitsingen zu können oder ein Musikstück mit einem Rhythmusinstrument begleiten zu können, kann ein Erfolgserlebnis sein. Gerade für depressive alte Menschen ist die Erfahrung eines harmonischen Zusammenspiels sowie ein vorgegebener fester Rahmen von großer Bedeutung, da sie oft unsicher sind und hohe Ansprüche an sich stellen.

Erfolgserlebnis

Es ist zu beobachten, dass alte Menschen häufig sämtliche Strophen eines Liedes sicher wiedergeben können, obwohl sie im Alltag eher die Erfahrung machen, dass ihr Gedächtnis nachlässt. Volkslieder haben einen hohen Erinnerungswert, da der Text an eine Melodie gebunden ist, die besser als Worte im Gedächtnis gespeichert werden kann. Gerade Volkslieder wurden früher oft gesungen und sind somit Teil des Langzeitgedächtnisses. Selbst demente Hochbetagte können sich deshalb daran erinnern und sind stolz über ihre noch vorhandenen Fähigkeiten. Diese Erinnerung kann auch eine Brücke zu wichtigen biographischen Ereignissen schlagen, über die sich alte Menschen gerne unterhalten.

Volkslieder

Von der Stimmung, der Atmosphäre, die von einer bestimmten Melodie ausgeht, können auch bildliche Vorstellungen, Phantasien und Wunschträume angeregt werden. Gerade für Hochbetagte ist dies von großer Bedeutung, da sie aufgrund ihrer vorhandenen Einschränkungen das Haus kaum noch verlassen, geschweige denn reisen können.

→ Soziale Wirkung

Musik bringt schon allein deshalb Menschen zusammen, weil sie gemeinsame Interessen und ähnlich gelagerte Lebenserfahrungen aufdeckt, und weil sie im »Hier und Jetzt« auf angenehme Weise Gemeinschaftserlebnisse möglich macht, wie zum Beispiel gemein-

Gemeinschaftserlebnisse

samen Gesang. Auch das gemeinsame Musizieren oder Bewegen nach Musik fördert die Gemeinschaft und ist eine gute Möglichkeit der Kontaktherstellung. Der Einsatz von Musikinstrumenten bietet eine ideale Möglichkeit der nonverbalen Kommunikation. Dies kann vor allem geistig und sprachlich beeinträchtigten Menschen zugute kommen.

Soziales Verhalten

Außerdem wird das soziale Verhalten gefördert, da nur ein harmonisches Klangbild entsteht, wenn man aufeinander achtet. So ist es neben dem Selbstausdruck auch wichtig, zuhören und abwarten zu können (z.B. beim Kanonsingen oder Musizieren), bis man selbst wieder an der Reihe ist.

Tänze und Bewegungsübungen

Kontaktaufnahme

Ganz besonders geeignet für das Erleben der Gemeinschaft sind die Tänze (Sitztänze) und Bewegungsübungen zur Musik. Im Wechsel der vielfältigen Bewegungen spielt sich eine Fülle von einfacher Kontaktaufnahme ab. Das spielerische Kommunizieren auf dem Weg über Blickkontakt, Händereichen oder tänzerischem Gruß kann als bedeutsame Übung in der Entwicklung von Gruppengefühl und sozialer Eingliederung angesehen werden. Die Kontaktaufnahme geschieht ganz nebenbei, fast unbewusst, getragen von dem beschwingten körperlichen Erleben der ihr zugrundeliegenden Musik. Möglicherweise überträgt sich dieses Wahrnehmen des anderen auch auf den Alltag, und man geht auf dem Flur nicht mehr achtlos aneinander vorbei, sondern schaut sich an, begrüßt sich und spricht vielleicht miteinander.

Erinnerungen

Häufig werden über das Hören oder Singen bekannter Melodien viele Erinnerungen an die Kindheit, die Jugend oder das Erwachsenenalter wieder wach, und es entsteht der Wunsch, sich darüber auszutauschen. Es wird erzählt von früheren Zeiten, nach welcher Musik getanzt wurde, wo und wann ein Lied gesungen wurde oder welche Filmmusik besonders beliebt war. Die Gruppenleitung sollte solche Gespräche anregen und die alten Menschen zur Kommunikation animieren.

→ Kognitive Wirkung

Natürlich wird durch die Beschäftigung mit Musik auch das Gedächtnis gefordert. Die alten Menschen müssen sich Bewegungsabläufe oder Textstellen merken, genau zuhören oder eigene Gedanken formulieren. Durch Informationen über Lieder oder Komponisten kann bei den Hochbetagten Neugierde geweckt werden und der Wunsch entstehen, mehr zu erfahren. Beim Musizieren werden Aufmerksamkeit, Konzentration und Reaktionsfähigkeit geschult.

→ Körperliche Wirkung

Spontane Bewegungen

Häufig löst Musik durch ihre fröhliche Stimmung und ihren Rhythmus spontan Bewegungen aus, wie z. B. Klatschen, Schunkeln, Klopfen mit den Fingern oder Füßen. Dabei werden häufig Bewegungseinschränkungen vorübergehend vergessen. Bewegen zur Musik wird oft als die »charmanteste Art Gymnastik zu betreiben« beschrieben.

Die Beschäftigung mit Musik kann verschiedene Auswirkungen auf den Körper ausüben. Bei dem Bewegen zur Musik wird die Beweglichkeit der Gelenke erhalten und verbessert. Die Erfahrung, dass bestimmte Bewegungen doch noch möglich sind und vielleicht sogar Spaß machen, ermuntert möglicherweise dazu, auch im Alltag bewegungsfreudiger zu sein. Die Erhaltung und Verbesserung der Beweglichkeit ist ein wichtiges Ziel der Aktivierung alter Menschen, da alle Bereiche des täglichen Lebens über die Bewegung erschlossen werden.

Auch die Muskulatur wird durch die Bewegung gestärkt, die Körperhaltung verbessert sich und der alte Mensch ermüdet nicht mehr so schnell. Die angeregte Herz- und Kreislauftätigkeit sorgt für eine verbesserte Versorgung des gesamten Organismus. Gleichfalls hat die muskelentspannende Wirkung durch die Musik einen positiven Einfluss auf den Körper.

Häufiges Singen verbessert die Atmung und die Stimme. Viele alte Menschen atmen zu flach, wodurch ihre Lungen zu wenig belüftet werden. Bewegungseinschränkungen begünstigen die flache Atmung, und es entsteht die Gefahr einer Lungenentzündung. Beim

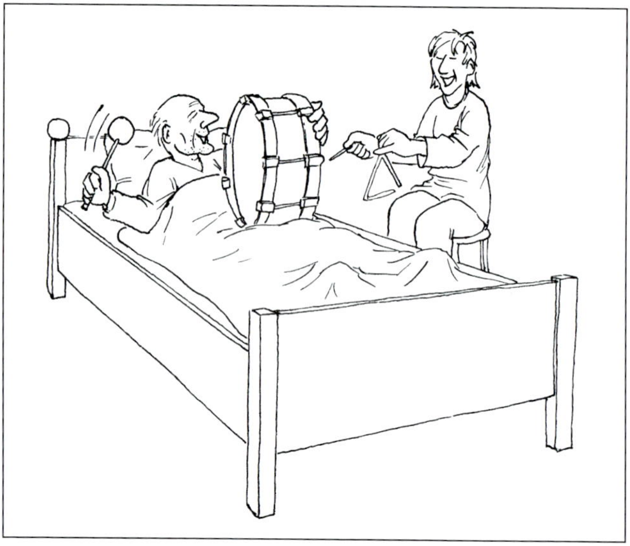

Singen wird automatisch viel tiefer ausgeatmet. So kann, wenn für frische Raumluft gesorgt wird, Singen ein gutes Atemtraining für alte Menschen sein. Die Stimme wird im Alter häufig rauher und krächzender. Dies wird durch weniges Sprechen noch verstärkt. Häufiges Singen verbessert die Stimme und macht sie geschmeidiger, sie klingt schöner und voller. (Auch ungeübte notwendige Tätigkeiten, wie z. B. Waschen oder Anziehen, können leichter fallen, wenn dazu gesungen wird.)

Atemtraining

Eine weitere körperliche Wirkung der Bewegung nach Musik ist die Verbesserung der Koordinationsfähigkeit. Damit ist das Zusammenwirken des Zentralen Nervensystems mit dem Bewegungsapparat gemeint. Nur wenn der vom Gehirn kommende Befehl auch die jeweils benötigten Muskeln erreicht, kann eine Bewegung bzw. eine Bewegungsfolge zustande kommen. Besonders beim Tanzen (auch beim Sitztanz) und beim Bewegen nach festgelegten Formen wird diese Fähigkeit angesprochen. Das Training der Koordination hat eine große alltagspraktische Bedeutung, da die Koordination bei vielen Tätigkeiten des täglichen Lebens eine wichtige Rolle spielt.

Verbesserung der Koordinationsfähigkeit

→ Zielformulierung

Zusammenfassend können folgende übergreifende Ziele für die Beschäftigung mit Musik in der Altenarbeit gesetzt werden:

- Geselligkeit, Freude und Spaß haben, Ablenkung von Sorgen und Nöten,
- Förderung und Erhaltung vorhandener und neuer Fähigkeiten und Interessen,
- Abwechslung zum eintönigen Alltag,
- Aktivität statt Passivität,
- Ermöglichung von Gemeinschaft und Kommunikation,
- Entspannung erfahren,
- Steigerung des Selbstwertgefühls und Aufbau eines positiven Selbstbildes.

Die hier beschriebenen Ziele sind natürlich nicht alle auf einmal zu erreichen und müssen auf die entsprechende Zielgruppe abgestimmt sein. Es ist wichtig, die Anforderungen Schritt für Schritt zu steigern und die alten Menschen nicht zu unter- bzw. zu überfordern.

Unterhaltender Charakter

An dieser Stelle möchte ich darauf hinweisen, dass im Vordergrund der Beschäftigung mit Musik hier der unterhaltende Charakter steht und sich an den Wünschen und Vorlieben der Hochbetagten orientiert. Musikalische Elemente können auch therapeutisch genutzt werden, um z. B. seelische Vorgänge und Konflikte aufzudecken. Doch dieses ist die Aufgabe der Musiktherapie und sollte von Fachkräften, die eine fundierte Ausbildung besitzen, ausgeführt werden.

Bevor nun konkrete Vorschläge zur Beschäftigung mit Musik folgen, sollen Musikgewohnheiten und Erfahrungen von Hochbetagten kurz beleuchtet werden.

Musikerfahrungen und Gewohnheiten

Genauso wenig wie es »den« alten Menschen gibt, gibt es auch nicht »die« Musik, die allen alten Menschen gefällt. Doch der »Geschmack« oder die Vorlieben haben viel mit Gewohnheit zu tun. Der Geschmack wird geprägt durch das Umfeld; die Menschen, mit denen man zu tun hat, das Milieu oder die Schicht, in der man lebt oder auch durch Erfahrungen, die man mit der Musik gemacht hat. Auch wenn man als Jugendlicher oder jüngerer Erwachsener dachte, die modernste Musik zu hören, und damit die altmodischen Eltern übertrumpfte, stellt man irgendwann fest, das die einst so moderne Musik nicht mehr »in« ist. Aber man liebt sie und bleibt dabei, da

Erinnerungen

viele gefühlvolle Erinnerungen damit verbunden sind. Man bleibt gerne bei Vertrautem, denn das gibt Sicherheit.

Was hat sich in den vergangenen 90 Jahren im Umgang mit der Musik verändert? Zu der Zeit, als es noch kein Radio, keinen Tonfilm und nur vereinzelt Grammophone gab (das war bis ca. 1923) konnte man nur Musik hören, wenn man sie selbst machte oder wenn man auf Musizierende traf. Somit war Musikhören immer mit gleichzeitigem Sehen der Schallquelle verbunden. Erst die technische Entwicklung des Radios oder Tonträgers machte es möglich, Töne zu hören, deren reale Ursache man nicht nachvollziehen kann. Mit der Entwicklung der technischen Medien hat sich noch etwas anderes verändert. Die Musik wurde beliebig oft reproduzierbar. War man vorher darauf angewiesen, musizierende Menschen zu treffen oder selbst Musik zu machen, war man nun unabhängig davon. Und noch etwas hat sich verändert: Der Klang des Grammophons und der ersten Radiojahre war ein anderer.

Exkurs

Kurzer geschichtlicher Exkurs über das Radiohören in Deutschland:
Die drahtlose Übermittlung von Nachrichten wurde schon Mitte des 19. Jahrhunderts erfunden. Vor allem in der Wirtschaft und im Krieg wurde die neue Technik gebraucht. Der Nutzen für diese gesellschaftlichen Bereiche deutete schon darauf hin, dass es ein staatliches Interesse war, die Verfügungsgewalt über ein derartig relevantes Kommunikationsmittel zu behalten. Der Streit, ob der Radioverkehr staatlich oder privat betrie-

ben werden sollte, verzögerte die Einführung des öffentlichen Radios in Deutschland um einige Jahre. Am 29.10.1923 wurde der »Radioverkehr freigegeben«, die »Deutsche Stunde« begann mit regelmäßigen Sendungen aus dem »Vox-Haus« in Berlin. Neben Nachrichten und Informationen wurde vor allem Musik gesendet.
Doch im Jahre 1923 war die Inflation auf dem Höhepunkt angelangt. Sowohl Hörlizenzen wie auch Radioapparate waren unbezahlbar und damit war die Verbreitung des Radios eingeschränkt. Eine billigere Alternative gegenüber den zu kaufenden Radioapparaten war die eigene Herstellung eines Radiogerätes, aus Empfänger mit einer Röhre bzw. eines Detektors; statt teuren Lautsprechern benutzte man Kopfhörer.
1933 kam der »Volksempfänger« auf den Markt. Hitler hatte, um seine Propaganda wirkungsvoller verbreiten zu können, den großen elektronischen Firmen den Entwicklungsauftrag für einen preiswerten Volksempfänger gegeben. Bereits am ersten Tag seines Verkaufs wurden 100.000 Stück abgesetzt.
(vgl. Muthesius, D., Musikerfahrung im Lebenslauf alter Menschen)

Im Folgenden sollen ein paar »Begegnungen mit Musik« einen Einblick geben, wie unterschiedlich die Musikgewohnheiten der letzten Generationen sind bzw. waren.

Musikgewohnheiten

- Der über eine lange Zeit wichtigste Vermittler von Schlagern und Gassenhauern war der Mann mit dem Leierkasten. Man traf ihn auf der Straße, beim Eislaufen, bei Volksfesten und in Hinterhöfen.

Leierkasten

- Wie es heute kaum ein Kneipe oder Café ohne HiFi-Anlage gibt, fehlte damals nirgendwo ein Klavier. Auch spielten dort häufig

Klavier

2-3-Mann-Musikkapellen. Aus Kostengründen wurden diese abgelöst durch elektrische Klaviere und anschließend durch Musikboxen.

Schellackplatten

- Schellackplatten, die auf einem Grammophon abgespielt werden, haben einen ganz besonderen Klang. Nicht allein das typische Kratzen, sondern die Aufnahmetechnik und die Art der Tonproduktion beim Abspielen sind dafür verantwortlich. Erst seit 1951 gibt es die Langspielplatte aus Kunststoff.
- Im Gegensatz zu unseren Großeltern, die fast nur »Live-Musik« gehört haben, erleben wir heute überall Musik durch die technische Verfügbarkeit. In jedem Kaufhaus, in jeder Gaststätte, im Auto oder im Schwimmbecken, sogar an vielen Arbeitsplätzen kann man der Musikberieselung nicht mehr entgehen, so dass sogar schon von »akustischer Luftverschmutzung« die Rede ist.

Akustische Luftverschmutzung

Dieser kurze Einblick in Musikerfahrungen und Gewohnheiten soll helfen, Verständnis und Kenntnis der gewohnten Musikkultur alter Menschen zu gewinnen.

> **Anregung**
>
> **Stellen Sie in Ihrer Gruppe bzw. Schulklasse »Ihre Lieblingsmusik« vor. Die anderen Teilnehmer notieren sich während des Zuhörens ihre Eindrücke, Empfindungen und Erinnerungen.**
> **Im anschließenden Gespräch wird deutlich, wie unterschiedlich jeder Einzelne die Musik wahrnimmt. Aber auch Gemeinsamkeiten und unbekannte noch nie gehörte Musik werden entdeckt.**
> **Mit dieser Übung kann Verständnis für die eigenen und für andere Meinungen entwickelt werden.**

Das Singen

Das Singen mit alten Menschen ist eine Möglichkeit der musikalischen Beschäftigung.

Die Stimme ist ein körpereigenes und individuelles Ausdrucksinstrument. Sie wird benutzt, um sich mit anderen zu verständigen. Jeder Mensch hat, sofern keine krankhafte Veränderung der Stimmbänder vorliegt, auch die Möglichkeit zu singen. Die Stimme ist das unmittelbarste Ausdrucksmittel mit einem unverwechselbaren, individuellen Klang. Darin zeigt sich deutlich die augenblickliche Stimmung. Auch beim Singen wird die augenblickliche Gefühlslage durch den Stimmklang, durch die melodische und rhythmische Gestalt des Gesungenen ausgedrückt.

Stimme
Ausdrucksmittel

Singen kann einerseits helfen, Gefühle auszudrücken und andererseits ein Gefühl der Kraft und Stärke vermitteln. Das Singen mit anderen oder auch für andere hat eine wichtige soziale Bedeutung. Außerdem kann das Singen ablenken von Sorgen und Nöten, da Singen und gleichzeitiges Nachdenken kaum möglich ist. Und doch gibt es ein paar Gründe, die manche Menschen vom Singen abhalten:

- Die Einstellung zum Singen hängt für jeden Menschen von seinen persönlichen Singerfahrungen ab. Schlechte Erinnerungen zum Beispiel an den Musikunterricht in der Schule trüben die Lust am Singen.
- Für alte Menschen, die einen besonderen Wert auf die Schönheit ihrer Stimme leg(t)en, ist es besonders schwierig zu ertragen, wenn die Stimme aufgrund des Alters nachlässt. Auch wenn andere die Stimme immer noch schön finden, können die Sänger oftmals den Verlust nicht ertragen.
- Radio, Schallplatten, Musikkassetten und CD´s bieten heute vollkommene Klänge. Der eigene Gesang ohne tontechnische Mittel wird deshalb neben diesem perfekten Musikangebot als sehr dürftig empfunden. Dies ist möglicherweise ein weiterer Grund dafür, warum gerade junge Leute ihrem Gesang skeptisch gegenüberstehen.

Negative Singerlebnisse

Bei der älteren Generation ist trotz vielleicht negativer Singerlebnisse aus der Kindheit und Schulzeit selten ein Abwehrverhalten gegenüber dem Singen anzutreffen. Vielleicht liegt diese im allgemeinen positive Einstellung zum Singen daran, dass früher einfach häufiger und selbstverständlicher gesungen wurde als heute.

Da wir unser »Musikinstrument« zum Singen, also unsere Stimme, immer bei uns haben, können wir überall singen, bei den Pflegearbeiten mit alten Menschen, vor oder nach den Mahlzeiten im Speiseraum oder abends auf der Bettkante. Im folgenden Kapitel werden Aspekte und Vorschläge für Gruppenstunden mit Gesang für Hochbetagte beschrieben.

→ Aufgaben der Leiterin

Die Liedauswahl muss sich am Liedgut der alten Menschen orientieren (dazu mehr im nächsten Absatz »Liedauswahl«).

Hemmungen abbauen

Die Leiterin sollte versuchen, Hemmungen einzelner Teilnehmerinnen abzubauen, das kann durch den Schutz des Gruppengesangs oder durch gutes Zureden erreicht werden. Außerdem kann die Leiterin durch positives Hervorheben kleiner Erfolge die Motivation der Teilnehmer steigern. Kritik am Gesang ist zu vermeiden. Die Anbieterin sollte durch ihr Verhalten der Gruppe deutlich machen, dass es beim Singen nicht auf Perfektion ankommt, sondern darauf, dass alle Freude am gemeinsamen Gesang haben.

Hervorheben kleiner Erfolge

Beim Singen mit alten Menschen sollte es nicht darum gehen, möglichst viele Lieder zu »schaffen«. Wichtig ist, dass es zwischendurch immer wieder Gelegenheit gibt, Gespräche zu führen. Gerade durch alte, bekannte Lieder können Erinnerungen an Schule, Elternhaus, Feste oder Erlebnisse wieder lebendig werden. Dem Bedürfnis, von diesen Erinnerungen zu erzählen und sich darüber auszutauschen, sollte Raum und Zeit gegeben werden. Auch Teilnehmer, die nicht gerne singen, können sich an diesen Gesprächen beteiligen und sich somit in die Gruppe einbringen.

Gespräche

Die Tonangabe und der Einsatz zum Singen kann sowohl von der Leiterin als auch von einem Hochbetagten übernommen werden. Dabei ist darauf zu achten, dass der Einsatzgebende von allen gut gesehen wird. Er muss sich vergewissern durch Blickkontakt, dass alle Sänger ihn ansehen, gegebenenfalls eine Hand heben. Dann wird »tief Luft geholt« und das Lied angestimmt. Wird das Luftholen von der Anleitung übertrieben vorgegeben, holen automatisch alle Sänger auch Luft und sind somit zum Singen bereit. Natürlich ist es auch möglich, dass der Anleiter laut zu singen beginnt, und die Teilnehmer nach und nach mit einstimmen. Wichtig ist, dass die Anleitung deutlich mitsingt oder den Liedtext mit den Lippen mitformt. Eine Gruppenstunde mit Gesang sollte abwechslungsreich gestaltet werden, z.B. mit Wechselgesang, Bewegungsliedern, Liederquiz.

Tonangabe

→ Liedauswahl

Bei der Liedauswahl ist es wichtig, die Teilnehmer mitbestimmen zu lassen. Außerdem können Tageszeit, Jahreszeit und besondere Feste berücksichtigt werden. Des weiteren ist bei der Liedauswahl zu beachten:

- *Der Bekanntheitsgrad*
  Lieder, die bekannt und vertraut sind, geben Sicherheit und helfen evtl. Singhemmungen abzubauen. Zu Beginn einer Singstunde sollten deshalb nur bekannte Lieder gesungen werden. Die meisten der allgemein bekannten Volkslieder sind etwa 150 Jahre alt – also viel jünger als man denkt. Als sie damals von den heute alten Menschen gelernt wurden, waren sie sogar nur 80 Jahre alt. Und Lieder brauchen von ihrer »Erdichtung« bis zu allgemeinen Verbreitung eine ganze Weile, besonders zu der Zeit, als es noch kein Radio gab. Der größte Anteil des Liederrepertoirs eines Menschen wird bis etwa zum 21. Lebensjahr erworben. Die später gelernten Lieder bleiben nicht mehr so gut im Gedächtnis haften, erscheinen nicht mehr so bedeutungsvoll. Dazu ein Beispiel: Das Lied »Hoch auf dem gelben Wagen« wurde 1912 komponiert. Weit bekannt wurde es erst durch den singenden Bundespräsidenten Scheel. Für Menschen, die 1900 geboren sind, gehört es also nicht zum vertrauten Liedgut.

- *Schwierigkeitsgrad*
  Unterschiedliche Lieder haben unterschiedliche Stimmungsgehalte, manche sind lustig und fröhlich, andere besinnlich und traurig. Wichtig bei der Liedauswahl ist es, auf die Stimmung in der Gruppe zu achten und besonders krasse Stimmungsgegensätze hintereinander zu vermeiden. Eine ausgewogene Mischung und der Grundsatz, die Teilnehmer dort abzuholen (also auch stimmungsmäßig), wo sie sich befinden, sollte angestrebt werden.

Liedauswahl

- *Geschmack*
  Der persönliche Liedgeschmack wird im Laufe des Lebens gebildet und ist stark geprägt durch persönliche Erfahrungen (Kultur, Religion, Milieu, Schicht, regionale Unterschiede, Beruf). Um herauszufinden, welche Lieder für einen alten Menschen wichtig sind, muss man viel über seine Biographie wissen.

Umgekehrt sagen auch Lieder, die ein Mensch mag und kennt, etwas über seine biographischen Erfahrungen aus.

Biographische Erfahrungen

- *Liedarten*

  Es ist davon auszugehen, dass das Volksliedgut vielen alten Menschen wohlvertraut ist und von ihnen gerne gesungen wird.

  Kinderlieder

  Kinderlieder sollten nur gesungen werden, wenn sie von den Teilnehmern gewünscht werden, sollten also nicht von der Leitung vorgeschlagen werden. Sonst könnten sich die alten Menschen wie »Kinder« behandelt fühlen.

  Alte Schlager

  Zum Mitsummen und Refrain-Mitsingen sind alte Schlager sehr beliebt, doch zum gemeinsamen Singen ohne die entsprechende Musikbegleitung sind sie in der Regel zu schwierig. Ein paar Beispiele für alte Schlager sind: »Auf der Reeperbahn nachts um halb eins«, »Ein Freund, ein guter Freund«, »Das kann doch einen Seemann nicht erschüttern«.

  Religiöse Lieder

  Religiöse Lieder werden häufig von Hochbetagten gewünscht und gerne gesungen. Unverzichtbar sind diese Lieder bei kirchlichen Festen, insbesondere in der Advents- und Weihnachtszeit.

Link-Empfehlung:
Hier finden Sie Lieder und Noten (und auch Spiele und Übungen für das Gedächtnistraining):
http://www.singenundspielen.de

- Liederbücher

  Es gibt eine große Anzahl unterschiedlicher Liederbücher im Handel, in denen die Lieder für den jeweiligen Zweck und Gebrauch zusammengestellt sind, z. B. alte Volkslieder, Marschlieder, Kinderlieder, Arbeiterlieder.

  Zum Singen mit alten Menschen werden oft keine Liederbücher gebraucht, da sie viele Lieder auswendig kennen. Doch beim

Anmerkung

Eine lohnenswerte Aufgabe könnte das Zusammenstellen einer Liedermappe für eine Seniorengruppe (für einen Wohnbereich, Station, Heim) sein, mit den bekannten und vertrauten Liedern – ein eigenes Liederbuch sozusagen.

Blättern in einem Liederbuch werden die alten Menschen auf Lieder stoßen, die sie kennen, die ihnen aber nicht so eingefallen wären. Für Hochbetagte sind viele Liederbücher zu klein gedruckt, so dass eine Vergrößerung durch das Fotokopieren notwendig ist. Zum Mitsingen reicht den alten Menschen häufig der Text ohne Noten, da die Melodie bekannt ist.

→ Gestaltungsmöglichkeiten mit Liedern

1. *Einstimmige Lieder*
   Die einfachste und bekannteste Art gemeinsam zu singen, ist der einstimmige Gruppengesang. Jeder in der Gruppe singt die gleiche Melodie zur gleichen Zeit.
2. *Mehrstimmige Lieder*
   Zweistimmiger Gesang erfolgt manchmal spontan in einer Singgruppe. Meist wird dabei eine Ober- oder Unterstimme zur Melodie gesungen.
   Mehrstimmiger Gesang klingt zwar viel voller und interessanter als einstimmiger Gesang, ist aber sehr schwierig und erfordert sowohl von der Leitung wie auch von den Singenden viel Erfahrung.
3. *Wechselgesang*
   Viele Lieder eignen sich für einen Wechselgesang zwischen zwei gleichen Gruppen oder von Vorsänger und Gesamtgruppe. Diese recht einfache Ausgestaltungsmöglichkeit macht den Klanggehalt des einstimmigen Gesanges interessanter. Besonders Lieder, die einen Refrainteil haben, können gut auf diese Art gesungen werden. Dabei singt z. B. ein Teil der Gruppe oder

ein einzelner die Strophe und die Gesamtgruppe den Refrain.
Ein paar Liedvorschläge dazu:

- Mein Vater war ein Wandersmann,
- Lustig ist das Zigeunerleben,
- Herr, deine Liebe.

4. *Kanon*

Der Kanon ist ein Lied, bei dem die Stimmen in feststehenden Abständen nacheinander einsetzen. Dabei wird dieselbe Liedmelodie mit dem entsprechenden Text mehrmals hintereinander gesungen.

Beispiel: Oh wie wohl ist mir am Abend,
Vom Aufgang der Sonne,
Viel Glück und viel Segen.

5. *Liedbegleitung durch Instrumente*

Die melodische Liedbegleitung, z. B. durch ein Klavier, Akkordeon und Gitarre, hilft unsicheren Sängern mitzusingen. Manchmal ist es möglich, einen alten Menschen dadurch zum Singen zu aktivieren.

Zur rhythmischen Liedbegleitung eignen sich Rhythmusinstrumente wie Hölzer, Rasseln, Schellen und Trommeln, die vor

allem bei fröhlich-beschwingten Liedern eingesetzt werden können. Der ruhige Liedcharakter von besinnlichen Liedern wird dadurch eher gestört. Das Begleiten mit Hölzern oder Rasseln fällt den alten Menschen in der Regel leicht, da sie im gleichen Rhythmus Singen und Musizieren.

Natürlich ist es auch möglich, zu der Wiedergabe von Melodien auf Tonträgern zu singen. Doch viele Aufnahmen sind zu schnell oder undeutlich, was das Mitsingen eher erschwert.

6. *Bewegungslieder*

   In Bewegungsliedern werden Gesang und Körperbewegungen kombiniert. Diese Kombination ergibt ein gutes Konzentrations-, Reaktions- und Koordinationstraining. Der Liedtext ist die jeweilige Grundlage und gedankliche Stütze für die entsprechenden Bewegungen.

Beispiel

Mein Hut, der hat drei Ecken,
drei Ecken hat mein Hut.
Und hat er nicht drei Ecken,
dann ist es nicht mein Hut.

Dazu werden folgende Bewegungen gemacht:

»mein« – mit dem Zeigefinger wird auf die eigene Person gezeigt,
»Hut« – mit beiden Händen wird ein 'Hut' auf dem Kopf gezeigt,
»drei« – drei Finger der rechten Hand werden aufgezeigt,
»Ecken« – auf den Ellenbogen des angewinkelten Arms wird gezeigt,
»nicht« – mit dem Kopf schütteln.

Wenn alle Teilnehmer vertraut sind mit dem Lied und den dazugehörigen Bewegungen, kann der Schwierigkeitsgrad erhöht werden. Pro Lieddurchgang wird jeweils ein Wort weniger gesungen und nur die entsprechende Bewegung durchgeführt. So wird das Lied zunächst ohne das Wort »mein« gesungen, dann ohne die Wörter »mein« und »Hut« usw. Zum Schluss werden nur noch wenige Wörter gesungen, die anderen nur durch Bewegungen angedeutet.

Wichtig bei Bewegungsliedern ist, dass die Leitung immer die Bewegungen selbst mitmacht, denn so können sich die Teilnehmer daran orientieren.
Natürlich kann auch eine Gruppe Bewegungslieder selbst erfinden bzw. sich Bewegungen zu einem Lied ausdenken. Besonders geeignet sind Wanderlieder, die durch ihren »Marschrhythmus« zur Körperbewegung auffordern.

Anregung

Versuchen Sie es doch mal mit dem Lied **»Es klappert die Mühle am rauschenden Bach«**. Fallen Ihnen Bewegungen dazu ein?

7. *Liederquiz*

Mit Rate- und Quiz-Spielen kann eine Gruppenstunde mit Musik aufgelockert werden oder zu neuen Liedvorschlägen führen.
Dazu Beispiele:

- Liederraten
  Die Spielleitung spielt Lieder an (mit einem Instrument oder von der Kassette) und die Gruppe errät sie bzw. singt sie weiter.
- Lieder darstellen
  Die Spielleitung bereitet ein paar Karten mit Liedtiteln vor und verteilt sie in der Gruppe. Die Teilnehmer sollen ver-

suchen, das Lied pantomimisch oder durch Umschreibungen den anderen Teilnehmern darzustellen. Wenn es geraten wurde, kann die erste Strophe von dem Lied gesungen werden.

- Assoziationsübung

  Die Spielleitung zeigt der Gruppe ein ansprechendes Bild (Großformat!) mit einem Baum und fragt nach Liedvorschlägen, die ihnen dazu einfallen, z.B. »Am Brunnen vor dem Tore«, »Ich ging durch einen grasgrünen Wald«. Von den genannten Liedern können dann welche gesungen werden. Variationen zu dieser Übung: Ein Bild eines Babys – Wiegenlieder, ein Wanderschuh – Wanderlieder, ein Frühlingsstrauß – Frühlingslieder.

8. *Erfinden von neuen Liedtexten*

   Geeignet zum Erfinden neuer Liedtexte sind bekannte, fröhliche Lieder, die nicht zu lang sind und einen Refrain haben. Der Refrainteil kann von allen mitgesungen werden, die Strophenteile erhalten je nach Lied zwei bis vier neue Reime. Geeignet zum Umdichten sind z. B. »Eine Seefahrt, die ist lustig« oder »Auf de schwäbsche Eisebahne«.

Anmerkung

Auch das Sammeln von Sprichwörtern und Redewendungen zum Thema Musik kann eine Gestaltungsmöglichkeit während einer Musikstunde sein;
Beispiele dazu:

- **auf die Pauke hauen,**
- **in den höchsten Tönen loben,**
- **wie die Alten sungen, so zwitschern auch die Jungen,**
- **dir werde ich die Flötentöne schon beibringen,**
- **er will immer die erste Geige spielen,**
- **sang und klanglos verschwinden,**
- **Klappern gehört zum Handwerk,**
- **mit Pauken und Trompeten,**
- **wie man in den Wald ruft, so schallt es heraus.**

Das Musikhören

Wird Musik gehört, die einem gefällt, werden angenehme Gefühle ausgelöst, Bilder und Erinnerungen werden wach. Musikhören kann einen ästhetischen Genuss darstellen. Aus wissenschaftlichen Untersuchungen ist bekannt, dass Musik therapeutische Wirkung haben kann. Doch ist die Musik unerwünscht und weicht zu sehr von den eigenen Hörgewohnheiten ab, kann das genaue Gegenteil eintreten, man fühlt sich unwohl, genervt oder auch aggressiv. Darum ist es sehr bedenklich, alte Menschen in Institutionen der Altenhilfe oder Pflegebedürftige, die zu Hause leben, mit unerwünschter Radiomusik zu berieseln. Vor unangenehmen Eindrücken kann man zwar die Augen, nicht aber die Ohren verschließen!

Ästhetischer Genuss

Therapeutische Wirkung

Dient die Musik der Untermalung von Veranstaltungen, also als Hintergrundmusik, muss die Lautstärke so reguliert werden, dass die Musik nicht die Unterhaltung stört. Da Musik die Stimmung des Menschen beEinflusst, ist bei der Auswahl geeigneter Hintergrundmusik auch zu überlegen, welche Stimmung erzeugt werden soll. Dass die Musik auf den Geschmack der alten Menschen und den Anlass der Darbietung abzustimmen ist, sollte an dieser Stelle des Buches bereits selbstverständlich sein.

Hintergrundmusik

Eine wichtige Voraussetzung für das Musikören ist die Hörfähigkeit der alten Menschen. Selbst leichte Schwerhörigkeit, die im Alter häufig auftritt, beeinflusst die Hörqualität. Jedoch ist extreme Lautstärke nicht ratsam, sondern die Zuhörenden sollten gefragt werden und selbst entscheiden, welche Lautstärke am angenehmsten ist. Schlechterhörende sollten näher an der Geräuschquelle sitzen. Wichtig ist auch, evtl. die Hörgeräte entsprechend einzustellen. Das Musikhören mit einem Kopfhörer hat neben der Tatsache, dass dadurch niemand gestört wird, den Vorteil, dass die Musik störungsfreier und konzentrierter gehört werden kann. Beim Musikhören sollte, wenn ein konzentriertes Zuhören gewünscht ist, jede andere Geräuschquelle ausgeschlossen werden. Ein geschlossener Raum ist deshalb empfehlenswert.

Lautstärke

Anmerkung

Schwerhörigkeit heißt nicht, dass man alles leiser hört, sondern Schwerhörigkeit bedeutet, bestimmte Laute der Sprache gar nicht zu hören oder nicht klar von anderen unterscheiden zu können. Schwerhörigkeit bedeutet also bruchstückhaftes Hören.
Schwerhörigkeit ist eine unheilbare Behinderung; ein Hörgerät ist kein Heil-, sondern ein Hilfsmittel. Der schwerhörige Mensch braucht also immer eine besondere Zuwendung, auch wenn er ein Hörgerät trägt.
(aus: Juchli, L. Krankenpflege. 1991. S. 823)

Welche Liedarten sind geeignet für das Musikhören?

Schlager und Tanzmusik

Schlager und Tanzmusik aus der Jugendzeit der jetzt alten Menschen werden von vielen Hochbetagten gerne gehört. Sie bieten viel Gesprächsstoff und werden häufig spontan mitgesungen. Schlager sind in der Erinnerung eng mit dem Sänger oder der Sängerin einschließlich der charakteristischen Stimme verknüpft. Auch daraus kann sich Gesprächsstoff ergeben. Ein paar Namen von berühmten Schlagerstars sind: Lale Andersen, Marlene Dietrich, Johannes Heesters, Ilse Werner.

Schlager aus alten UFA-Filmen

Schlager aus alten UFA-Filmen haben ebenfalls einen hohen Bekanntheitsgrad und werden von alten Menschen gern gehört. Die Erfindung des Tonfilms war nach der Stummfilmzeit (bis 1929) sensationell, und Kinobesuche waren in allen sozialen Schichten beliebt. Viele Lieder und Tänze in den Kinofilmen wurden zu Hits, zu »Ohrwürmern«. Viele von ihnen kommen auch denen bekannt vor, die den dazugehörigen Film nie gesehen haben. Dazu ein paar Beispiele: »Der Kongress tanzt« mit Lilian Harvey und Willy Fritsch mit dem Evergreen »Das gibt's nur einmal« oder »Im weißen Rössl« mit Johanna Matz und Johannes Heesters mit den Liedern »Was kann der Sigismund dafür, dass er so schön ist« und »Im weißen Rössl am Wolfgangsee«.

Volks- und Marschmusik sind erfahrungsgemäß bei den alten Menschen sehr beliebt. Früher wurden bei Volksfesten, Paraden und

Umzügen immer Märsche gespielt. Auch Volksmusiksendungen sind bei alten Menschen beliebt und fördern die Bekanntheit vieler Melodien.

Klassische Musik

»Klassische Musik« (sogenannte »Ernste Musik«) war (oder ist?) eher in den gehobenen Gesellschaftsschichten bekannt. Doch durch die Verbreitung von Radio und Fernsehen sind auch klassische Musikstücke so populär geworden, dass sie vielen bekannt sind, z. B. »Gefangenenchor« aus Nabucco von Verdi. Außerdem lassen sich auch alte Menschen auf etwas Neues und Unbekanntes ein, wenn ihr Interesse geweckt wird und die Musik nicht zu sehr von Bekanntem abweicht.

Operetten

Operetten zählen zur »leichten Musik« mit ihrem oft humorvollen Inhalt, prickelndem Rhythmus und eingängigen Melodien. Der allgemeine Bekanntheitsgrad ist recht hoch. Bis zum 2. Weltkrieg wurden viele Operetten komponiert und in Theatern aufgeführt. Das Fernsehen hat in den 60er- und 70er Jahren für eine Verbreitung von Operetten gesorgt. Große Stars waren dabei, z.B. Rudolf Schock und Anneliese Rothenberger.

Bei der Auswahl der Musikstücke sind natürlich der individuelle Musikgeschmack und die Musikwünsche der Hochbetagten zu berücksichtigen. Das schließt allerdings nicht aus, auch »moderne« Musik und »Hits« von heute den alten Menschen vorzustellen.

Beschäftigungsvorschläge mit »Musikhören«

1. Bewusstes Musikhören von klassischer Musik

Viele klassische Musikstücke eignen sich gut zum bewussten Musikhören. Dabei ist es notwendig, den alten Menschen die Musik schrittweise (ausschnittweise) näherzubringen und Neugierde zu wecken. Am besten ist dies möglich, wenn vorweg etwas Interessantes zum Musikstück berichtet oder etwas aus dem Leben des Komponisten erzählt wird.

Neugierde wecken

Auch Informationen über Inhalte oder geschichtliche Hintergründe können das Interesse wecken; oder Bilder von den Komponisten werden gezeigt. Außerdem können auch die alten Menschen ihr Wissen dazu einbringen.

Die Anleiterin sollte nicht den Anspruch an sich haben, bei solchen »Musikvorführungen« alle evtl. Fragen der Hochbetagten beantworten zu können. Auch wenn sie nur über wenig fachliches Hintergrundwissen verfügt, sollte dies kein Grund sein, ganz auf dieses Beschäftigungsangebot zu verzichten. Auftretende Fragen können auch gemeinsam, z.B. mit einem Musiklexikon, gelöst werden.

Konzentriertes Zuhören

Um die Aufmerksamkeit der Hörer zu erhöhen bzw. konzentriertes Zuhören zu erleichtern, sollte die Leiterin Fragen oder Aufgaben stellen. Dazu ein paar Anregungen:

- Haben Sie die Musik schon mal gehört? Woran werden Sie durch diese Musik erinnert?
- Kennen Sie den Titel des Musikstückes oder den Namen des Komponisten?
- Welches Instrument hören Sie heraus?
- Welche Bilder verbinden Sie mit der Musik?
- Was empfinden Sie, wenn Sie diese Musik hören?

2. Musikhören und Malen

Formen und Farben

Viele Melodien lassen beim Hören Bilder und Vorstellungen entstehen. Spannend kann es sein, diese auch einmal aufzumalen bzw. anzudeuten durch Formen und Farben. Das Vorlesen einer kleinen Geschichte oder das Erzählen einer Anekdote vor dem Musikhören kann die Teilnehmer dabei zusätzlich anregen. Da viele alte Menschen große Hemmungen haben, ein Bild zu malen, weil sie es nicht gewohnt sind oder der Anspruch an sich selber dabei sehr hoch ist, liegt es im Geschick der Leiterin, diese Hemmungen zu nehmen. Eine Hilfe dabei kann sein, dass nicht jeder Teilnehmer ein Bild malt, sondern dass mehrere an einem Bild beteiligt sind. Das heißt, jeder Hochbetagte fängt auf »seinem« Blatt an zu malen, nach wenigen Minuten wird das bemalte Blatt weitergegeben an den rechts sitzenden Nachbarn. So erhält jeder ein angefangenes Werk und macht damit weiter. Dieser Wechsel sollte drei bis fünfmal erfolgen. Anschließend werden die so entstandenen Gemeinschaftswerke angesehen und mancher Hochbetagte wird erstaunt sein, was mit seiner Mithilfe entstanden ist.

3. Ratespiele mit Musik

Bei einem Musikquiz können Lieder oder Interpreten geraten werden. Da sich Melodien sehr gut ins Gedächtnis einprägen, ist der Erinnerungseffekt beim Hören bekannter Melodien groß, und die alten Menschen haben Spaß daran, den Musiktitel oder Sänger herauszufinden. Musikratespiele können zu unterschiedlichen Themen gemacht werden:

Erinnerungseffekt

- Lieder aus verschiedenen Ländern oder unterschiedlichen Gegenden (die dann erraten werden müssen),
- Tanzmusik (welcher Tanz ist das?),
- alte Schlager (wer ist der Sänger bzw. die Sängerin?),
- Filmmusik (die Filme sollen genannt werden),
- Instrumentalmusik (welche Instrumente werden erkannt?).

4. Gemeinsam einen Film ansehen

Viele alte Kinofilme sind heute als Video zu bekommen. Beliebte Volksmusiksendungen können vom Fernseher als Video aufgenommen werden. Damit könnte eine unterhaltsame Beschäftigung veranstaltet werden. Eine kleine Gruppe, in einem gemütlichen Raum mit ein paar Getränken auf dem Tisch ist für manchen Hochbetagten eine willkommene Unterbrechung des Alltags. Und gemeinsam Fernsehen ist einfach schöner, als alleine vor dem Apparat zu sitzen. Alte Filme regen so zur Kommunikation an. Vielleicht wird das eine oder andere Lied sogar mitgesungen. Bei dieser Aktivität steht das Musikhören und Sehen von Bildern nebeneinander.

Kinofilme

Volksmusik-sendungen

Anregung

Versuchen Sie auch von bettlägerigen Pflegebedürftigen die Musikwünsche und Vorlieben zu erfahren. Vielleicht können Sie ihnen mit Hilfe eines Kassettenrecorders oder Plattenspielers ermöglichen, vertraute Melodien zu hören und den Alltag damit zu bereichern.

Methodisch/didaktische Planung einer Musikstunde

1. Vorplanung

1.1 Ausgangslage: Fünf Bewohner/innen eines Wohnbereiches im Altenpflegeheim

Frau A. ist 89 Jahre alt, war verheiratet und hat fünf Kinder aufgezogen. Die meiste Zeit ihres Lebens hat sie auf einer Nordseeinsel gelebt. Sie ist eine sehr naturverbundene Frau und geistig sehr rege, aber körperlich durch eine Rheumaerkrankung stark eingeschränkt. Frau A. nimmt gerne an Gruppenaktivitäten teil. Sie sagt, dass sie früher viel gesungen hätte (auch mit den Kindern) und gerne an der »frischen Luft« war. Sie ist anderen Bewohnern gegenüber sehr zurückhaltend, spricht aber viel mit den Pflegekräften.

Frau B. wohnt seit einem Jahr im Haus. Sie war lange bettlägerig (Parkinson-Syndrom), kann aber seit zwei Monaten durch die Aktivierung von Krankengymnastik und Pflegepersonal nachmittags für ein paar Stunden im Rollstuhl sitzen und nimmt somit hin und wieder an Gruppenangeboten teil. Frau B. ist 81 Jahre alt, ist seit zwei Jahren verwitwet und hat mit ihrem Mann einen Lebensmittelladen geführt, der aber vor 10 Jahren geschlossen wurde. Frau B. war sowohl in ihrer Jugend, wie auch die letzten Jahre vor »Ausbruch« ihrer Krankheit im Kirchenchor engagiert. Sie klagt häufig über Niedergeschlagenheit und trübe Gedanken. Frau B. ist eine sehr ruhige, in sich gekehrte Frau.

Herr C. ist 69 Jahre alt, seit vielen Jahren geschieden und hat eine Tochter, die ihn regelmäßig besucht. Von Beruf war er Gastwirt. Aufgrund seines Alkoholismus kam er vor drei Jahren ins Altenpflegeheim. Körperlich ist er fit, geistig macht sich sein langjähriger, starker Alkoholgenuss bemerkbar. Er ist anderen Bewohnern und dem Pflegepersonal gegenüber sehr freundlich und hilfsbereit.

Frau D. kommt aus Düsseldorf und wohnt seit knapp zwei Jahren im Altenpflegeheim. Sie hat eine kaufmännische Lehre absolviert und viele Jahre in einem Versandgeschäft gearbeitet. Als sie vor zwei Jahren einen Schlaganfall bekam (mit rechtsseitiger Hemiplegie), zog sie nach Norddeutschland, da ihre Schwester ebenfalls hier im Haus wohnt. Frau D. braucht Hilfe in fast allen Bereichen der AEDL´s. Sie macht aber einen zufriedenen Eindruck und sagt, dass sie sich hier wohl fühlt. Frau D. ist viel gereist und interessiert an »guter Küche«. Sie bewohnt ein Doppelzimmer mit ihrer Schwester Frau E.

Frau E. ist 75 Jahre alt (drei Jahre jünger als ihre Schwester), verwitwet und hat drei Töchter. Sie sagt von sich, dass sie ihr ganzes Leben schwer arbeiten musste im Haushalt und in der Landwirtschaft. Frau E. leidet unter depressiven Verstimmungen, kümmert sich aber, soweit sie kann, um ihre Schwester. Auffallend ist, dass sie sehr viel singt und viele Texte auswendig kann.

Die fünf Bewohner/innen kennen sich untereinander und ich (Altenpflegerin, seit vier Jahren auf dem Wohnbereich beschäftigt, musikbegeistert) habe schon häufiger eine »Musikstunde« mit ihnen durchgeführt (allerdings nicht ganz regelmäßig, sondern abhängig vom Dienstplan).

1.2 Themenfindung

Die Erfahrung hat mir gezeigt, dass die fünf Hochbetagten Freude am Singen haben und sich gerne mit Musik beschäftigen. Für diese Musikstunde habe ich das Thema »Seefahrt« gewählt, weil unsere Heimleitung für eine Woche auf einem Segeltörn ist und dieses immer wieder Gesprächsthema ist. Wir werden gemeinsam singen, Lieder hören und ein paar Ratespiele machen.

1.3 Ziele

- Abwechslung vom Heimalltag und Freude haben,
- Förderung der Beweglichkeit (durch das Bewegungslied und das Zeigen auf der Landkarte),
- Kommunikation fördern und damit auch besseres Kennenlernen untereinander (durch das Erzählen von Erfahrungen und Erlebnissen).

2. Vorbereitung

2.1 Ort und Zeit

Mittwochnachmittag von 15.00 Uhr – 16.00 Uhr im Tagesraum auf dem Wohnbereich.

2.2 Information und Absprache

- Bewohner/innen (werden mündlich von mir eingeladen),
- Pflegeteam.

2.3 Finanzierung

Kosten für die ABC-Karten bekomme ich vom begleitenden Dienst erstattet. Weiter entstehen keine Kosten.

2.4 Praktische Vorbereitung

- Liederbücher durchsehen, ob die beabsichtigten Lieder abgedruckt sind, zur eigenen Sicherheit einmal singen,
- Kassette bespielen mit zwei Liedern (»Das kann doch einen Seemann nicht erschüttern« und »Auf der Reeperbahn nachts um halb eins«),
- Kassettenrecorder mitnehmen,
- ABC-Karten herstellen (schwierige Buchstaben, wie Q, X, Y, weglassen),
- zu jedem Buchstaben Begriffe suchen (falls der Gruppe nichts einfällt),
- Bewegungslied »Ein kleiner Matrose« noch einmal üben,
- einen Stock besorgen, den wir als Zeigestock benutzen können.

3. Durchführung

3.1 Arbeitsplatzvorbereitung

- Stuhlkreis aufbauen,
- Kassettenrecorder anschließen und ausprobieren,
- Liederbücher zurecht legen,
- Bewohner/innen abholen.

3.2 Sitzordnung

Wir sitzen im Stuhlkreis, die Bewohner/innen suchen sich ihren Platz selbst aus.

3.3 Programmablauf

- Begrüßung,
- »Alltagsgespräch«, anschließend Vorstellen des Themas: Die Seefahrt;
- Lied singen: »Eine Seefahrt, die ist lustig«,
- kurzen Überblick über die Stunde geben,
- Musikhören: zum Einstimmen (vom Kassettenrecorder) »Das kann doch einen Seemann nicht erschüttern« mit Hans Albers. Fragen an die Gruppe: Was fällt Ihnen zu dem Lied ein? Woran denken Sie, wenn von Seemännern oder Matrosen die Rede ist?
- Lied singen: »Jetzt fahren wir übern See«. Die Gruppe wird darauf hingewiesen, dass beim Singen des Refrains beim ersten Mal ein Wort ausgelassen wird.
- Aufgaben: Nach dem ABC sollen Begriffe genannt werden, die mit der Seefahrt zu tun haben (z. B. A = Anker, B = Boot, C = Christoph Kolumbus usw.)! Zur Orientierung werden die entsprechenden Buchstabenkarten in der Runde gezeigt.
- Bewegungslied: »Ein kleiner Matrose« (nach der Melodie: Der Mai ist gekommen). Das Lied ist allen Teilnehmern gut bekannt, wird aber, um allen ein Erfolgserlebnis zu verschaffen, zweimal gesungen.
- Teilnehmer werden aufgefordert zu erzählen, welche Meere oder Seen sie bereist haben. Die genannten Gewässer werden auf der Landkarte, die im Tagesraum hängt, gezeigt. Die Gruppenleitung ist dabei den Teilnehmern behilflich. Hierbei haben die Hochbetagten die Möglichkeit, von eigenen Erlebnissen zu erzählen.
- Schluss ankündigen,
- Lied singen: »Kein schöner Land«. Dieses Lied passt zwar thematisch nicht so gut, wird aber bei Gruppenveranstal-

tungen im Haus immer am Schluss gesungen (Orientierungshilfe),
- nach Wünschen und Anregungen für die nächste Musikstunde fragen,
- Verabschiedung.

3.4 Lückenfüller

Musikhören vom Kassettenrecorder: »Auf der Reeperbahn nachts um halb eins« mit Freddy Quinn. Evtl. Mitsingen des Liedes. Fragen dazu: Haben Sie den Sänger erkannt? Welche Bilder werden bei diesem Lied in Ihnen wach?

3.5 Nachbereitung

Die Gruppenteilnehmer werden von mir zu ihren Zimmern begleitet. Der Gruppenraum wird von mir aufgeräumt und gelüftet. Die Eintragungen in die Dokumentation erledige ich zum Ende meines Spätdienstes.

4. Reflexion und Auswertung

Seniorengymnastik

DAS ZIEL IST...

Das Ziel ist,

→ *die Bedeutung der Bewegungsfähigkeit des alten Menschen bezogen auf alle Aktivitäten des täglichen Lebens zu erkennen und gepaart mit dem Wissen aus Anatomie und Krankheitslehre Seniorengymnastik in Einzel- oder Gruppenarbeit anleiten zu können.*

Erhaltung und Verbesserung der Beweglichkeit

Von großer praktischer Bedeutung für den älteren Menschen ist die Erhaltung und gegebenenfalls Verbesserung der Beweglichkeit. Von der Bewegungsfähigkeit sind alle Aktivitäten des täglichen Lebens abhängig und Störungen in diesem Bereich ziehen eine Vielzahl anderer Lebenseinschränkungen nach sich. Es ist inzwischen medizinisch und trainingswissenschaftlich hinreichend bewiesen, dass sich körperliche Leistungsfähigkeit durch entsprechendes Training bis ins höchste Lebensalter weitgehend erhalten lässt. Zu der körperlichen Leistungsfähigkeit zählen Beweglichkeit und Geschicklichkeit, Ausdauer, Reaktion und Koordination, aber auch Kraft, Flexibilität und Schnelligkeit.

Die Seniorengymnastik dient der Erhaltung und Verbesserung der Funktionstüchtigkeit des Bewegungs- und Haltungsapparates. Durch den erhöhten Sauerstoffbedarf wird die Herztätigkeit, der Kreislauf und der Stoffwechsel angeregt. Doch bei vielen alten Menschen steht nicht die Leistungssteigerung im Mittelpunkt der Seniorengymnastik, sondern das Bedürfnis nach Geselligkeit verbunden mit der Erfahrung, dass körperliche Bewegung auch seelisches Wohlbefinden verschafft. Wohlbefinden und Lebenszufriedenheit hängen vor allem im Alter sehr eng mit dem subjektiven Gesundheitserleben zusammen. Wobei der subjektiv erlebte Gesundheitszustand keineswegs mit der Diagnose oder dem objektiv gegebenen Arzturteil übereinstimmen muss. Doch das subjektive Gesundheitserleben hat eine große Bedeutung für den alten Menschen und beEinflusst sehr stark die Aktivitäten, Interessen und Stimmungen.

Subjektives Gesundheitserleben

»Sich-Wohlfühlen« oder »Sich-Fitfühlen« gekoppelt mit dem Gefühl »etwas für die Gesundheit zu tun«, motiviert viele Hochbetagte an der Seniorengymnastik teilzunehmen. Sie bietet einen Raum für Ausgleich und Entspannung und stärkt den Willen, selbst etwas gegen Altersbeschwerden zu tun, nicht zuletzt dadurch, dass hier auch Selbstvertrauen gestärkt wird. Während im Alltag die Hochbetagten eher die Grenzen der eigenen Leistungsfähigkeit erleben, werden bei der Seniorengymnastik die noch vorhandenen körperlichen Möglichkeiten erfahren und positiv erlebt. So hat die Seniorengymnastik nicht allein das Ziel der Verbesserung von Beweg-

Ausgleich und Entspannung

lichkeit, Gelenkigkeit und der Gleichgewichtsfähigkeit, sondern im Sinn der Ganzheitlichkeit übt sie positiven Einfluss auf den komplizierten Regelmechanismus von Körper – Geist – Seele des alten Menschen aus. Durch und über die Bewegung werden Befindlichkeitsverbesserungen und Aktivitätssteigerungen erreicht.

Befindlichkeitsverbesserungen

Seniorengymnastik mit Hochbetagten sollte wegen der sozialen Bedeutung in Gruppen stattfinden, um dem Bedürfnis nach Kontakten, Ablenkung und Vergnügen nachzukommen. Aufgrund der körperlichen Einschränkungen werden die Übungen im Sitzen auf einem Stuhl durchgeführt. Das Durchbewegen des ganzen Körpers, kombiniert mit Spiel und Musik sowie das Erleben von Gemeinschaft sind die Inhalte der Seniorengymnastik.

Erleben von Gemeinschaft

Eine gezielte Behandlung von Krankheiten des Bewegungsapparates ist aber der Krankengymnastik vorbehalten. In der Krankengymnastik werden gesundheitliche Schäden auf Verordnung des Arztes durch medizinisch geschulte Therapeuten behandelt, während in der Seniorengymnastik die vorhandenen Funktionen erhalten und möglichst verbessert werden.

Ziele

Wer rastet – der rostet! Bewegungsmangel lässt körperliche, geistige und soziale Fähigkeiten verkümmern und den Alterungsprozess beschleunigen. Doch nicht nur aus biologisch-medizinischer Sicht ist Seniorengymnastik sinnvoll, sondern ebenso bedeutungsvoll ist der Erlebnisgehalt und die gemeinschaftsbildende Kraft des »Sports« mit Hochbetagten.
Folgende Ziele können durch die Seniorengymnastik erreicht werden:

- **Erhaltung und Verbesserung der Beweglichkeit der Gelenke und der Wirbelsäule**
  Die Beweglichkeit eines Gelenkes oder einer Gelenkkette nimmt mit zunehmendem Alter durch verminderte Dehnbarkeit der bindegewebigen Strukturen und Muskeln ab. Verstärkt wird dieses durch arthrotische Gelenkveränderungen. Bewegung kann die Flexibilität eines Gelenkes fördern. So wurde in

Arthrotische Gelenkveränderungen

einer Untersuchung festgestellt, dass bei lebenslang auf Beweglichkeit achtenden Personen der Bewegungsradius im hohen Alter wie bei Jungen sein kann. Beim Gelenkknorpel ist davon auszugehen, dass allein durch dynamische Bewegungen die Ernährung des Knorpels über eine verstärkte Produktion der Gelenkschmiere (Synovia) verbessert wird, so dass Verschleißerscheinungen geringer sind.

- **Lockerung, Dehnung und Kräftigung der Muskulatur**
  Die Kraft als spezifische Funktion der Muskulatur, Spannung zu entwickeln, stellt eine Säule der Motorik dar. Haltung und Bewegung sind ohne Spannungsentwicklung nicht realisierbar. Sie schwindet mit zunehmenden Alter durch Atrophie (Auszehrung, Schwund) der Muskelfasern. Die gute Trainierbarkeit der Kraft auch im höheren Alter wurde in unterschiedlichen Untersuchungen bewiesen.

Atrophie

- **Verbesserung des Herz-Kreislauf- und Atemsystems**
  Das Herz-Kreislaufsystem ist eng verknüpft mit dem Atemsystem. Beide sorgen für die Ernährung der Körperzellen und damit der Aufrechterhaltung des Lebens.
- **Förderung der Koordinationsfähigkeit und Bewegungssicherheit**
  Bezogen auf die Bewegungen des Menschen bedeutet Koordination das intakte Zusammenspiel des Zentralen Nervensystems mit den Muskeln des Bewegungsapparates. Mit jeder Bewegung wird das aufeinander abgestimmte Zusammenspiel von Gehirn, Nerven und Muskeln trainiert, das seinen Ausdruck in Geschicklichkeit und vollendeten Bewegungen findet. Regelmäßig betriebener Sport verbessert die Gesamtmotorik und trägt damit zur Bewegungssicherheit bei. Die geschickten Bewegungen erleichtern die allgemeine Bewältigung der Alltagssituationen.
- **Förderung der Feinmotorik der Hände und Finger**
  Die Handfunktion ist für die Selbständigkeit des alten Menschen von entscheidender Bedeutung, z. B. beim Essen oder Ankleiden.

- **Förderung der Oberflächen- und Tiefensensibilität**

  In der Haut befinden sich viele Rezeptoren, die Reize aus der Umwelt aufnehmen können (Druck, Temperatur, Berührung, Schmerz). Dadurch wird im Wesentlichen das Tastempfinden bestimmt, das vor allem an Händen und Füßen wichtig ist. Rezeptoren

  Die Tiefensensibilität entsteht durch Rezeptoren in den Muskeln und Gelenkkapseln. Sie ermöglichen, Bewegungen zu empfinden und zu fühlen, wie z.B. die Stellung der Gelenke oder die angewandte Kraft.

  Nur eine intakte Oberflächen- und Tiefensensibilität ermöglicht kontrollierte Bewegungsabläufe. Dazu zwei Beispiele: Wenn ein Hochbetagter mit den Fingern Knopf und Knopfloch nicht fühlen kann, kann er nicht zuknöpfen. Wenn die Finger verkrampft sind (zu starker Krafteinsatz), können keine geschickten Bewegungen ausgeführt werden.

- **Schulung der Reaktion**

  Die Zeit, die ein Mensch braucht, um auf einen Reiz zu reagieren, ist die Reaktionszeit. Diese nimmt im Allgemeinen mit fortschreitendem Alter zu. Wissenschaftler haben festgestellt, dass zwar die Zeit zum Erfassen von Reizen im Alter verlängert ist (praemotorische Komponente), die Reaktion auf solche Reize (motorische Komponente) aber gleich bleibt. Es kommt also in der Seniorengymnastik darauf an, das Erfassen von Signalen (Reizen) durch Reaktionsübungen zu trainieren. Reaktionsübungen

- **Gedächtnis- und Konzentrationssteigerung**

  Die positiven Auswirkungen auf das Gehirn bei der Seniorengymnastik sind geistige Flexibilität, Anpassungsvermögen und die Durchblutung des Gehirns. Gehirndurchblutung ist eine wesentliche Voraussetzung für den notwendigen Stoffwechsel zum Funktionieren des Gehirns. Auch das Zusammensein innerhalb einer Gruppe bedeutet geistige Förderung. Das Sich-Konzentrieren auf die Anweisungen und Vorschläge der Übungsleiterin, auf den eigenen Körper, auf schwierige Bewegungsabläufe und auf die anderen Teilnehmer ist intensives Training cerebraler Funktionen. Gehirndurchblutung

- **Förderung der Kommunikation**
  Kommunikation ist eine Grundvoraussetzung zur Kontaktaufnahme und Interaktion mit anderen Menschen.
- **Freude und Lust an Bewegung und Begegnung**
  Spaß und Vergnügen hellen die Grundstimmung auf, ebenso wie die Freude über den Leistungszuwachs und das gemeinsame Erleben. Psychologen und Mediziner sind davon überzeugt, dass zur Stabilisierung der Gesundheit und zur Belebung aller Körperfunktionen positive Emotionen wichtig sind.

Positive Emotionen

- **Positives Leistungserlebnis und Gewinnen von Selbstvertrauen**
  Durch die Seniorengymnastik erfährt der alte Mensch, dass ihm etwas gelingt, was er evtl. längst aufgegeben hatte. Mit diesen Erfolgen erfahren das Selbstbewusstsein und die Psyche eine Stärkung. Außerdem vermindern positive Leistungserlebnisse Ängste und Hemmungen. Durch ein gestärktes Selbstvertrauen sind die Anforderungen des Alltags besser zu bewältigen.

Gestärktes Selbstvertrauen

Hinweise zur Durchführung

1. Für die Übungsleiterin ist es wichtig, die Teilnehmer zu kennen und körperliche Beeinträchtigungen, wie z.B. Herzrhythmusstörungen oder Asthma, zu berücksichtigen. Bei der Erklärung der Übungen und für das Gespräch ist es von Vorteil, wenn die Leiterin über den früheren Beruf, Interessen und Hobbys der Teilnehmer Bescheid weiß. So kann sie sich darauf beziehen und praxisnaher arbeiten.
2. Eine Übungsstunde sollte ca. 45 – 60 Minuten dauern. Diese Zeit reicht aus, um alle zu fördern, ohne das Ausdauervermögen und schwächere Teilnehmer zu überfordern.
3. Seniorengymnastik sollte am späten Vormittag oder am Nachmittag stattfinden, nicht früher als zwei Stunden nach der letzten Mahlzeit.
4. Die Seniorengymnastik findet im Sitzen auf einem stabilen Stuhl mit gerader Rückenlehne, aber ohne Armlehnen, statt. Die Anordnung der Stühle sollte ein Stuhlkreis sein. So kann jeder jeden sehen, auch die Übungsleiterin hat jeden Teilnehmer im Blickfeld und kann gegebenenfalls Veränderungen beobachten und darauf reagieren. Die Stühle sollten soweit auseinander stehen, dass jeder Teilnehmer beide Arme ungehindert zur Seite ausstrecken kann. Die Übungsleiterin sollte darauf achten, dass Rollstuhlfahrer, wenn das möglich ist, auch auf einem »normalen« Stuhl sitzen, da die Bewegungsfreiheit in einem Rollstuhl doch sehr eingeengt ist.
5. Besondere Sportkleidung kann natürlich nicht gefordert werden, die Übungsleiterin sollte aber darauf achten, dass die Kleidung nicht bewegungshemmend ist. Haus- oder einfache Turnschuhe statt Straßenschuhe sind empfehlenswert, um auch den Füßen Bewegungsförderung zukommen zu lassen.
6. Das Verwenden von Handgeräten sorgt für Abwechslung und kann die Intensität der Bewegungen steigern. Auch Musik lockert die Seniorengymnastik auf und bewirkt, dass manche Bewegungen lockerer und einfacher auszuführen sind.

7. Bei Unsicherheit der Übungsleitung gegenüber manchen Krankheitsbildern oder Bewegungseinschränkungen der alten Menschen sollte die Teilnahme an der Seniorengymnastik mit dem Arzt abgesprochen werden.
8. Die Übungsleiterin sollte die Übungen selbst vormachen und dabei erklären, worauf es ankommt und evtl. einen Bezug zu Alltagssituationen herstellen. Die Anweisungen müssen klar und verständlich sein; das Tempo der Übungen muss auf die Gruppe abgestimmt sein.
9. Eine vorrangige Aufgabe der Übungsleiterin ist es, darauf zu achten, dass die Hochbetagten eine gute Sitzhaltung haben, d. h. es muss die Möglichkeit gegeben sein, den Rücken möglichst aufzurichten und aufrecht zu halten und beide Füße parallel nebeneinander fest auf den Boden zu stellen.
10. Die Übungsleiterin sollte die Teilnehmer immer mal wieder dazu auffordern, die durchgeführten Bewegungen bewusst zu spüren (Förderung der Oberflächen- und Tiefensensibilität). Das Wahrnehmen von Bewegungsabläufen oder einzelnen Körperpartien geht am besten mit geschlossenen Augen.
11. Ohne die entsprechende Fachausbildung ist es der Übungsleiterin nicht möglich, Atemübungen oder Atemschulungen durchzuführen, sie gehören in die Hand von Therapeuten. Worauf die Übungsleiterin aber unbedingt achten sollte, ist, auf eine gute Ausatmung regelmäßig hinzuweisen. Das Tempo von Übungen, die die Atmung unterstützen und bewusst werden lassen (z. B. wenn sich durch die Bewegung der Brustkorb abwechselnd weitet und verengt), sollte vom Übungsleiter möglichst nicht vorgegeben werden. Denn Atemrhythmus und Atemtiefe sind bei jedem Menschen unterschiedlich und im Alter besonders abhängig von evtl. Veränderungen der Atmungsorgane. Es muss auch darauf geachtet werden, dass während der Übungen nicht der Atem angehalten wird. Besonders bei Anspannung der Bauchmuskulatur kommt es leicht zur Pressatmung[4]. Im Alter besteht bei Pressatmung die Gefahr, dass Gefäße platzen. Um dies zu vermeiden, werden die Hoch-

betagten bei den Übungen auf gleichmäßiges Weiteratmen hingewiesen. Auch das laute Mitsprechen der Übungen kann die Pressatmung verhindern, z. B. »Beine hoch und strecken, beugen, senken.«

12. Jeder Teilnehmer der Seniorengymnastik muss dazu angehalten werden selbst zu entscheiden, wieviel und welche Übungen er mitmachen kann, um Überforderungen zu vermeiden.
13. Für die Durchblutung und die Durchblutungsförderung der Organe ist es vorteilhaft, wenn beim Üben die Muskelgruppen häufig gewechselt werden und keine Körperregion zu lange beansprucht wird.
14. Dass die Übungsleiterin nicht mit Lob spart und auf Fortschritte hinweist, sollte selbstverständlich sein. Sie korrigiert aber auch die Gruppe, wenn sie weiß, dass die Übungen besser ausgeführt werden können.
15. Und zum Schluss noch eine Warnung vor unzuträglichen Übungen: Verboten ist jedes Eingreifen von außen, um die eingeschränkte Bewegungsfähigkeit zu vergrößern, also auf keinen Fall z. B. einen runden Rücken durch die Hände der Leiterin aufrichten! Bei Schnellkraftübungen (z. B. Hüpfen, schnelles Starten, Medizinballstoßen) kann es zu Rissen und Zerrungen der Muskeln, Sehnen und Bänder kommen, ebenfalls bei zu starkem Ausschütteln von Armen, Händen, Beinen und Füßen. Auf Kopfkreisen und Kopfneigen nach hinten ist grundsätzlich zu verzichten (Schwindelgefahr, empfindliche Gelenke sind gefährdet). Auch Übungen, bei denen Kopf und Rumpf tief gebeugt werden, sind zu unterlassen, da hier durch die extreme Umlagerung der Kreislauf und die Gefäße gefährdet werden.

Warnung

4 Pressatmung kann zu abruptem Blutdruckanstieg, zur Abnahme des Herzzeitvolumens und damit zur Reduzierung der Koronardurchblutung führen.

Aufbau einer Übungsstunde

Für den Aufbau einer Übungsstunde in der Seniorengymnastik gilt die Empfehlung:

- vorsichtig und locker beginnen (Aufwärmphase),
- konzentriert und intensiv üben (Aktivierungsphase),
- und fröhlich und entspannt ausklingen lassen (Ausklangphase).

→ Aufwärmphase

Eine Übungsstunde beginnt mit Lockerungsübungen. Lockerungsübungen haben den Sinn, die Durchblutung zu fördern und den Körper zu erwärmen.

Lockerung und Erwärmung

Ohne eine vorherige gute Lockerung und Erwärmung sollten keine Dehn- und Kraftübungen durchgeführt werden, um Zerrungen und Risse von Muskeln, Sehnen und Bändern zu vermeiden. Die körperliche Lockerung überträgt sich auch auf das seelische Befinden, so dass die Teilnehmer sich entspannter fühlen. Zu den Lockerungsübungen gehören Klatschen, Schütteln, Gehen, Pendeln, Schwingen, aber auch spielerisches Üben mit Handgeräten, z. B. Werfen, Fangen, Zuspielen.

Lockerungsübungen

Außerdem ist das Lösen und Lockern verschiedener Körperregionen mit leichter Selbstmassage möglich, z. B. mit einem kleinen Ball oder den Händen. Die Selbstmassage zur Lockerung dient auch der Sensibilitätsschulung der Haut.

Selbstmassage

Übung

Lockerungsübungen sind Bewegungen, die ohne starke Muskelanspannung ausgeführt werden!

- Hände leicht schütteln bei unterschiedlicher Armhaltung und Armführung.
- Finger spielen Klavier in der Luft oder auf den Oberschenkeln.
- Hände kreisen aus dem Handgelenk ein- und auswärts.
- Hände aus dem Handgelenk nach rechts und links sowie nach oben und unten bewegen.
- Alle möglichen Formen des In-die-Hände-Klatschens. Zusammenklatschen der Handflächen, von Handfläche und Handrücken oder beider Handrücken. Klatschen mit unterschiedlicher Armhaltung, oben, unten, rechts, links, vorn, hinten.
- Klatschen mit der Hand oder der lockeren Faust auf unempfindliche Körperteile oder den Stuhl.
- Arme, gleichzeitig oder einzeln, locker in verschiedene Richtungen bewegen.
- Unterarme kreisen vor dem Körper.
- Leichte Armschwünge neben dem Körper.
- Schultern sind entspannt. Kopf leicht nach links und rechts drehen.
- Schultern heben und fallen lassen ohne Beteiligung des Oberkörpers.
- Schultern einzeln oder zusammen kreisen, rückwärts und vorwärts ohne Beteiligung des Oberkörpers.
- Alle Zehen locker bewegen.
- Fuß kreist ein- und auswärts. Der Unterschenkel kreist nicht mit.
- Fuß aus dem Fußgelenk schütteln.
- Radfahren mit einem Bein, vorwärts und rückwärts.
- Bein vor- und zurückschwingen.
- Einen Oberschenkel anheben und mit den Händen halten. Der Unterschenkel wippt locker auf und ab oder kreist.
- Leichtes Rumpfdrehen nach rechts und links, dabei die Hände in die Hüfte.
- Leichtes seitliches Rumpfbeugen.
- Lockeres Rumpfkreisen.
- Leichtes Rumpfbeugen nach vorne und Wirbel für Wirbel wieder aufrichten.

(vgl. Beyschlag, 1989)

Durcharbeiten des ganzen Körpers

Stretch- und Dehnübungen

→ Aktivierungsphase

Nach den Lockerungsübungen folgt das konzentrierte Durcharbeiten des ganzen Körpers mit Dehn-, Haltungs- und Kräftigungsübungen, bei denen die Senioren körperlich und geistig gefordert werden. Gymnastik mit Handgeräten kann diese Übungen unterstützen, dient aber auch zur Auflockerung der Stunde und trainiert die Geschicklichkeit und Reaktionsfähigkeit.

Mit Stretch- und Dehnübungen soll versucht werden, die Elastizität der Muskeln und Sehnen zu verbessern, um einen größeren Bewegungsumfang zu erreichen. Außerdem verhindern Dehnübungen Beugekontrakturen. Die Dehnübungen sollen langsam ausgeführt werden, und das Dehnen darf höchstens bis zur Schmerzgrenze gehen. Nach jeder Dehnübung muss die Muskulatur gelockert werden oder eine Gegenbewegung muss sich anschließen.

Übung

Dehn- und Stretchübungen

Bevor mit Dehnungen begonnen wird, muss die Muskulatur durch Lockerungsübungen gut durchblutet werden und erwärmt sein.
Bei Dehnübungen niemals nachfedern!

- Alle Finger spreizen und schließen.
- Finger spreizen und die Fingerspitzen beider Hände aneinanderlegen und zusammendrücken, dass die Hände nach außen gedehnt werden.
- Arme und Hände einige Sekunden in unterschiedliche Richtungen strecken.
- Einen Arm oder auch beide Arme in verschiedene Richtungen aus der Schulter heraus ziehen ohne Beteiligung der Wirbelsäule.
- Hände hinter dem Kopf falten, Ellenbogen nach hinten führen.
- Kopf aus dem Schultergürtel nach oben ziehen, dabei nicht den Kopf nach vorn oder hinten bewegen.
- Kopf zur Seite drehen, nach unten neigen, aufrichten und in die Ausgangsstellung zurückführen.
- Hände in die Hüfte. Rumpf und Kopf zur Seite drehen, dabei das Becken nicht mitdrehen.
- Beine in Grätschstellung, die Arme im Nacken falten, den Rumpf zur Seite neigen.
- Beine in beliebiger Ausgangshaltung einige Sekunden strecken, Füße ebenfalls strecken oder kräftig anbeugen.
- Bein seitwärts abspreizen, der Oberkörper bleibt aufrecht.
- Die rechte Fußsohle an die Innenseite des linken Knies legen. Beinwechsel.
- Alle Zehen spreizen und schließen. Das fällt leichter, wenn die Finger mitspreizen.

(vgl. Beyschlag, 1989)

→ Haltungsübungen

Haltungsschwäche gilt allgemein als typische Alterserscheinung des Menschen. Die Ursache dieser Schwäche können Veränderungen der Wirbelsäule und altersbedingter Muskelschwund sein. Ist der die Wirbelsäule umgebende Muskelmantel geschwächt, verliert die Wirbelsäule ihre Stabilität, und das Ausbalancieren des Gleichgewichtes ist erschwert. Durch die gebeugte Haltung wird die Atmung erschwert und die Funktion der inneren Organe in Mitleidenschaft gezogen. Bewegungsmangel, vorwiegendes Sitzen im Sessel und besonders Bettlägerigkeit beschleunigen diesen Prozess.

Zu den Haltungsübungen gehören alle Übungen, die mit gestrecktem Rücken ausgeführt werden. Zur Schonung der Halswirbelsäule wird bei Bewegungen des Rumpfes der Kopf in Verlängerung der Wirbelsäule gerade gehalten. Das stärkt gleichzeitig die Hals- und Nackenmuskulatur. Auch Gleichgewichts- und Balancierübungen gehören zu den Haltungsübungen.

Übung

Haltungsübungen

Bei Haltungsübungen auf gleichmäßiges Atmen achten!

- Mehrmals kurzzeitig eine aufrechte Haltung einnehmen: Rücken strecken, Schultern sind locker, Arme hängen seitlich, Handflächen dem Körper zugewandt, Nacken strecken, Kopf aufrecht halten.
- Aufrechte Haltung, Oberkörper schwankt leicht vor und zurück, seitwärts oder kreist. Dabei die Gewichtsverlagerung spüren. Das Gesäß nicht einseitig abheben.
- Auf der vorderen Hälfte des Stuhles sitzen. Mit gestrecktem Rücken abwechselnd mit der rechten und linken Schulter an die Lehne tippen. Dabei dreht sich die Wirbelsäule.
- Langsam Wirbel für Wirbel nach vorne bewegen und genauso wieder aufrichten.
- Aufrechte Haltung, Arme in Vorhalte. Abwechselnd rechten und linken Arm so weit wie möglich seitwärts führen, Kopf geht mit.
- Arme in Seithalte (oder Hände am Stuhlsitz), die geschlossenen Füße in verschiedene Richtungen aufsetzen. Der Oberkörper bleibt aufrecht.
- Arme und Hände führen die Bewegung des Heranziehens eines Taues von weit oben aus. (vgl. Beyschlag, 1989)

→ Kräftigungsübungen

Unter Kräftigungsübungen versteht man Übungen, die eine kräftige Muskelanspannung erfordern. Dadurch wird die Muskulatur besser durchblutet und mit mehr Sauerstoff versorgt. Der Stoffwechsel und die Zellerneuerung im Muskel werden gefördert. Intensive Übungen dienen der Kräftigung und Stabilisierung des Kreislaufes.

Zellerneuerung im Muskel

Stabilisierung des Kreislaufs

Bei den Kräftigungsübungen werden hauptsächlich führende Bewegungen gemacht, d.h. die Bewegung wird straff und gebremst ausgeführt, die Muskeln werden angespannt. Somit erfordern führende Bewegungen eine stärkere Muskelanspannung als lockere Schwungübungen. Ein Beispiel für eine führende Bewegung: Den gestreckten Arm aus der Hochhalte langsam nach unten führen und absetzen (also nicht locker fallen lassen!).

Mit Kräftigungsübungen ist es möglich, den Leistungswillen der alten Menschen zu fördern. Durch regelmäßige Übung können sie erfahren, dass die Kraft erhalten oder sogar verbessert werden kann. Die Reihenfolge der übenden Körperregionen ist bedeutungslos, doch sollte keine Region über längere Zeit zu stark beansprucht werden. Nach jeder Kräftigungsübung folgt eine Lockerungsübung oder eine Pause für die belastete Muskelgruppe.

Lockerungs-, Kräftigungs- oder Dehnübung

Bei vielen Bewegungsabläufen bestimmt die Art der Ausführung, ob es eine Lockerungs-, Kräftigungs- oder Dehnübung ist.
Dazu ein Beispiel:

Lockerungsübung:	Arm kreist locker in Seitenstellung;
Kräftigungsübung:	Arm kreisend führen;
Dehnübung:	Arm beschreibt einen möglichst großen Kreis mit Dehnung aus der Schulter heraus.

Die vorgegebene Unterteilung der Übungen in Lockerungs-, Dehnungs-, Haltungs- und Kräftigungsübungen hat den Sinn, dass der Übungsleiterin, und damit auch den Teilnehmern bewusst wird, was durch welche Übung erreicht werden soll. Verknüpft mit dem Wissen aus der Anatomie (Aufbau und Funktion der Muskeln) und dem Wissen aus der Krankheitslehre (altersbedingte Veränderungen des Bewegungs- und Haltungsapparates) kann die Übungsleiterin den Senioren erklären, warum die Übungen gemacht werden und welche Bedeutung sie für das Alltagsleben haben. Durch solche Erklärungen wird die Motivation zum Mitmachen gesteigert.

Motivation zum Mitmachen

Erst wenn ein alter Mensch weiß, dass z. B. die Lockerungsübungen dazu dienen, den Muskel zu erwärmen, um dadurch Verletzungen bei den folgenden Übungen vorzubeugen, ist er auch bemüht, das Ziel der Erwärmung zu erreichen. Der ältere Mensch muss die Wirkung einzelner Übungen auf den Organismus durchschauen lernen, um sie sinnvoll einzusetzen und auch selbständig anwenden zu können.

Übung

Kräftigungsübungen

Auf gleichmäßiges Weiteratmen achten zur Verhinderung der Pressatmung.

- Die Hand zur Faust schließen, locker öffnen.
- Die Handflächen aneinanderlegen, die Fingerspitzen zeigen nach oben, durch langsames Anheben der Ellenbogen entsteht eine Spannung.
- Die Finger spreizen. Mit Kraft die Finger langsam zur Faust schließen, als ob man einen Schwamm zusammendrückt.
- Aus allen Ausgangslagen führende Bewegungen der Arme ausführen, vor – und rückwärts, seitwärts, auf- und abwärts, kreisend.
- Boxen in alle Richtungen.
- Mit aufgestellter Hand in alle Richtungen etwas wegschieben.
- Arme in Vorhalte, die Handflächen aneinanderlegen. Aus der Schulter heraus die gestreckten Arme nach innen und außen drehen, so dass abwechselnd Handflächen und Handrücken aneinanderliegen. Dabei jeweils die Handflächen bzw. Handrücken fest aneinanderdrücken.
- Arme in Seithalte, den Unterarm rechtwinklig anbeugen. Mit dieser Armhaltung den Unterarm nach oben und unten führen.
- Arme in Seithalte, abwechselnd Anheben des Gesäßes rechts und links, evtl. dabei auch vorwärts- oder rückwärtsbeugen.
- Beide Arme hängen an einer Seite mit Drehung im Oberkörper. Beide Arme gleichzeitig anheben, nach vorne und zur anderen Seite führen, wieder hängen lassen. Oberkörper und Kopf drehen mit.
- Die Zehen mehrmals kräftig krallen – locker lassen.
- Das gestreckte Bein leicht anheben. Den Fuß mehrmals kräftig strecken und anziehen (unterstützt auch die Venenarbeit der Beine).
- Mit angezogenem Fuß in verschiedene Richtungen stoßen.
- Führende Bewegungen mit einem Bein oder mit beiden Beinen, mit oder ohne Abstützen der Hände.

  (vgl. Beyschlag, 1989)

Übungen bildlich mit Alltagstätigkeiten verknüpfen

Dass die Übungen von der Leiterin deutlich beschrieben und vorgemacht werden müssen, wurde an anderer Stelle schon erwähnt. Zur Auflockerung der Stunde und zum besseren Verständnis der Bewegungsausführung kann es manchmal hilfreich sein, die Übungen bildlich mit Alltagstätigkeiten zu verknüpfen. Oft fällt den alten Menschen die Ausführung einer Bewegung leichter, wenn sie sich etwas dabei vorstellen können, z. B. Äpfel pflücken, einen Stein wegschieben, ein Lasso schwingen.

Übungen in Partnerarbeit

Die vorab beschriebenen Übungen können zum großen Teil auch mit Handgeräten und/oder in Partnerübungen durchgeführt werden, bei denen sich zwei Teilnehmer gegenübersitzen. Übungen in Partnerarbeit geben dem alten Menschen Gelegenheit, sich einem anderen zuzuwenden und sich auf ihn einzustellen. Doch je behinderter und unbeweglicher die Teilnehmer sind, um so problematischer ist die Durchführung von Partnerübungen. So ist darauf zu achten, dass schwächere Partner nicht durch passives Bewegen durch den anderen überfordert werden.

Bewegungslieder Sitztänze

In die Aktivierungsphase einer Seniorengymnastik passt auch das Lernen von Bewegungsliedern oder Sitztänzen. Dabei werden neben der Bewegung auch die Konzentration und die Reaktionsfähigkeiten gefordert. Gleiches gilt für kleine und rhythmische Bewegungsspiele. Bei rhythmischen Bewegungsspielen wird eine Folge wiederkehrender Bewegungen eingeübt und mit einem Klatschrhythmus oder zur Musik ausgeführt.

→ Ausklangphase

Den Ausklang einer Seniorengymnastikstunde bilden fröhliche und bekannte Übungsformen, Entspannungsübungen oder kleine Spiele. Dazu ein kleines Beispiel aus der Praxis: In einem Altenpflegeheim wurde zum Ende der Seniorengymnastik immer Sitzhockey gespielt. Die Bewohner saßen sich in einer Stuhlgasse gegenüber. Jede Seite bildete eine Mannschaft. Die »Hockeyschläger« bestanden aus Gymnastikstäben und der »Puck« war ein Schaumstoffball. Die Aufgabe bestand darin, den Ball ans Ende der Gasse in ein »Tor« (umgedrehter Stuhl) zu spielen. Dieses Spiel machte den Beteiligten so viel Spaß, dass die Meisten nur deswegen kamen, und die vorangegangenen gymnastischen Übungen nur als Aufwärmmaßnahme für das Spiel ansahen. Bewegungsspiele fördern die Bereiche Wahrnehmung, Sozialverhalten und Motorik.

Bewegungsspiele – Beispiele

Bewegungskanon

Die Gruppe sitzt im Stuhlkreis und wird in vier Untergruppen eingeteilt. Zunächst üben alle gemeinsam:

- 4 mal in die Hände klatschen,
- 4 mal auf die Oberschenkel klatschen,
- 4 mal mit den Füßen stampfen (abwechselnd rechter und linker Fuß),
- mit beiden Armen einen großen Kreis zeigen.

  Haben alle Teilnehmer diese Bewegungsfolge gelernt, beginnt die erste Gruppe alleine, ist sie mit dem Klatschen fertig, setzt die zweite Gruppe ein usw. Die Übungsleiterin spielt nicht mit, sondern gibt den Untergruppen den Einsatz und sorgt für gleichmäßiges Tempo.

Gerätewandern

Die Gruppe sitzt im Stuhlkreis. Ein Handgerät (z. B. Bohnensack, Tennisball) wird im Kreis herumgegeben, auf Zuruf der Leiterin wird die Richtung gewechselt oder auf andere Weise, z. B. hinter dem Rücken, weitergegeben. Dieses Gerätewandern kann auch mit mehreren Handgeräten gleichzeitig durchgeführt werden.

Bewegungskreise

Die Gruppe sitzt im Stuhlkreis. In der Kreismitte liegen drei Seile, die zu Kreisen geformt sind. Es wird miteinander abgesprochen, welcher Kreis welche Bewegung vorschreibt, z. B. Unterarme umeinander kreisen, mit den Füßen stampfen, in die Hände klatschen. Die Leiterin tritt nun in einen Kreis und alle Teilnehmer machen die dazu verabredete Bewegung. Dann wechselt die Leiterin zu den anderen Kreisen und die Teilnehmer müssen dementsprechend reagieren. Was passiert, wenn die Leiterin mit je einem Bein in zwei unterschiedlichen Kreisen steht?

Anregung

Lesen Sie nach der Durchsicht dieses Kapitels noch einmal die Ziele der Seniorengymnastik. Erarbeiten Sie, mit welchen Inhalten und Methoden die beschriebenen Ziele erreicht werden können!

Einsatz von Handgeräten

Gymnastische Übungen mit handlichen Geräten bringen Abwechslung in das Bewegungstraining. Hierbei kann sich die Aufmerksamkeit vom eigenen Körper auf das Gerät wenden. Die Bewe-

Softbälle, Igelbälle, Tücher, Bohnensäckchen, Doppelklöppel, Klanghölzer, Tennisring, Theraband

gungen werden dadurch zum Teil unbewusster, spontaner und gelöster durchgeführt, z. B. werden Armschwünge ausholender oder rhythmischer, wenn ein buntes Tuch dabei mitfliegt. Koordination und Reaktion lassen sich beim Üben mit einem Gerät besonders gut trainieren.

Koordination und Reaktion trainieren

Grundsätzlich eignen sich alle bekannten Handgeräte für die Seniorengymnastik. Selbstverständlich müssen diese Geräte den Ansprüchen der Hochbetagten entsprechen, d. h. sie müssen leicht und weich (sonst Verletzungsgefahr, Brillenrisiko), gut sichtbar (durch kräftige Farben) und griffig sein. Beim Einsatz von Bällen sollten aufgrund einer geringen Verletzungsgefahr Softbälle in verschiedenen Größen, leichte Bälle oder Wasserbälle benutzt werden. Außer den bekannten Handgeräten (Tennisring, Bohnensäckchen, Seil, Doppelklöppel, Gymnastikreifen, Ball) können auch Alltagsgegenstände das Übungsrepertoire bereichern. Dazu ein paar Beispiele: Handtuch, Schal, aufgerollte Zeitschrift, Zeitung, Luftballon, kleines Kissen, bunte Tücher. Die Auswahl des Handgerätes muss natürlich auf die Gruppe und die Übungen abgestimmt sein.

Alltagsgegenstände als Handgeräte

Übungsgeräte haben einen hohen Aufforderungscharakter und können zu selbständigen und kreativen Bewegungen anregen.

Zu den Übungen mit Handgeräten hier noch ein paar methodische Hinweise:

1. Nach dem Verteilen der Handgeräte sollte den Teilnehmern immer etwas Zeit gegeben werden, um sich mit dem Gerät vertraut zu machen, sich darauf einstellen zu können und vielleicht eigene Übungen ausprobieren zu können.
2. Bei einer großen Zahl von Übungen und Spielen kommt es auf das Werfen und Fangen der Bälle (oder ähnlichem) an. Hierbei ist es wichtig, die Teilnehmer darauf hinzuweisen, den Ball nicht mit gestreckten, gespreizten Fingern zu erwarten. Besser ist es, den Ball mit aufwärts gerichteten Handflächen anzunehmen und an den Körper heranzubringen. So gelingt der Fang auch meistens.
3. Handgeräte können auf vielfältige Art eingesetzt werden:

- Balancierübungen (z.B. mit den Händen, auf dem Kopf, mit den Füßen),
- Werfen und Fangen (z.B. in Einzelübungen oder Partnerübungen),
- Weiterreichen der Geräte (z.B. in der Gruppe, um den eigenen Körper),
- Fuß- und Beinübungen (z.B. hin- und herschieben, Gerät umkreisen),
- Armschwünge mit Geräten (z.B. Achterkreisen vorm Körper, mit Musikbegleitung).

Anregung

Nutzen Sie die vorgestellten Übungen und Anregungen auch in der täglichen Pflege (in Einzelarbeit, im Tagesraum, vor den Mahlzeiten). »Sich regen, bringt segen« – ein altes Sprichwort, das durch die Altersforschung bestätigt wurde.

Isometrische Muskelanspannung

Spannung ohne Verkürzung der Muskeln

Der Muskel ist in der Lage, auf zweierlei Art Arbeit zu verrichten. Bei der isometrischen Muskelanspannung wird lediglich Spannung entwickelt ohne eine Verkürzung der Muskeln. Die isometrische Muskelkontraktion ist statische Arbeit, der Muskel ändert seine Spannung, aber die Lage bleibt dieselbe. (iso = gleich, metrum = Länge, iso-metrisch = gleich-lang)

Isotonische Muskelspannung Verkürzung der Muskeln

Dagegen wird bei der isotonischen Muskelspannung Arbeit im physikalischen Sinne verrichtet, indem es bei der Kontraktion zu einer Verkürzung der Muskeln kommt. Die isotonische Muskelspannung ist dynamische Arbeit, also Bewegung. Die üblichen körperlichen Beanspruchungen bestehen aus der Kombination von isotonischen und isometrischen Muskelanspannungen.

Bei einigen Hochbetagten ist die Fähigkeit, sich zu bewegen, eingeschränkt und zuweilen kaum noch möglich. Geringe Belastbarkeit von Herz, Kreislauf und Atmungsorganen, aber auch Altersveränderungen des Bewegungsapparates können zu folgenschwerem Bewegungsmangel führen. In dieser Situation kann ein intensives isometrisches Muskeltraining als Maßnahme gegen den Kräfteverfall hilfreich sein. Bei dem isometrischen Muskeltraining werden die Muskeln angespannt, ohne dass eine Bewegung ausgeführt wird, die Muskelspannung wird wenige Sekunden gehalten, und dann werden die Muskeln wieder entspannt. Diese Übungen bewirken einen intensiven Reiz des Muskelstoffwechsels. Sie eignen sich zur Mobilisierung der Muskelkraft und können Muskelschwund vorbeugen. Bei der isometrischen Muskelanspannung darf keine Bewegung ausgeführt werden, sondern der Krafteinsatz wird gegen einen Widerstand ausgeführt.

Trainingserfolg

Um einen Trainingserfolg zu erzielen, sind folgende Regeln zu beachten:

- isometrische Übungen sollten 3 – 5 mal über den Tag verteilt durchgeführt werden,
- die Dauer der Muskelanspannung beträgt 5 – 6 Sekunden. Die Anspannung beginnt vorsichtig steigernd (nicht ruckartig) bis zum größtmöglichen Krafteinsatz, der 2 – 3 Sekunden gehalten werden muss,
- während der Anspannung soll ganz normal geatmet werden (keine Pressatmung!),
- nach jeder Übung eine kurze Pause von einigen Sekunden einlegen.

Isometrische Übungen haben den Vorteil, dass sie wenig Zeit beanspruchen. Sie sollten aber täglich und richtig ausgeführt werden. Wichtig ist eine gute Anleitung. Dafür muss die Übungsleiterin Kenntnisse über die Bedeutung des Trainings haben, die Technik beherrschen und Absprachen mit dem Arzt und dem Krankengymnasten treffen.

Beispiele

Zur Veranschaulichung des isometrischen Muskeltrainings hier ein paar Übungsbeispiele:

- Die flache Hand auf eine oder unter eine Tischplatte drücken.
- Mit beiden Händen beide Armlehnen umfassen und die Lehnen zusammendrücken.
- Ein Handtuch umfassen und auseinanderziehen.
- Im Sitz ein zusammengefaltetes Handtuch zwischen die Knie legen und die Knie zusammendrücken.

- Die Bauchmuskeln, Schließmuskeln oder Gesäßmuskeln anspannen.
- Der Hochbetagte liegt in Rückenlage, die Arme neben dem Körper, die Handflächen nach oben gekehrt. Die Übungsleiterin legt ihre Hand auf die des Hochbetagten. Der Übende drückt seine Hand gegen die der Übungsleiterin.

Weiterführende Literatur zum isometrischen Muskeltraining: Hettinger, Th. Fit sein – fit bleiben. Isometrisches Muskeltraining für den Alltag. Stuttgart: Trias. 1989.

Methodisch/didaktische Planung einer Seniorengymnastikstunde

1. Vorplanung

1.1 Ausgangslage: 5 Besucher/innen der Kurzzeitpflege

Frau A. ist 75 Jahre alt und seit 14 Tagen in der Kurzzeitpflege, da ihre Tochter, bei der sie wohnt, in Urlaub ist. Frau A. ist sehr still und zurückhaltend und erzählt wenig von sich. Durch eine chronische Polyarthritis ist ihre Bewegungsfähigkeit etwas eingeschränkt, der Hausarzt befürwortet die Teilnahme an der Seniorengymnastik. Von Beruf war Frau A. Hausfrau, sie war lange aktiv in einem gemischten Chor.

Frau B. ist 87 Jahre alt. Sie ist seit vier Wochen in der Kurzzeitpflege und »wartet« hier auf einen Heimplatz. Frau B. fühlt sich zur Zeit sehr wohl und ist freundlich und aufgeschlossen den anderen Besuchen gegenüber. Gesundheitlich beeinträchtigt ist sie vor allem durch eine starke Sehschwäche, ihre Bewegungen sind unsicher. Da sie durch ihre Sehschwäche nicht mehr alleine lesen und Handarbeiten kann, nimmt sie gerne an Aktivitäten teil. Ihre Interessen sind sehr vielfältig (Tiere, Reisen, Musikhören u. a.).

Frau C. leidet unter einem Parkinson-Syndrom mit leichtem Tremor, ihre Bewegungen wirken leicht hölzern. Ihre Stimmung ist eher gedrückt, sie redet sehr leise. Frau C. ist 80 Jahre alt und wohnt im Haushalt ihres Sohnes. Da ihre Schwiegertochter zur Kur ist, wohnt sie seit drei Wochen in der Kurzzeitpflege. Frau C. hat fünf Kinder, die sie zum großen Teil alleine versorgt hat (ihr Mann ist zu Beginn des 2. Weltkrieges gefallen). Als ungelernte Arbeitskraft hat sie in unterschiedlichen Betrieben gearbeitet.

Frau D. ist erst seit zwei Tagen hier. Sie ist 69 Jahre alt und körperlich fit. Sie ist aus dem Krankenhaus hierhergekommen. Der Krankenhausaufenthalt war nötig, da sie Diabetikerin ist mit sehr hohen Werten. Hier in der Kurzzeitpflege soll sie den Umgang mit Diabetes und das Spritzen von Insulin lernen. Näheres zu ihrer Person ist noch nicht bekannt. Sie klagt über Müdigkeit und Unlust, nimmt aber gerne an Aktivitäten teil.

Frau E. ist 82 Jahre alt und hat bis jetzt alleine gewohnt. Sie leidet an einer Alzheimer Demenz, ist körperlich sehr beweglich, aber zu verwirrt, um allein zu sein. Ihre älteste Tochter will sie zu sich nehmen, doch dafür müssen erst Umbauarbeiten durchgeführt werden. Frau E. ist seit einer Woche in der Kurzzeitpflege, sie macht einen ängstlichen Eindruck und reagiert manchmal auch aggressiv. Von ihrer Tochter wissen wir, dass Frau E. früher mehrere Instrumente gespielt hat, Lehrerin war und großes Interesse an Reisen hatte.

Die Besucherinnen kennen sich durch die gemeinsamen Mahlzeiten etwas. Frau B. und Frau C. haben sich hier zufällig wiedergetroffen, sie kennen sich aus der gemeinsamen Schulzeit.

Ich bin Altenpflegerin und arbeite seit vier Monaten in der Kurzzeitpflege. Ich treibe gerne Sport und bin im Sportverein in einer Gymnastikgruppe.

1.2. Themenfindung

Ich werde mit dieser Gruppe eine Seniorengymnastik machen, um die Beweglichkeit zu fördern. Musik und Gesang soll dabei eine Rolle spielen und an die Biographie der Damen anknüpfen. Als Handgeräte werden Bohnensäckchen benutzt. Sie sollen die Neugierde wecken und bergen auch bei unsicherem Verhalten keine Gefahren.

1.3 Ziele

- Gemeinschaft erleben (durch die Gruppenarbeit und die Spiele),
- Beweglichkeit fördern (besonders bei Frau A. zur Kontrakturenprophylaxe; für Frau D., da Muskelarbeit die Verbrennung steigert und den Blutzucker senkt);
- Gedächtnis- und Konzentrationssteigerung (durch Aufforderung zum Mitgestalten der Stunde und Behalten von Bewegungsreihen).

2. Vorbereitung

2.1. Ort und Zeit

10.15 Uhr – 11.15 Uhr in der Flurecke der Kurzzeitpflege.

2.2 Information und Absprache

- Einladen der Besucherinnen durch persönliche Ansprache,
- Absprache mit den Mitarbeitern,
- Informieren der Tochter von Frau E., damit der tägliche Besuch nicht in diese Zeit fällt.

2.3 Finanzierung

Nicht nötig.

2.4 Praktische Vorbereitung

- Übungen zusammenstellen und ausprobieren,
- Bohnensäckchen besorgen (vom begleitenden Dienst),
- Kassettenrecorder und bespielte Kassette mit Marschmusik vorbereiten.

3. Durchführung

3.1 Arbeitsplatzvorbereitung

Stuhlkreis aufstellen, Kassettenrecorder anschließen, Bohnensäckchen zurecht legen, Besucherinnen abholen.

3.2 Sitzordnung

Im Stuhlkreis. Ich sitze zwischen Frau C. und Frau E., da sie evtl. Unterstützung brauchen.

3.3 Programmablauf

- Begrüßung,
- kurzen Überblick über die Stunde geben, auf gute Sitzhaltung achten,
- langsames Beginnen mit Lockerungsübungen:
  Es sollen dabei pantomimisch unterschiedliche Musikinstrumente gespielt werden. Flöte (mit beiden Händen), Trommeln (links, rechts, beide Hände), Geige (links, rechts, Kopf dabei neigen), Posaune;
  Frage: Welche Musikinstrumente gibt es noch? Bewegungen dazu ausführen.
  Frage: Welche Musikinstrumente erfordern auch Bein- oder Fußarbeit? (z. B. Klavier),
  Bewegungen dazu ausführen (rechter Fuß, linker Fuß, beide Füße),
- nach dieser Aufwärmung erfolgen ein paar Dehnübungen:
  recken, strecken der Arme in unterschiedliche Richtungen,
  Arme in Hochhalte, Neigen des Oberkörpers nach rechts und links,
  Verschränken der Arme vor dem Oberkörper; Bewegen des Oberkörpers, so dass der linke Ellenbogen das rechte Knie berührt, aufrichten, Seitenwechsel,
  Beine und Füße strecken (rechts, links, beide),
- Frage: Wir haben zu Beginn Musikinstrumente »nachgespielt«. Wie können wir Musik machen ohne Instrumente (dabei auf Anregungen eingehen)?
  Pfeifen (wenn es jemand kann, vormachen lassen),
  Singen (das können alle, Lied vorschlagen: »Lustig ist das Zigeunerleben«),
  Klatschen (mit unterschiedlicher Armhaltung, vor dem Körper, rechts, links),

Fingerschnippen,
Stampfen (rechter Fuß, linker Fuß, beide),

- kleine Bewegungskette mit Klatschen und Stampfen einüben: es wird jeweils 3 mal geklatscht bzw. gestampft in folgender Reihenfolge: Klatschen vor dem Oberkörper, rechts, vor dem Oberkörper, links, vor dem Oberkörper, über dem Kopf, vor dem Oberkörper, mit ausgestreckten Armen, vor dem Oberkörper, rechter Fuß, linker Fuß, beide Füße, beide Füße und Hände gleichzeitig,
- Übungen mit Bohnensäckchen
  Verteilen der Bohnensäckchen, Zeit zum Befühlen und Ausprobieren;
  Säckchen von einer Hand in die andere geben (in verschiedenen Höhen vor dem Körper, über dem Kopf, unter einem oder beiden angehobenen und gebeugten Knien);
  Säckchen erst mit der rechten, dann mit der linken Hand an unterschiedlichen Stellen ablegen und wieder aufnehmen (auf den Oberschenkel, Schulter, Knie, Kopf, auf die Hand, auf den angehobenen Fuß);
  Säckchen hoch werfen und auffangen (beide Hände, rechts, links);
  Säckchen auf die Füße legen (Beine anheben, absetzen);
  Säckchen vor die Füße legen (mit einem Fuß vor, hinter, neben dem Säckchen auf den Boden tippen, mit beiden Füßen wiederholen), Säckchen mit den Füßen umkreisen,
- Säckchen werden, bis auf einen, von der Übungsleiterin eingesammelt,
- Bohnensäckchen im Kreis rundgeben, dabei soll der Nachbar angesehen werden, der Oberkörper soll sich beim Weiterreichen mitdrehen (eine Runde links herum, eine rechts herum),
- Bewegungsspiel: Das Säckchen wird mit Musikbegleitung von der Kassette im Kreis herumgegeben. Die Übungsleiterin stoppt in unterschiedlichen Zeitabständen die Musik; die Teilnehmerin, die dann das Säckchen in der Hand hat, wirft es einer ande-

ren zu. Die Musik setzt wieder ein und das Säckchen wandert bis zum nächsten Stopp im Kreis,

- Schluss ankündigen,
- evtl. die Bewegungskette mit Klatschen wiederholen oder ein Lied singen, das gewünscht wird,
- Verabschiedung und evtl. Absprache einer weiteren Seniorengymnastik.

3.4 Lückenfüller

Das Lied »Lustig ist das Zigeunerleben« mit einfachen Bewegungen begleiten.

Lustig ist das Zigeunerleben	–	Arme schwenken
faria, faria – ho	–	Klatschen
brauch´n dem Kaiser kein Zins zu geben	–	Arme schwenken
faria, faria – ho	–	Klatschen
Lustig ist es im grünen Wald	–	Kreisen der Unterarme umeinander
wo des Zigeuners Aufenthalt	–	Drehrichtungswechsel der Unterarme
faria, faria – ho	–	im Wechsel rechts und links klatschen

3.5 Nachbereitung

Ich werde Frau D. fragen, ob sie mir beim Aufräumen hilft.

4. Reflexion und Auswertung

Gedächtnistraining

DAS ZIEL IST ...

Das Ziel ist,

- *die Funktion des Gedächtnisses und deren Veränderung im Alter zu verstehen, die Bedeutung des Gedächtnistrainings zu erkennen und Übungen dazu in der Altenarbeit durchführen zu können.*

Das Gedächtnis und Veränderungen im Alter

Wird vom Gedächtnis gesprochen, ist damit die Fähigkeit gemeint, Informationen zu speichern und bei Bedarf abrufen zu können. Die körperliche Grundlage dafür ist die Gesamtheit der Nervenzellen. Das Gedächtnis ist nicht als ein abstraktes oder isoliertes Organ zu sehen, sondern es ist personenabhängig und als Ergebnis des Zusammenwirkens vieler Bedingungen aufzufassen. Ohne Gedächtnis könnten wir keine Vorstellung um unsere Existenz haben. Das Gedächtnis verbindet alle Erfahrungen des Lebens zu einem zeitlich nachvollziehbaren Strang, der jene existentielle Einheit ergibt – das Selbst!

Um verstehen zu können, wie das Gedächtnis funktioniert, ist es hilfreich, sich den Aufbau des Gedächtnisses in drei Speicherebenen vorzustellen. Diese drei Ebenen sind dabei nur gedankliche Konstrukte, also keine im Gehirn lokalisierbaren Bereiche. Die drei Speicher sind das sensorische Register (auch Ultrakurzzeitspeicher genannt), das Kurzzeitgedächtnis und das Langzeitgedächtnis. Die Informationsverarbeitung des Gedächtnisses ist folgendermaßen vorstellbar: Ein über die Sinnesorgane aufgenommener Reiz wird im Ultrakurzzeitgedächtnis festgehalten. Wenn Interesse an dem Reiz besteht, d. h. wenn Aufmerksamkeit auf ihn gerichtet wird, gelangt

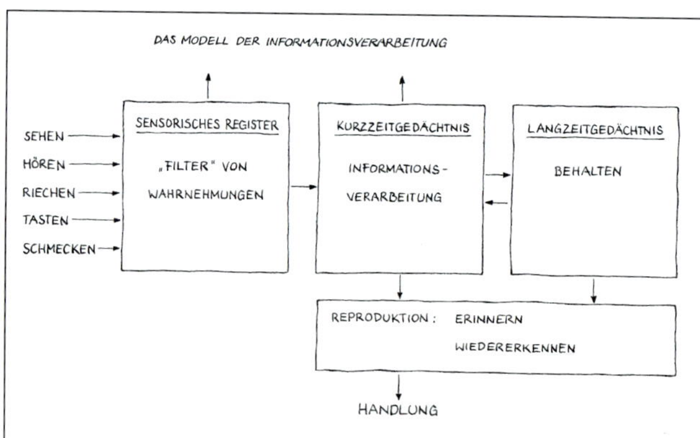

der Reiz in die nächste Speicherebene, das Kurzzeitgedächtnis. Im Kurzzeitgedächtnis werden die Informationen »aussortiert«, kurz behalten oder an das Langzeitgedächtnis weitergegeben. Im Langzeitgedächtnis werden Eindrücke dauerhaft gespeichert.

Informationsverarbeitung des Gedächtnisses

Das Modell der menschlichen Informationsverarbeitung und Altersveränderungen des Gedächtnisses sollen im Folgenden näher beschrieben bzw. dargestellt werden.

Sensorisches Register

→ Das sensorische Register und Altersveränderungen

Die Umweltreize werden von den Sinnesorganen (Auge, Nase, Ohr, Mund, Haut) wahrgenommen und im sensorischen Register aufgenommen. Meistens strömt eine Vielzahl von Eindrücken gleichzeitig auf den Menschen ein. Wenn Sie jetzt diesen Text lesen, werden Sie vielleicht gleichzeitig Verkehrsgeräusche hören, Ihren Rücken spüren vom langen Sitzen, den Geschmack von Frühstückskaffee im Mund haben und den Duft des Parfüms Ihrer Tischnachbarin riechen. Da Sie viele dieser Informationen jetzt aber nicht brauchen, werden die ankommenden Reize selektiert. Die unwichtigen Informationen werden nicht bewusst wahrgenommen (werden »überhört«, »übersehen« oder »nicht bemerkt«), die wichtigen Informationen werden an das Kurzzeitgedächtnis weitergegeben. Das sensorische Register hat demnach die Funktion eines Filters, der nur Informationen zur Bearbeitung weitergibt, die für den einzelnen Menschen wichtig sind. Dieser Filter schützt das Gehirn vor einer zu starken Belastung mit Informationen und erleichtert dadurch die Orientierung. Welche Informationen dabei als bedeutsam erkannt werden, hängt von folgenden Faktoren ab:

Funktion eines Filters

A. Vorerfahrungen

Je mehr Interesse für eine bestimmte Sache bereits vorhanden ist, desto eher und differenzierter werden weitere Informationen wahrgenommen. Dazu ein Beispiel: Wenn eine Altenpflegerin die Tageszeitung liest, werden ihr Berichte zur Pflegeversicherung oder von Institutionen der Altenhilfe auffallen, die z. B. von einer Floristin nicht zur Kenntnis genommen werden.

B. Bedürfnis, Motivation, Einstellung

Der Mensch nimmt die Umwelt abhängig von seiner Bedürfnisstruktur wahr. Die Reize, die für ihn keine Bedeutung haben, werden vom sensorischen Register aussortiert. Dazu ein Beispiel: Eine Altenpflegerin auf einer Altenpflegemesse wird weniger das Personal an einem Messestand wahrnehmen als die neuen angepriesenen Produkte.

C. Erwartung

Eindrücke werden entsprechend der individuellen Erwartungshaltung wahrgenommen und gedeutet. Ein Beispiel: Erwartet eine Altenpflegerin kurz vor Dienstschluss ihre Kolleginnen, wird sie jedes Fahrgeräusch des Aufzuges wahrnehmen.

Vorerfahrungen, Bedürfnisse und Erwartungen verändern sich durch lebenslange Erfahrungen. Sie haben Einfluss auf die Wahrnehmung und das Verhalten im Alter. Man vermutet, dass der alte Mensch vermehrt nur noch jene Umweltreize aus dem Gesamtangebot auswählt, deren subjektiver Bedeutungsgehalt besonders groß ist und die in das persönliche Erfahrungsmuster hineinpassen. Daraus lässt sich folgern, dass die hohe Elastizität des sensorischen Registers im Alter einer eher starren Form weicht und die Zahl der auf Reize reagierenden Eingänge langsam abnimmt. Damit ließe sich erklären, warum Ältere ihr Verhalten trotz neuer Reize nur schwer verändern. Hinzu kommt, dass die Seh- und Hörkraft im Alter schwächer und dadurch die Menge der aufgenommenen Reize verringert wird.

Subjektiver Bedeutungsgehalt

Neben dieser Filterfunktion hat das sensorische Register die Aufgabe, die Informationen für kurze Zeit festzuhalten und sie dann an das Kurzzeitgedächtnis weiterzugeben. Bei dieser kurzfristigen Speicherung im sensorischen Register würde bei älteren Menschen festgestellt, dass akustische Reize langsamer weitergegeben werden bzw. rasch zerfallen und visuelle Reize eine längere Bearbeitungszeit brauchen als bei jüngeren Menschen.

Akustische Reize

Visuelle Reize

→ Das Kurzzeitgedächtnis und Altersveränderungen

Kurzzeitgedächtnis

Dem Kurzzeitgedächtnis (auch Kurzzeit-Speicher) kommt die zentrale Informationsverarbeitung zu. Dabei erfüllt es unterschiedliche Aufgaben. Zunächst sorgt es dafür, dass die behaltenswerten Dinge des Alltags für den begrenzten Zeitraum der Handlung behalten werden und nicht darüber hinaus festgehalten werden.

Arbeitsspeicher

Neben dieser Filterfunktion transferiert das Kurzzeitgedächtnis Informationen in das Langzeitgedächtnis und dient als Arbeitsspeicher, in dem Sach- und Entscheidungsprozesse ablaufen. Bei älteren Menschen wurde eine Verlangsamung der Informationsverarbeitung, also des Wahrnehmens, Erkennens und des Denkens, festgestellt. Wird aber in einem Lernprozess der Zeitfaktor ausgeklammert, können auch sehr alte Menschen zu guten Lernergebnissen kommen.

Speicherkapazität

Die Speicherkapazität des Kurzzeitgedächtnisses ist begrenzt, sie umfasst 7 ± 2 Merkeinheiten. Dieses eingeschränkte Fassungsvermögen überbrückt das Gedächtnis durch die Organisation umfassender Einheiten. Dabei wird eine Anzahl von Informationen (z. B. zu einem Thema) zu einer Merkeinheit gruppiert. So können ganze Zusammenhänge als ein Element gespeichert werden. Bei alten Menschen ist der Merkumfang des Kurzzeitgedächtnisses geringer. Das wird vor allem deutlich, wenn die Aufgabenstellung sehr komplex ist. Denkaufgaben, in denen eine Reihe von Lösungsmöglichkeiten durchdacht werden müssen, erfordern eine hohe Verarbeitungskapazität. Auch das kurzzeitige Behalten komplexer Informationen lässt Einbußen bei älteren Menschen erkennen.

Das Kurzzeitgedächtnis ist sehr störanfällig. Damit die vorliegenden Informationen nicht durch nachdrängende überlagert werden, muss ihnen Aufmerksamkeit zugewendet werden, sie müssen verarbeitet werden. Diese Störanfälligkeit erhöht sich im Alter.

Der Kurzzeitspeicher ist die wichtigste Grundlage für den geistigen Erfolg des Menschen, denn er ist für das rasche Lernen bzw. die Vermehrung von Gedächtnisinhalten von herausragender Bedeutung.

Langzeitgedächtnis

→ Das Langzeitgedächtnis und Altersveränderungen

Unbegrenzte Aufnahmekapazität

Intensive Eindrücke oder mehrmals wiederholte Inhalte gelangen zur langfristigen Speicherung in das Langzeitgedächtnis. Dieser Speicher hat eine unbegrenzte Aufnahmekapazität. Lerninhalte können ein Leben lang aufbewahrt und ständig neue aufgenommen werden. Die Informationen werden im Kontext sinnvoller Beziehungen »abgeheftet« und durch Verknüpfung von Inhalten bzw. einem »Code« abgerufen.

Bei älteren Menschen geschieht sowohl das Speichern als auch das Erinnern unsystematischer. Sie haben mehr Schwierigkeiten, die Erinnerungen, über die sie grundsätzlich verfügen, auf eine spezielle Aufgabenstellung hin systematisch abzurufen. Das Wiederauffinden bzw. Abrufen einer bestimmten Information erfordert mehr Zeit.

→ Weitere Einflussfaktoren auf die Gedächtnisleistung

Biographische und sozial-kulturelle Bedingungen

Biographische und sozial-kulturelle Bedingungen sind Einflussfaktoren auf die Gedächtnisleistung. Die soziale Herkunft, die Schulbildung, die Lebenssituation, aber auch die Gesundheit und das persönliche Interesse wirken sich auf die Leistungsfähigkeit aus. So können z. B. Berufe mit hohem Anforderungsniveau als langandauernde Trainingsmöglichkeiten gesehen werden. Dagegen wirkt sich eine Krankheit oder auch schlechtes Allgemeinbefinden negativ auf die intellektuellen Leistungen aus. Ebenfalls beeinflussende Faktoren sind: Bewegung, Stress, Ernährung, Umgebungsbedingungen und Selbstwertgefühl. Auch mangelnde Übung, die aus verschiedenen Gründen häufig mit dem Alter einhergeht, lässt Gedächtnisfertigkeiten verkümmern. Nicht zu unterschätzen ist auch das Vorurteil, dass mit dem Alter das Gedächtnis nachlässt. Viele alte Menschen nehmen dieses Vorurteil mit den entsprechenden Konsequenzen geradezu fatalistisch hin, so dass es zu einer »selbsterfüllenden Prophezeiung« wird.

Krankheit schlechtes Allgemeinbefinden

Selbsterfüllende Prophezeiung

Vorurteile machen alt

Unter dieser Überschrift erschien in der Zeitschrift »Psychologie heute« ein Artikel, der von einer Untersuchung der Havard University berichtet. Zwei Psychologinnen (B. Levy und E. Langer) untersuchten, welchen Einfluss Alters-Stereotypen auf die Gedächtnisfähigkeit haben. Dazu wurden Menschen aus unterschiedlichen Kulturkreisen getestet. Auf der einen Seite: die chinesische Gesellschaft, in der das Alter mit Weisheit und hohem Ansehen verknüpft ist. Auf der anderen Seite: die US-Gesellschaft mit der offenbar für westliche Länder typischen Einstellung zum Älterwerden. Die dritte Gruppe bestand aus Personen der amerikanischen Organisation der tauben Menschen, die in gewisser Weise eine eigenständige Kultur repräsentieren. Sie sprechen ihre eigene Sprache, zu 90 % heiraten sie untereinander und die Jüngeren betrachten ihre Senioren als verehrungswürdige Persönlichkeiten.

Je eine jüngere Gruppe im Schnitt von 22 Jahren und eine ältere Gruppe im Schnitt von 70 Jahren wurden aus den drei Kulturkreisen diversen Gedächtnistests unterzogen. Dabei zeigten sich keine Unterschiede zwischen den »jüngeren« Stichproben der drei Kulturkreise. Aber: Sowohl die alten Chinesen als auch die betagten Gehörlosen stachen ihre amerikanischen Altersgenossen deutlich aus!

Die Forscherinnen kamen durch dieses Ergebnis zu folgendem Schluss: Wenn Gedächtnisschwund nur auf einem rein biologischen Verfall beruhen würde, sei dieses Ergebnis nicht möglich. Sie nehmen an, dass ein sozio-psychologischer Prozess den geistigen Verfall beeinflusst. Die negativen Stereotypen über das Alter entwickelten sich zu »selbsterfüllenden Prophezeiungen«.

(vgl. K. Wilhelm, 1995)

→ Zusammenfassung der Altersveränderung

Intellektuelle Fähigkeiten

Es ist falsch, eine generelle Abnahme der geistigen Leistungsfähigkeit im Alter anzunehmen. Eine Reihe intellektueller Fähigkeiten bleiben auch im höheren Alter erhalten. Dazu gehören der Wissensumfang, den jemand im Laufe seines Lebens erworben hat, seine praktischen Fähigkeiten und seine sprachliche Gewandtheit.

Es sind aber auch veränderte bzw. nachlassende Gedächtnisleistungen festzustellen:

- durch den Leistungsabbau der Sinnesorgane wird es schwieriger, die Reize der Umwelt wahrzunehmen,
- es kommt zu Konzentrations- und Aufmerksamkeitsschwierigkeiten,
- zum Erwerb neuer Informationen benötigen ältere Menschen einen längeren Zeitraum als jüngere,
- der Merkumfang (die Gedächtnisspanne) ist im Alter reduziert,
- die Verarbeitungsgeschwindigkeit des Gedächtnisses beim Abspeichern von Informationen ist reduziert,
- die Erinnerung an gespeicherte Gedächtnisinhalte erfolgt im Alter häufig erschwert.

Schwächen und Stärken der Leistungsfähigkeit

Durch die unterschiedlichen Einflussfaktoren von biographischen und sozialen Bedingungen sind bei jedem älteren Menschen individuelle Schwächen und Stärken der Leistungsfähigkeit zu beobachten.

Eine Kompensationsmöglichkeit zum Ausgleich der Veränderungen der Gedächtnisleistungen ist das Gedächtnistraining.

Beispiel

Aus dem Alltag einer Altenpflegerin

Ich bin Altenpflegerin und arbeite in einer Altentagesstätte. Viermal die Woche mache ich mit einer Gruppe von sechs bis acht Besucherinnen (so nennen wir die zu betreuenden alten Menschen) eine Stunde Gedächtnistraining am späten Vormittag.

So saßen wir neulich im Stuhlkreis beieinander, die Buchstabenkarten lagen alphabetisch geordnet auf dem Fußboden, und die Aufgabe bestand darin, zu jedem Buchstaben einen Beruf zu finden. Da die Gruppe sich schon länger kennt und vertraut miteinander ist, einigten wir uns, der Reihe nach uns durch das Alphabet zu denken.

So ging es also los mit »Architekt«. Die nächste Dame nannte den »Bauarbeiter«. Bei »C« wurde es etwas schwieriger. Aber, wie gesagt, die Besucherinnen hatten schon Übung im Gedächtnistraining, und so wurde schnell der Beruf »Chemielaborant« genannt. Bei manchen Anfangsbuchstaben fielen uns sogar mehrere Berufe ein, wie z. B. »Maler, Müller, Monteur«. Dann erreichten wir das »V«. Es entstand eine kleine Pause, und ich nutzte sie, um Frau Schulte, eine sehr verwirrte 85jährige Dame, direkt anzusprechen: »Frau Schulte, fällt Ihnen ein Beruf ein, der mit »V« anfängt?« Frau Schulte schaute mich an, grinste und antwortete: »Verbrecher!«

Gedächtnistraining und seine Bedeutung

Das Gedächtnistraining ist ein Trainingsverfahren zur Erhaltung, Reaktivierung und Förderung der kognitiven Fähigkeiten. Zu den kognitiven Fähigkeiten gehören Prozesse der Wahrnehmung, des Lernens, des Behaltens, des Erinnerns, des Vorstellens und des Denkens.

Kognitive Fähigkeiten

Die neuesten Forschungsergebnisse der Altersforschung besagen, dass die geistigen Fähigkeiten mit zunehmendem Alter nicht abnehmen, wenn diese laufend in Anspruch genommen werden. Wird das Gehirn also ständig gefordert, kann seine geistige Leistungsfähigkeit erhalten, sogar gesteigert werden. In Untersuchungen wurde festgestellt, dass auch bei alten Menschen das »Netzwerk« der Nervenzellen sich weiter verzweigt und neue, zusätzliche Nervenverbindungen (Synapsen) zu anderen Zellen aufgebaut werden, wenn geistige Aktivität stattfindet. Je häufiger dieses Netzwerk durch Speichern und Abrufen von Informationen gebraucht wird, um so effektiver arbeitet der Lern- und Gedächt-

Speichern und Abrufen von Informationen

nisapparat. Mit anderen Worten heißt das, dass auch im Alter Wachstum und Plastizität des Gehirngewebes möglich sind.[5]

Anregende Umgebung

Neben dem Training der kognitiven Funktionen wirkt sich auch eine sozial und intellektuell anregende Umgebung positiv im Sinne der Erhaltung und Verbesserung der Gehirnfunktion aus. Es ist also entscheidend für die geistige Leistungsfähigkeit, in welchem Maße dem Mensch Möglichkeiten zur geistigen Anregung gegeben werden. Negativ wirken sich demnach mangelndes geistiges Training und eine reizarme, anregungsarme Umgebung aus. Eine andauernde Unterforderung führt zu einem Abbau der geistigen Leistungsfähigkeit und des Gedächtnisses. Werden aber alte Menschen ständig gefordert, ihr Gedächtnis zu nutzen, um Probleme zu lösen, neue Erfahrungen zu machen und damit ihr Wissen und ihre Fertigkeiten stetig zu erweitern, kann ihre geistige Leistungsfähigkeit erhalten bleiben.

Leistungsfähigkeit

Intakte Gedächtnisfunktionen sind ein unverzichtbarer Bestandteil bei der Bewältigung alltäglicher Verrichtungen und tragen somit zur Verbesserung der allgemeinen Lebensbewältigung und Lebensqualität bei. Eingeschränkte geistige Leistungsfähigkeit wirkt sich negativ auf den subjektiven und objektiven Gesundheitszustand aus und erhöht die Krankheitsanfälligkeit.

Verbesserung der Gedächnisleistung

Durch Gedächtnistraining ist es möglich, das geistige Leistungsvermögen zu stabilisieren, weiterzuentwickeln oder zurückzugewinnen. Die Verbesserung der Gedächnisleistung wirkt sich auf unterschiedlichste Art aus:

- auf das Selbstbild und die Selbsteinschätzung,
- auf die emotionale Stabilität,
- auf die Erhaltung von Selbständigkeit und Autonomie,
- auf die Möglichkeit der Aufrechterhaltung bzw. Neuanknüpfung sozialer Kontakte,
- und letztlich auf die Gesamtpersönlichkeit.

---

5 Bei alten Versuchstieren konnte nachgewiesen werden, dass eine stimulierende Umgebung, z. B. bei alten Ratten und Juwelenfischen, zu einer Vermehrung der dendritischen Verzweigungen führen kann (dendritische Verzweigungen sind feinverästelte Ausläufer der Nervenzellen). (vgl. Arie)

Anregung

Versuchen Sie, diese fünf Auswirkungen der verbesserten Gedächtnisleistungen mit Beispielen zu belegen!

Sind geistige Defizite bereits eingetreten, kann ein Training der kognitiven Funktionen die noch vorhandenen geistigen Ressourcen ausnutzen. Es kann dazu beitragen, dass das verbleibende gesunde Gehirngewebe wenigstens teilweise die Funktion des untergegangenen übernimmt. Das heißt, das Gedächtnistraining kann die verbliebene geistige Reservekapazität stabilisieren und nutzen und damit dazu beitragen, einen weiteren geistigen Abbau hinauszuzögern.

Geistige Reservekapazität stabilisieren

In der Literatur werden für das Gedächtnistraining unterschiedliche Bezeichnungen benutzt. Es werden die Begriffe »Cerebrales Training« und »Mentales Aktivierungs-Training« (mental = die Psyche oder das Denkvermögen betreffend) angewandt. R. Beyschlag hat den Begriff »Gehirn-Jogging« (auch GeJo) geprägt. Dabei wird das Trainieren von Geist und Gedächtnis mit körperlicher Gymnastik gekoppelt.

Unterschiedliche Bezeichnungen

Relativ neu ist der Begriff »Brainwalk«. Damit ist ein Erlebnisspaziergang in der Natur gemeint, bei dem alle Sinne angesprochen und Denkaufgaben gestellt werden. Stefanie Probst, Gehirntrainerin und Hamburger Landesvorsitzende der Gesellschaft für Gehirntraining e.V., hat dieses sinnliche Spaziervergnügen konzipiert, bei dem unterschiedliche Bewegungsübungen mit Denksportaufgaben kombiniert werden.

Zielformulierungen für den Einsatz von Gedächtnistraining

In der Schule, im Beruf und durch familiäre Aufgaben und Verpflichtungen werden Forderungen an das Gehirn gestellt. Im Alter allerdings werden diese Anforderungen an Geist und Gedächtnis geringer. Es ist zu beobachten, dass alte Menschen weniger Entscheidungen treffen müssen und weniger von ihrer Umwelt gefordert werden als Menschen, die im Beruf stehen. Besonders gilt dieses für Hochbetagte und vor allem für pflegebedürftige alte Menschen. Ihnen werden häufig durch überversorgende Strukturen alle Entscheidungen und Alltagsüberlegungen abgenommen. So brauchen viele Hochbetagte kaum mitzudenken oder mitzuentscheiden, was und wann sie essen wollen, welche Kleidung gewechselt oder gewaschen werden soll. Weder die Vorbereitung für einen Arztbesuch noch der Umgang mit dem Geld stellt eine Anforderung an den versorgten Hochbetagten. Das Gedächtnistraining kann einen Teil dieses Defizits an Überlegungen und Aufgaben ausgleichen. Durch das Gedächtnistraining können fehlende Umweltreize teilweise ersetzt und Konzentration und Aufmerksamkeit geübt werden.

Defizit an Überlegungen und Aufgaben ausgleichen

Allgemeingültige Ziele

An dieser Stelle sollen nur ein paar allgemeingültige Ziele formuliert werden, da bei jedem Teilnehmer bzw. jeder Teilnehmerin des Gedächtnistrainings unterschiedliche Aspekte und Voraussetzungen zu berücksichtigen sind. Die Ziele wie auch die Inhalte und Methoden müssen aus dem Lebenszusammenhang der jeweiligen Zielperson oder Zielgruppe gewonnen werden.

Allgemein werden folgende Ziele angestrebt:

- Förderung des Selbstvertrauens im Umgang mit geistigen Anforderungen,
- Entwicklung und Stärkung eines positiven Selbstbildes,
- Verbesserung der kognitiven Leistungsfähigkeit und dadurch eine bessere Bewältigung von Alltagsfunktionen.

Diese Ziele beinhalten im Sinne der Ganzheitlichkeit folgende Ziele auf den unterschiedlichen Ebenen:

1. Die Verhaltensebene
   Die Hochbetagten sollen ihre Alltagsaktivitäten steigern, z. B. durch das Übernehmen einer Aufgabe.
2. Die kognitive Ebene
   Die Hochbetagten sollen die eigene Lernfähigkeit entwickeln und dadurch Sicherheit in ihrer Umwelt gewinnen.
3. Die emotionale Ebene
   Die Hochbetagten sollen ein positives Selbstwertgefühl aufbauen und Versagensängste abbauen.
4. Die körperliche Ebene
   Die Hochbetagten sollen körperliche Aktivitäten steigern und dadurch Selbständigkeit erhalten.
5. Die soziale Ebene
   Die Hochbetagten sollen eine Bereitschaft zur Pflege und Steigerung der sozialen Kompetenz entwickeln.

Zur Erreichung dieser Ziele müssen im Laufe des Gedächtnistrainings alle Bereiche des Gedächtnisses angeregt und gefördert werden. Die Übungen sollen unterschiedliche Sinne und Fähigkeiten ansprechen. Dazu gehören:

Sinne und Fähigkeiten

→ **Übungen zur Wahrnehmung**
  Dazu gehören Übungen zur akustischen, visuellen, taktilen Wahrnehmung und die Schulung des Geruchs- und Geschmackssinnes. Die optimale Nutzung der Sinne ist eine Voraussetzung für eine bessere Einprägung von Informationen. Ein Beispiel: die taktile Wahrnehmung wird gefördert, indem die Teilnehmer Gegenstände in einem undurchsichtigen Beutel ertasten und diese benennen (siehe Kimspiele).

→ **Übungen zur Konzentration**
  Konzentration ist die Fähigkeit, die Gedanken auf eine einzelne Tätigkeit zu richten und sich nicht von abweichenden Gedankengängen ablenken zu lassen. Ein Beispiel: Ein Ausschnitt aus

einem Märchen wird vorgelesen und die Teilnehmerinnen sollen das Märchen erkennen.

→ **Übungen zur Aufmerksamkeit**
Aufmerksamkeit ist die Möglichkeit, Menschen, Objekte oder sich selbst bewusst wahrzunehmen, unterscheiden und benennen zu können. Die Schulung der Aufmerksamkeit wird z. B. erreicht, indem den Teilnehmerinnen fünf Gegenstände nacheinander gezeigt und dann verdeckt werden. Die Gegenstände sollen anschließend aufgezählt werden.

→ **Assoziationsübungen**
Assoziation bedeutet die Verknüpfung von zwei oder mehr Gedanken, wobei ein Gedanke auf dem anderen aufbaut. Zum Beispiel wird von einer Teilnehmerin eine Tätigkeit pantomimisch dargestellt, die von den anderen erkannt werden soll.

→ **Übungen zum langfristigen Behalten**
Dazu zählen z. B. das Lernen der Namen der Anwesenden.

→ **Übungen zum kurzfristigen Behalten**
Zum Beispiel: Es werden vier Begriffe genannt, zu denen ein Oberbegriff gesucht werden soll.

→ **Übungen zum Problemlösen**
Um Probleme lösen zu können, muss man die Fähigkeit zur Analyse und zum logischen Denken besitzen. Auch der Einsatz von Phantasie ist nötig. Eine einfache Übung zum Problemlösen ist, mit den Buchstaben eines Wortes andere Wörter zu bilden.

→ **Übungen zum Abruf**
Einen befriedigenden Lernerfolg und ein gutes Gedächtnis erkennt man daran, dass im richtigen Moment die richtige Aussage gemacht, eine angemessene Handlung vollzogen wird oder eine passende Reaktion einsetzt. Eine Abrufübung ist z.B. Städte zu nennen, die mit dem Buchstaben »M« beginnen.

Zu den Zielen des Gedächtnistrainings zählen neben den genannten selbstverständlich auch, dass Spaß und Freude erlebt werden und dadurch der Alltag bereichert wird.

Anregung

Versuchen Sie in der Klasse – oder auch alleine – Tiere aufzuzählen, die mit dem Buchstaben »S« beginnen! (Sie werden sich wundern, wieviele es davon gibt!)

Hinweise für das Gedächtnistraining mit Hochbetagten

Bedeutung der Gruppenarbeit

Mit dem Wissen um die Bedeutung der Gruppenarbeit mit Hochbetagten liegt es nahe, das Gedächtnistraining in Gruppen durchzuführen. Eine Gruppe verhilft dem Einzelnen nicht nur zu mehr Kontakten, sondern sie gibt ihm die Möglichkeit, sich selbst in seiner Stärke oder auch seiner Schwäche zu erfahren, Beziehungen aufzubauen und zu pflegen und ein Stück Solidarität zu erleben. Die positiven Aspekte der Gruppenarbeit sind dem Gedächtnistraining sehr förderlich.

Bei der Durchführung von Gedächtnistraining mit Hochbetagten sind folgende Faktoren zur Planung von Inhalten, Zielen, Methoden und Medien zu berücksichtigen:

→ **Bedeutung des Gedächtnistrainings vermitteln**

Sinn des Gedächtnistrainings

Die Bedeutung und Möglichkeiten des Gedächtnistrainings sollen den Hochbetagten vermittelt werden. Die Erklärung, dass das Sprichwort »wer rastet – der rostet« auch auf das Gedächtnis zutrifft, das Alt-sein nicht gleichzusetzen ist mit Abbau, motiviert die Teilnehmer und verdeutlicht den Sinn des Gedächtnistrainings. Dabei dürfen aber die Ansprüche an die Erfolge des Trainings nicht zu hoch definiert werden. Sie sollten realistisch dargestellt werden.

→ **Kein »schulisches« Lernen**

Ältere Menschen bringen leicht ihre weit zurückliegenden Erfahrungen von schulischem Lernen mit, die häufig negativ besetzt sind (z. B. Disziplin, Strenge, Sanktionen). Diese unge-

Erwartungshaltung

eignete Erwartungshaltung sollte möglichst schnell abgebaut werden. Den Teilnehmern muss deutlich werden, dass es beim Gedächtnistraining darum geht, dass jeder angeregt wird zum Denken und Mitagieren. Nicht die richtige Lösung einer Aufgabe steht allein im Mittelpunkt, sondern das gemeinsame Entwickeln einer Lösung. Zu hohe Anforderungen können den Hochbetagten leicht entmutigen. Das heißt aber nicht, dass alte Menschen beim Gedächtnistraining nicht belastet und nicht gefordert werden dürften. Die Bereitschaft und Fähigkeit, Probleme zu lösen und Aufgaben zu erfüllen, ist eine Frage des eigenen Zutrauens. Wenn es gelungen ist, in einer Gruppe eine vertrauensvolle und entspannte Situation herbeizuführen, sind die beteiligten Hochbetagten zu Leistungen imstande, die sie selbst nicht für möglich gehalten hätten.

Entspannte Situation

→ **Konkurrenz- und Leistungsdruck vermeiden**

Die Leiterin des Gedächtnistrainings muss darauf achten, dass keine Konkurrenzsituation entsteht, die dazu führen kann, einzelne Teilnehmer auszuschließen oder bloßzustellen. Ein soziales Miteinander, gegenseitiges Helfen und Stützen fördert eine kommunikative Atmosphäre, indem alle Beteiligten zum Mitmachen motiviert werden. Dabei ist es manchmal auch nötig, die »Schnelleren« zu bremsen und die »Langsamen« zu unterstützen. Eine heitere, entspannte Atmosphäre, in der auch gelacht wird, wirkt fördernd auf den Gruppenzusammenhalt und schafft bessere zwischenmenschliche Beziehungen.

Kommunikative Atmosphäre

→ **Unterschiedliche Übungen anbieten**

Das Gedächtnistraining soll abwechslungsreich sein und unterschiedliche Fähigkeiten und Fertigkeiten des Gedächtnisses ansprechen. Dabei sind auch Gespräche und Diskussionen eine Form der geistigen Betätigung. Jedes Verbalisieren ist eine kognitive Leistung, egal ob ein Fachbegriff gefunden, eine Geschichte phantasiert oder ein Gefühl den anderen mitgeteilt wird.

Bewegungsübungen

Mit Bewegungsübungen kann das Gedächtnistraining bereichert und vervollständigt werden. Die körperliche Bewegung unterstützt zusätzlich die Blutzirkulation und damit die Durchblutung und Sauerstoffversorgung des Gehirns.

→ **Aufgaben wählen mit realistischem Bezug**
Die Übungen sollten interessant sein und einen realistischen Bezug haben (z.B. keine abstrakten Zahlenkombinationen lernen). Die Themen sollten sich nach den Interessen der Teilnehmer richten. Deren Motivation und aktive Beteiligung wächst, wenn die Inhalte etwas mit ihrem Alltag und ihren Erfahrungen zu tun haben. Vorteilhaft ist es dabei, in jeder Gruppenstunde an einem Thema mit unterschiedlichen Aufgaben zu arbeiten. So ist ein Sinnzusammenhang von den Teilnehmern zu erkennen und das Anknüpfen an bereits bekannte Wissensinhalte möglich. Auch sollte mit sinnvollen, bedeutungshaltigem Material gearbeitet werden, das zum Tasten, Fühlen, Riechen, Sehen und Hören anregt.

→ **Erfolgserlebnisse vermitteln**
Das Erfahren von Erfolgserlebnissen motiviert, spornt an und wirkt stimmungsaufhellend. Die Leiterin kann durch Loben und Ermuntern Erfolgserlebnisse vermitteln. Das schriftliche Festhalten von Ergebnissen kann deutlich machen, wie gut bzw. umfangreich eine Aufgabe gelöst wurde. Mit dem Anschreiben der Antworten auf eine Wandtafel wird allen Teilnehmern deutlich, wieviel sie geschafft haben. Zu dem regt es vielleicht an, noch ein paar weitere Lösungen zu nennen (z. B. um eine gerade Zahl an Antworten zu erreichen).

Loben und Ermuntern

Aufgabe

Bilden Sie aus den Buchstaben Ihres Vornamens einen sinnvollen Satz! Die einzelnen Wörter des Satzes beginnen jeweils mit dem Buchstaben, der in der Reihenfolge des Namens auftritt.
z.B. Heike – Heute esse ich kein Eis.

Werden diese Übungen in der Planung bedacht und berücksichtigt, ist es möglich, mit Hochbetagten ein kognitives Training durchzuführen, das nicht nur Erfolg aufweist, sondern auch Spaß machen kann.

Gedächtnistraining in Einzelarbeit

In jeder Institution der Altenhilfe leben Hochbetagte, die nicht an einer Gruppenarbeit teilnehmen können oder wollen. Bettlägerigkeit, mangelndes Selbstvertrauen, Verwirrtheit oder starke Einschränkungen des Sehens und Hörens können Gründe dafür sein. Aber gerade bei diesen alten Menschen ist es besonders wichtig, fehlende Umweltreize durch Beschäftigung zu ersetzen und die kognitiven Fähigkeiten zu fördern. Das Gedächtnistraining in Einzelarbeit bietet dafür vielfältige Möglichkeiten.

Fehlende Umweltreize ersetzen

Durch die Zweier-Situation (Hochbetagte und Anleiterin) ist eine direkte und ungestörte Kommunikation möglich, auf individuelle Stärken und Schwächen kann personenzentriert eingegangen werden. Ein weiterer Vorteil der Einzelarbeit ist, dass sich manche Hochbetagte dabei besser konzentrieren und bei einer Sache bleiben können. Schwierigkeiten können sofort geklärt, die richtige Hilfestellung erteilt werden.

Direkte und ungestörte Kommunikation

Bei der Einzelarbeit ist darauf zu achten, dass das Gedächtnistraining in einer Dialogform geführt wird, in der es nicht zu einer »Aus- oder Abfragerei« kommt. Dabei muss dem Hochbetagten bewusst gemacht werden (soweit das möglich ist), warum Aufgaben und Anforderungen an ihn gestellt werden.

Dialogform

Mit Hilfe von ansprechendem Material sollte eine Altenpflegekraft in ihrer täglichen Arbeit immer wieder versuchen, auch die sehr pflegebedürftigen alten Menschen zum Denken und Sprechen zu aktivieren. Die unterschiedlichen Übungen des Gedächtnistrainings bieten dafür vielseitige Möglichkeiten, sowohl für eine zielgerichtete, geplante Einzelarbeit als auch für spontane Anregungen zwischendurch.

Übungen und Anregungen

Die Übungen des Gedächtnistrainings sollen abwechslungsreich sein und unterschiedliche Fähigkeiten und Fertigkeiten der Hochbetagten fördern. Durch unterschiedliche Materialien und Methoden soll versucht werden, möglichst viele Sinne anzusprechen und die Teilnehmer zum aktiven Mitmachen zu motivieren.

Unterschiedliche Materialien und Methoden

In der Regel wird das Gedächtnistraining mit Hochbetagten mündlich durchgeführt. Doch es ist auch denkbar, die eine oder andere Aufgabe schriftlich von den alten Menschen bearbeiten zu lassen. Auch eine »Hausaufgabe«, die in der nächsten Gruppenstunde aufgearbeitet wird, stellt für manche Hochbetagte eine sinnvolle und anregende Tätigkeit dar.

Hausaufgabe

In vielen Übungen wird mit Buchstaben gearbeitet, um Wörter zu bilden, Wortanfänge anzugeben oder die Buchstaben eines Wortes sollen zu neuen Wörtern gelegt werden. Für diese Aufgabe ist es sinnvoll, Buchstabenkarten vorzubereiten. Diese Karten können aus Pappe hergestellt werden. Sie müssen groß genug und deutlich mit einem Buchstaben beschriftet sein, damit sie von allen erkannt werden. Wird in einem Gedächtnisspiel das ganze Alphabet benötigt, liegt es im Ermessen der Leitung evtl. »schwierige« Buchstaben (wie Q, X, Y) auszusortieren.

Buchstabenkarten

Im Folgenden werden unterschiedliche Übungen des Gedächtnistrainings vorgestellt, die verschiedene Bereiche des

Gedächtnisses ansprechen. Die Übungen können je nach Thema und Zielgruppe modifiziert werden. Die Reihenfolge der Übungen ist in dieser Aufzählung wahllos. Bei der Durchführung des Gedächtnistrainings sind die allgemeingültigen Regeln

»Vom Leichten zum Schweren« und
»vom Bekannten zum Unbekannten« zu beachten.

1. Sprichwörter und Redewendungen

Sprichwörter sind vielen Hochbetagten bekannt und vertraut. Sie können unterschiedlich eingesetzt werden:

- Sprichwörter ergänzen
  Der erste oder auch letzte Teil eines Sprichwortes wird genannt und soll von den Teilnehmern ergänzt werden.
  Wer anderen eine Grube gräbt... (...fällt selbst hinein).
  ... verderben den Brei (Viele Köche...).
- Sprichwörter zu einem Thema sammeln
  z.B. Sprichwörter und Redewendungen zum Thema »Zeit« werden gesucht: Kommt Zeit, kommt Rat; Zeit und Raum vergessen.
- Bedeutung von Sprichwörtern erklären
  Nicht nur das Aufzählen von Sprichwörtern fordert kognitive Leistung, manchmal ist es auch interessant, das eine oder andere Sprichwort auf seine Bedeutung zu hinterfragen.

2. Aufgaben nach dem ABC

Zu jedem Buchstaben des Alphabetes soll ein Begriff gefunden werden, der mit dem gegebenen Anfangsbuchstaben beginnt.

Mögliche Aufgaben: Städte, Länder, weibliche und männliche Vornamen, Blumen, Tiere, Obst und Gemüse, Berufe; aber auch Gegenstände, die eine bestimmte Farbe haben, Weihnachten verschenkt werden oder in einem bestimmten Laden (z. B. beim Bäcker) zu kaufen sind. Die Variationen hierbei sind sehr vielseitig. Es können zu jedem Buchstaben mehrere Begriffe gesucht werden oder die Aufgabe wird verkürzt, in dem nur zu ein paar Buchstaben Lösungen gesucht werden.

Bei diesem Gedächtnisspiel kann das Alphabet sichtbar vor den Teilnehmern liegen; schwieriger ist es, wenn es gedanklich durchgegangen wird. Möglich wäre ebenso, die verdeckten Buchstabenkarten von den Teilnehmern ziehen zu lassen.

3. Anagram

Damit ist die Umstellung der Buchstaben eines Wortes zu anderen Wörtern mit neuem Sinn gemeint. Dabei müssen nicht jedesmal alle Buchstaben benutzt werden.

Dazu ein Beispiel: Gegeben ist das Wort »Hochbetagte«, daraus entsteht: Bett, Bach, Tage, echt, ...

4. Worttreppe

Gegeben wird ein zusammengesetztes Hauptwort. Mit dem letzten Teil des Wortes muss ein neues zusammengesetztes Hauptwort gebildet werden.

Beispiel:

Altenpflege – Pflegeplanung – Planungshilfe – Hilferuf – ...

Das gleiche Verfahren ist möglich mit dem letzten bzw. ersten Buchstaben;

Beispiel: Inge – Ewald – Dora – Anton – ...

5. Bilder betrachten

Ein Bild (abstrakt oder gegenständlich) wird gezeigt. Die Teilnehmer sollen es beschreiben und erzählen, was ihnen dazu einfällt oder einen Titel dafür finden. Dafür können Kalenderbilder aber auch Fotos aus einer Zeitschrift verwendet werden.

6. Wortgerüst

Dabei wird ein Wort von oben nach unten geschrieben und daneben das gleiche Wort von unten nach oben. Die Lücken dazwischen müssen mit Buchstaben gefüllt werden, so dass zwischen dem gegebenen Anfangsbuchstaben und dem gegebenen Endbuchstaben neue Wörter entstehen.

Dazu ein Beispiel mit dem Wort »Morgen«:

M	age	N
O	hn	E
R	an	G
G	inste	R
E	ch	O
N	or	M

7. Gegensätze nennen

Es werden Begriffe genannt, zu denen das Gegenteil gesucht wird (die Wahl dazu kann begründet werden).

Beispiel: kurz – lang,
prächtig – einfach,
Beruhigungsmittel – Aufputschmittel.

8. Wörter bilden mit vorgegebenen Vorsilben oder Wortteilen

Den Teilnehmern werden Vorsilben gezeigt, mit denen Wörter gebildet werden (z. B. vor-, ver-, be-, her-, ein-, ge-). Ebenso können Wörter gesucht werden, die mit einem bestimmten Wort anfangen;

z. B. Blumen (Blumenbank, -vase, -stiel),
Wasser (Wasserball, -schlauch, -bett),
Sommer (Sommeranfang, -ferien, -blumen).

9. Assoziationsübungen

Dazu werden Begriffe genannt oder Gegenstände gezeigt, zu denen die Teilnehmer mitteilen, was ihnen dazu einfällt.

z. B. Rosen – Assoziation: Liebe, Dornen, Duft,
Kerze – Assoziation: Licht, heiß, Streichhölzer.

Vielleicht ist es bei dieser Übung auch für manche Teilnehmer eine Herausforderung, die assoziierten Begriffe aufzumalen; z. B. was fällt ihnen zum Sommer ein?

10. Jede Art von Rätseln

verlangt ein Nachdenken und kann das Gedächtnistraining bereichern.

11. Alle Kimspiele,

die im Kapitel »Spielen« aufgeführt sind, eignen sich für das Gedächtnistraining.

Ein paar Tipps zum Schluss:

Um eine Gedächtnistrainingsstunde abwechslungsreich und vielseitig zu gestalten, können Anteile von Musik und Gymnastik mit aufgenommen werden. Das Vorlesen eines Gedichtes oder einer Geschichte bildet einen ruhigen, angenehmen Ausklang der Stunde.

Musik und Gymnastik, Vorlesen

In den letzten Jahren sind eine Vielzahl von Büchern zum Thema Gedächtnistraining für alle Altersstufen erschienen. Viele Anregungen daraus lassen sich auf die Arbeit mit Hochbetagten übertragen. Außerdem werden in der Literatur unterschiedliche Lern- und Gedächtnisstrategien vorgestellt, wie z. B. Memorieren, Elaborieren

Link-Empfehlung:
Aktivierungsvorschläge, Gedichte, Geschichten und eine umfangreiche Sprichwörtersammlung finden Sie unter dem Stichwort »Sonstiges« bei:
http://www.treffpunkt-altenpflege.de/altenpflege.htm

oder die Schlüsselwortmethode. Wieweit solche Strategien in der Arbeit mit Hochbetagten zweckdienlich sind, muss jede Leitung von Gedächtnistrainingsangeboten in Hinsicht auf die Zielgruppe selbst entscheiden.

Die Anregungen in diesem Buch sollen dazu befähigen und anregen, das Gedächtnistraining als eine sinnvolle Tätigkeit zur Stimulation und Aktivierung der kognitiven und sozialen Fähigkeiten in den Alltag zu integrieren.

Methodisch/didaktische Planung einer Gedächtnistrainingsstunde

1. Vorplanung

1.1 Ausgangslage:

Elf Bewohnerinnen des Altenpflegeheimes »Lisa«

Seit fast zwei Jahren trifft sich eine feste Gruppe von elf Bewohnerinnen einmal in der Woche zum Gedächtnistraining. Die Teilnehmerinnen kennen sich so gut untereinander, dass sie sehr vertraut miteinander umgehen und eigene wie fremde Stärken und Schwächen akzeptieren. Das Gedächtnistraining wird von allen Teilnehmerinnen als sinnvolle und belebende Tätigkeit anerkannt, so dass sie sehr bemüht sind, an den Treffen teilzunehmen. Alle Teilnehmerinnen haben körperliche Einschränkungen und vier von ihnen sind leicht verwirrt.

Doch die »Schwächeren« werden von den anderen Gruppenteilnehmerinnen motiviert zum Mitmachen und sogar zum Gruppenraum begleitet (auf eine detaillierte Auflistung der Hochbetagten wird an dieser Stelle verzichtet).

Die Leitung der Gedächtnistrainingsstunde wird von einer Altenpflegerin und mir abwechselnd übernommen. Ich kenne die Gruppe sehr gut und habe bereits eine Menge Erfahrungen mit Gedächtnistraining machen können, so dass ich von dem Nutzen dieser Beschäftigung überzeugt bin.

1.2 Themenfindung

Da das Angebot »Gedächtnistraining« in unserem Haus seit längerem besteht und wir schon viele Themen bearbeitet haben, einigte ich mich mit meiner Kollegin auf ein umfassendes Thema, das in mehreren Stunden behandelt werden soll. Das übergeordnete Thema lautet »Unser Körper« und wurde in der letzten Woche begonnen. Die Teilnehmerinnen waren daran sehr interessiert, jede konnte etwas dazu beitragen.

Das Thema der nächsten Stunde lautet »Augen«. Das heißt, ich werde unterschiedliche Aufgaben stellen, die sich mit dem Thema »Augen« und »Sehen« befassen. Dabei ist mir bewusst, dass alle Teilnehmerinnen eine Brille brauchen, so dass wahrscheinlich Fragen zu Störungen der Sehfunktionen gestellt werden.

1.3 Ziele

- Geistige Anregung durch verschiedene Aufgaben des Gedächtnistrainings,
- Förderung der Kommunikation, z.B. indem die Teilnehmerinnen eigene Erfahrungen und Ideen mitteilen können,
- visuelle Wahrnehmungen fördern.

2. Vorbereitung

2.1 Ort und Zeit

Die Gruppenstunde findet am Mittwoch von 10.00 Uhr bis 11.00 Uhr im Wintergarten statt (wie gewohnt).

2.2 Information und Absprache

Da das Gedächtnistraining eine regelmäßige Veranstaltung ist, sind keine weiteren Absprachen nötig.

2.3 Finanzierung

Kopieren kann ich im Haus, weiter entstehen keine Kosten.

2.4 Praktische Vorbereitung

- Roten Ball mitnehmen,
- Kreide und Schwamm zurechtlegen für den Tafelanschrieb,
- Begriffe überlegen, die mit »Auge« beginnen,
- Begriffe sammeln, die für »Sehen« benutzt werden können,
- folgende Gegenstände mitnehmen: Augentropfen, Sonnenbrille, Wimperntusche, Augenklappe, Fotoapparat, Fernrohr, Brille und ein Tuch zum Abdecken,
- Kalenderblatt heraussuchen und mitnehmen,
- Margeriten pflücken, Vase mitnehmen,
- Liederkopien anfertigen »Freut Euch des Lebens«,
- Sprichwörter und Redewendungen sammeln, in denen »Augen« vorkommen,
- im Anatomiebuch das Kapitel über »Augen« lesen, falls Fragen kommen (besonders die Stichworte: Grauer Star, Altersweitsichtigkeit).

3. Durchführung

3.1 Arbeitsplatzvorbereitung

Den Wintergarten aufräumen und lüften, Materialien zurechtstellen. Frau B. hilft mir, wie immer, die Stühle aufzustellen. Ich hole Frau C. vom Wohnbereich ab.

3.2 Sitzordnung

Wir sitzen im Stuhlkreis. Die Teilnehmerinnen suchen sich ihren Platz selbst aus. Ich werde aber darauf achten, dass Frau B. und Frau C. direkt neben mir sitzen. Frau B. war in der letzten Gedächtnistrainingsstunde sehr unruhig, vielleicht beruhigt es sie etwas, wenn ich nah bei ihr sitze. Frau C. ist in der letzten Woche im Bad gefallen und klagt über Unsicherheit. Ich habe ihr versprochen, sie abzuholen und während der Stunde etwas mehr zu unterstützen.

3.3 Programmablauf

- Begrüßung und Alltagsgespräch,

- kurze Wiederholung der Inhalte der letzten Gedächtnistrainingsstunde und Vorstellen des heutigen Themas »Die Augen«,
- Bewegungsübungen
  - Rechten Arm vorstrecken, die Augen schauen auf den Zeigefinger, Arm nach rechts führen, nach vorne, nach links, die Augen folgen dem Finger, der Kopf wird mitbewegt; 2 x wiederholen; gleiche Übung mit dem linken Arm,
  - Kopf gerade halten, nur die Augen bewegen; oben, unten, rechts, links,
  - rechtes Auge schließen, mit den Füßen 6 x stampfen; beide Augen auf, mit den Füßen 6 x stampfen; linkes Auge schließen, mit den Füßen 6 x stampfen,
  - Leiterin geht im Kreis mit einem roten Ball in der Hand umher; die Teilnehmer sollen den Ball mit den Augen verfolgen, ohne den Kopf zu bewegen; ein paarmal auf dem Boden geprellt,
  - Zum Schluss eine kleine Ruhepause für die Augen: Beide Augen werden mit den Händen zugehalten, Ellenbogen können dabei aufgestützt werden, ruhig und tief atmen.
- Frage an die Gruppe: Nennen Sie Wörter, die mit »Auge« beginnen!
  Die Antworten werden an die Wandtafel geschrieben, z.B. Augenbraue, Augensalbe, Augenweide,
- Frage an die Gruppe: Nennen Sie andere Begriffe für »Sehen«!
  Z. B. erspähen, blinzeln, beobachten,
- Spiel: Ich sehe was, was Du nicht siehst!
  Die Leiterin beginnt, in dem sie einen Gegenstand des Zimmers auswählt und dessen Farbe nennt. Die Teilnehmerinnen versuchen zu erraten, welcher Gegenstand gemeint ist. Danach beginnt eine Teilnehmerin mit dem Spiel (mehrere Wiederholungen sind möglich),
- Frage an die Gruppe: Welche unterschiedlichen Augen kennen Sie?
  Z. B. blaue, dunkle; aber auch Fettaugen oder Hühneraugen;
- Es werden sieben Gegenstände im Kreis herumgegeben (Augentropfen, Brille, Wimperntusche, Augenklappe, Fernrohr,

Sonnenbrille, Fotoapparat). Jede Teilnehmerin soll sie sich genau anschauen, durchschauen, ausprobieren (Zeit für Gespräche lassen). Dann werden die Gegenstände in die Mitte des Stuhlkreises auf den Boden gelegt. Alle Teilnehmerinnen sollen sich dieses Bild gut einprägen. Anschließend werden die Teilnehmerinnen gebeten, die Augen zu schließen. Die Leiterin verändert etwas an den Gegenständen (nimmt ein Teil weg oder verändert die Lage). Die Teilnehmerinnen sollen die Veränderung benennen.
Anschließend sollen die Gegenstände in alphabetischer Reihenfolge hingelegt werden. Die Teilnehmer werden gebeten, sich die Gegenstände zu merken, dann werden sie mit einem Tuch abgedeckt,

- den Teilnehmerinnen wird ein abstraktes Kalenderbild gezeigt (oder herumgegeben). Jede Teilnehmerin soll sich einen Titel für das Bild ausdenken. Die Einfälle werden an die Tafel geschrieben,
- Frage an die Gruppe: Wissen Sie noch, welche Gegenstände unter dem Tuch liegen?
- Schluss ankündigen,
- jede Teilnehmerin bekommt einen Blumenstil (Margerite) in die Hand. Gemeinsam werden wir versuchen, diese Blume genau zu beschreiben,
- zum Abschluss singen wir zusammen das Lied »Freut Euch des Lebens«;
- Verabschiedung.

3.4 Lückenfüller

Wir suchen Sprichwörter oder Redewendungen, in denen »Augen« vorkommen!

z.B. Mir wird schwarz vor den Augen;
aus den Augen – aus dem Sinn;
sie hat die Augen überall;
eine Krähe hackt der anderen kein Auge aus;
Auge um Auge – Zahn und Zahn;

das ging ins Auge;
er ist mit einem blauen Auge davongekommen;
blaue Augen Himmelssterne, küssen und pussieren gerne.

3.5 Nachbereitung

Ich begleite die Teilnehmerinnen zurück zum Wohnbereich, räume den Wintergarten auf und erledige die Eintragungen in die Dokumentationsmappen.

4. Reflexion und Auswertung

Werken und Gestalten

Das Ziel ist,

→ *Ihnen Lust zu machen, eine Werkarbeit mit Hochbetagten durchzuführen.*

DAS ZIEL IST...

Sicherlich werden bei diesem Kapitel einige Leserinnen und Leser denken: »Oh nein, nur nicht basteln; das kann ich nicht und die alten Menschen, die ich pflege, sowieso nicht mehr.« Trotzdem möchte ich Sie mit der Beschäftigung »Werken und Gestalten« konfrontieren und damit versuchen, Ihnen und damit auch den Hochbetagten, den Spaß am eigenen Schaffen zu vermitteln.

Spaß am eigenen Schaffen

Das Angebot einer Werkstunde sollte sich orientieren an den Interessen und Fähigkeiten der Hochbetagten und natürlich auch, und das scheint gerade beim Werken sehr wichtig zu sein, an den Fertigkeiten der Leitung einer Beschäftigungsgruppe. Dass die Leitung eine »Vorbildfunktion« hat, wurde schon an anderer Stelle deutlich. Besonders bei der handwerklichen Arbeit ist es relevant, dass die Gruppenleitung die angebotene Technik sicher beherrscht und von einem guten Ergebnis überzeugt ist. Nur so kann sie auch die Kreativität der Hochbetagten anregen und fördern.

Vorbildfunktion

Ziele der gestalterischen Beschäftigung

Welche Ziele können durch das Werken und Gestalten erreicht werden?

→ Beweglichkeit fördern

Grob- und Feinmotorik

Konzentrationsfähigkeit

Durch handwerkliches Gestalten wird die Beweglichkeit der Gelenke und die Muskelkraft erhalten und gefördert, wie auch die Grob- und Feinmotorik. Der Seh- und Tastsinn wird stimuliert, und die Konzentrationsfähigkeit wird ausgebaut; geistige Aktivitäten werden geweckt und gefördert. Das Werken kann eine Entlastung bewirken, da die Arbeit ablenkt von Krankheitsproblemen und Sorgen.

→ Soziale Kontakte fördern

Die Arbeit in Gruppen fördert die sozialen Kontakte. Bei der gemeinsamen Gestaltung tauscht man sich aus, hilft sich untereinander und wird mit anderen Erfahrungen und Erlebnissen konfrontiert. Das fördert die Kommunikation. Vor allem bei Gemeinschaftsarbeiten, wie z. B. einer Collage für den Gruppenraum, entsteht ein »Wir-Gefühl«.

Wir-Gefühl

Der alte Mensch geht mit dem Erlebnis, mit Gruppenmitgliedern Freude geteilt zu haben und in der Gruppe bestanden zu haben, auf Alltagssituationen mit einer positiveren Sichtweise zu.

→ Selbstwertgefühl stärken

Aufmerksamkeit und Anerkennung

Stolz

Bei der Werkarbeit erhält der alte Mensch Aufmerksamkeit und Anerkennung durch die Gruppe und die Gruppenleitung. Am Ende des kreativen Erlebnisses steht der Stolz auf das hergestellte Produkt. Dies bewirkt zusammen mit dem Erkennen der eigenen vorhandenen Fähigkeiten im Hinblick auf Mobilität und Aktivität einen Zuwachs an Selbstwertempfinden.

Dieser Stolz auf den sichtbaren Erfolg, selbst etwas hergestellt zu haben, dient auch der Motivation zu weiterem Tun und Handeln und weckt neue Interessen.

→ Kreativität fördern

Auch alte Menschen werden kreativ, werden ihnen Anreize, Verlockungen und Ideen angeboten, die sie selbst nach ihrem Geschmack und Empfinden entwickeln können. So entstehen Ergebnisse, in denen sich der alte Mensch selbst wiederfindet. In der Kreativität kann der Hochbetagte sich selbst zum Ausdruck bringen, sein Können, seine Eigenschaften und seine Eigenheiten widerspiegeln.

Aufgaben der Leitung

→ Zum Mitmachen aktivieren

Sicher gibt es alte Menschen, die gerne und begeistert jede Werktätigkeit mitmachen, da ein Bezug zu ihrer Biographie besteht. Doch viele zweifeln an ihren Fähigkeiten und sind ängstlich Neuem gegenüber. Wie kann hier die Motivation zum Mitmachen gefördert werden? Eine Möglichkeit ist, die Neugier zu wecken und den alten Menschen zunächst zum »Zusehen« einzuladen. Durch das Zeigen von Werkmustern und das Deutlichmachen der Ziele der Beschäftigung kann ebenfalls aktiviert werden. Und dann gilt selbstverständlich die Motivation über die Verwendung der Werkstücke, dass heißt es wird angeregt, für sich etwas zu machen, zum Verschenken oder für die Allgemeinheit (z.B. Tischschmuck für die Adventsfeier).

Motivation zum Mitmachen

Verwendung der Werkstücke

→ Angebot auf die Hochbetagten abstimmen

Techniken und Materialien

Die Techniken und die Materialien müssen den Fähigkeiten und Fertigkeiten der alten Menschen angemessen sein. Dabei dürfen die Teilnehmer nicht überfordert werden, aber auch nicht den Eindruck erhalten, etwas Nutzloses, Unattraktives herzustellen, das dann an »Kindergarten-Basteleien« erinnert. Bei manchen Techniken ist eine verhältnismäßig genaue Arbeit erforderlich, um ein ansprechendes Ergebnis zu erzielen (häufig bei Papierarbeiten), das häufig nur durch gute Vorbereitung oder intensive Hilfestellung vollbracht werden kann. Im Gegensatz zu der Ergotherapie, in der das Machen, das

Arbeiten im Mittelpunkt der Bemühungen steht, ist in der Beschäftigung mit Werktätigkeiten mit alten Menschen das Ergebnis, das Endprodukt das Ziel.

Endprodukt ist das Ziel

→ Eine kreative Atmosphäre schaffen

Die Gestaltung eines Raumes für die Werktätigkeit ist wohl Geschmacksache bzw. mit Gewohnheiten verknüpft. Manche arbeiten lieber in ordentlich aufgeräumten Räumen, in denen nichts ablenkt und dessen ansprechende Dekoration auf das Thema einstimmt. Andere ziehen vielleicht einen Werkraum vor, in dem man auf den ersten Blick sieht, dass hier seit Jahren gearbeitet wird. Eine Fülle von Material, Hilfsmittel, Werkzeug und die Reste vorangegangener Tätigkeiten bilden hier die Kulisse für kreatives Handeln.

Gestaltung eines Raumes

Ansprechende Dekoration

Um schöpferisch tätig werden zu können, müssen ein paar Grundvoraussetzungen bedacht werden. Die Arbeitsfläche muss ausreichend groß und gut beleuchtet sein. Werkunterlagen und Schürzen (bzw. Schutzkleidung) sollten bereit liegen. Die Sitzordnung sollte so gestaltet werden, dass jedem Hochbetagten Hilfestellung gegeben werden kann. (Weitere Informationen dazu in Kapitel Gruppenarbeit)

Grundvoraussetzungen

Das Material und die Werkzeuge sollten vollständig, übersichtlich und gebrauchsfertig sein und einen Aufforderungscharakter haben. Auch dadurch wird Atmosphäre geschaffen und werden Empfindungen geweckt.

In manchen Gruppen kann auch die kreative Stimmung durch Hintergrundmusik oder eine Pause zwischen zwei Arbeitsgängen verstärkt werden.

Hintergrundmusik
Pause

Die Werktechnik muss von der Gruppenleitung unbedingt vorher ausprobiert werden, um Sicherheit bei der Anleitung zu haben. Außerdem müssen Schablonen und Muster zum Zeigen in angemessener Zahl vorliegen.

Schablonen und Muster zum Zeigen

→ Anleiten, aktivieren und verstärken

Der Arbeitsablauf muss von der Leitung einfach und verständlich dargestellt werden. Dabei ist es sinnvoll, erst einen Überblick der

Überblick geben

Ziel benennen

Arbeiten zu geben und das Ziel zu benennen. Dann werden die Erklärungen schrittweise gegeben und verdeutlicht durch Vormachen und das Zeigen von Mustern.

Bei Gruppenarbeiten sollte die Leitung versuchen, dass jeder Teilnehmer in die Arbeit mit einbezogen wird. Die Hochbetagten sollten motiviert werden, möglichst weitgehend selbst zu gestalten. Hilfestellung kann von der Leitung angeboten und gegeben werden, doch sollte sie nicht vorschnell eingreifen und den alten Menschen die Arbeit »aus der Hand nehmen«. Anregungen zu Veränderungen und das Verstärken des Verhaltens durch Anerkennung und Lob motivierten die Teilnehmer und sicherlich auch die Leitung.

Anerkennung und Lob

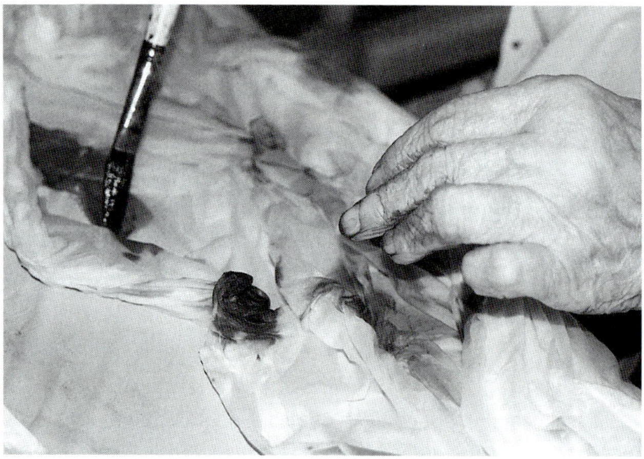

→ Den Ergebnissen Beachtung zukommen lassen

Anerkennung und Kritik

Den Abschluss einer Werkarbeit bildet das gemeinsame Betrachten und Besprechen der Arbeitsergebnisse. Dabei wird Anerkennung und Kritik gegeben und aufgenommen. Doch das Loben sollte dabei situationsgerecht und aufrichtig sein. Auch alte Menschen erkennen, wenn etwas nicht gelungen ist und fühlen sich eher verletzt als stolz, wenn das Lob unangemessen ist. Anstatt die Arbeit als ganzes zu loben, ist es doch immer möglich, Teilaspekte positiv darzustellen z.B. die Farbwahl, die Mithilfe beim Nachbarn oder die Ausdauer.

Die fertigen Produkte sollten mit Respekt behandelt werden und Gruppenarbeiten nach der Fertigstellung gemeinsam zur Dekoration aufgehängt oder -gestellt werden.

Hier noch ein paar Tipps, die die Beschäftigung mit Werken und Gestalten erleichtern oder verbessern können:

Verwertbarkeit der Produkte

- Achten Sie bei den Angeboten zum Werken auf die Verwertbarkeit der Produkte, gerade alte Menschen reagieren häufig verständnislos auf »Materialverschwendung«. In diesem Zusammenhang soll auch daraufhingewiesen werden, dass Hochbetagte sich an den Kosten für das Material beteiligen können. Dadurch steigt der Wert und das Ansehen einer Arbeit oft.
- Achten Sie darauf, dass die Arbeitsfläche übersichtlich gestaltet ist. Zwischen den einzelnen Arbeitsschritten sollte nicht mehr benötigtes Material und Werkzeug weggeräumt werden.
- Statt selber Hilfestellungen zu geben, können Sie die alten Menschen auch anleiten, sich untereinander zu helfen. Das stärkt das »Wir-Gefühl« und entlastet Sie für weitere Aufgaben.
- Bei Gruppenarbeiten ist es möglich, Verwandte oder Besucher der Hochbetagten miteinzubeziehen. Vielleicht können Sie auch einen Angehörigen dazu motivieren, mit einem alten Menschen in Einzelarbeit z.B. ein Dekorationsstück für das Zimmer herzustellen.
- Beim Beobachten der Teilnehmer durch die Gruppenleitung können gelegentlich körperliche Einschränkungen erkannt werden, die im Alltag nicht bemerkt werden, z. B. dass die benutzte Brille die Sehschwäche nicht ausreichend korrigiert.

Werkstück signieren

- Jedes Werkstück sollte von den Teilnehmern oder der Leiterin mit Namen versehen werden. Ein Künstler signiert nun mal sein Werk!
- Versuchen Sie die Zeit so einzuteilen, dass alle Teilnehmer ihr Werkstück auch fertigstellen können. Nichts demotiviert so sehr

wie halbfertige Arbeiten, die in einer Schublade landen. Bei längerfristigen Arbeiten muss über den Termin der Fortführung gesprochen werden.

- Fertiggestellte Bilder wirken wesentlich kunst- oder wertvoller, wenn sie in einem Bilderrahmen aufgehängt werden, besonders zweckmäßig sind hier Wechselrahmen.
- Ein schöner Abschluss einer Werkstunde ist eine gute Voraussetzung für weitere Arbeiten. Darum vermeiden Sie Hektik am Schluss der Stunde. Versuchen Sie die Stimmung am Ende mit einem Lied, einem Gedicht und einer kurzen Unterhaltung abzurunden.

Anregungen für Bastelarbeiten

Im Handel gibt es zahlreiche Werk- und Bastelbücher zu unterschiedlichen Materialien, Zielgruppen und Anlässen. Das Angebot ist riesig und modischen Trends unterworfen. Waren noch vor wenigen Jahren Makrameearbeiten und das Flechten mit Peddingrohr »in«, findet man heute viele Anleitungen zum Basteln mit Naturmaterialien oder unterschiedlichste Techniken der Seidenmalerei. Doch in fast jedem Buch befinden sich Bastelanleitungen, die auch mit alten Menschen durchführbar sind. Manchmal müssen diese dann etwas verändert werden, z. B. Anleitungen und Muster vergrößern oder Vereinfachungen durch eine umfangreichere Vorbereitung.

Hinweis

Da Werk- und Bastelbücher häufig teuer sind und oft nur ein oder zwei Vorschläge daraus genutzt werden können, ist es sinnvoll, in den Beständen der Stadtbibliothek oder Kinder- und Jugendbibliothek nach Anregungen für Bastelvorschläge zu schauen.

Werktechniken

An dieser Stelle soll aus oben genannten Gründen auf detaillierte Werk- und Bastelanweisungen verzichtet werden. Doch möchte ich Sie im Folgenden auf ein paar Werktechniken hinweisen, die sehr einfach in der Handhabung sind und schöne Ergebnisse garantieren. Vielleicht lassen Sie sich von diesen Bildern anregen, das eine oder andere mit alten Menschen auszuprobieren.

Bei der Wachsbügeltechnik wird mit Wachsmalkreide auf Architektenpapier gemalt oder wie hier geschabt. Mit Hilfe eines Bügeleisens verschwimmen die Farben zu lebendigen Strukturen. Damit lassen sich eindrucksvolle Bilder, Karten und Windlichter herstellen.

Papierknülltechnik mit Seidenpapier oder Krepp-Papier gehört wohl zu den einfachsten Bastelmethoden, ist aber vielseitig einsetzbar und wirkt durch die hellen, frohen Farben.

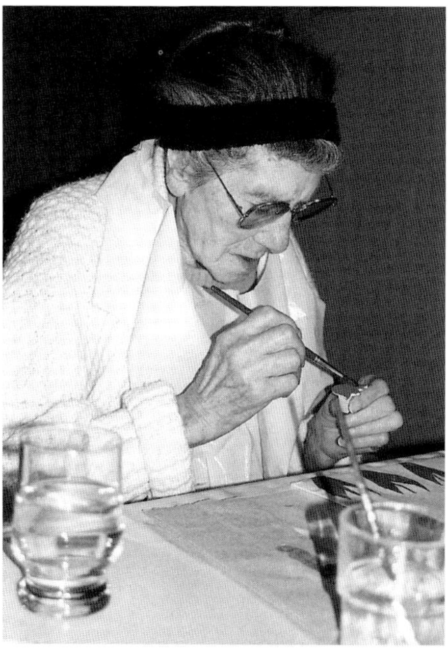

Drucken auf Stoff oder Papier, mit vorgefertigten Stempeln aus Moosgummi oder mit Kartoffeln (oder Blätter) bietet ein weiteres Feld für kreatives Handeln. Bedruckt werden können Stoff- und Papiertischdecken, Stofftaschen, Servietten, Bilder, Postkarten usw.

Dieses Foto zeigt zwei Beispiele für herbstliche Dekoration. Das Obst besteht aus vorgefertigten Schablonen, die mit Heu umwickelt werden. Die Weizenähren wirken besonders schön in einem kleinen Tontopf.

Methodisch/didaktische Planung einer Werkstunde

1. Vorplanung

1.1 Ausgangslage: Drei Besucherinnen einer Tagespflegestätte.

Frau A. ist 81 Jahre alt und kommt seit fast zwei Jahren täglich in die Tagespflege. Sie lebt im Haushalt ihrer Tochter. Frau A. ist seit sechs Jahren Witwe (nach 51 Jahren Ehe), und ihr fällt es sehr schwer, alleine zu sein. Das Verhältnis zu ihrer Tochter ist nicht sehr gut, so bietet die Tagespflege einen gewissen »Ausgleich«.

Vor drei Jahren wurde Frau A. ein Herzschrittmacher eingesetzt. Sie leidet weiterhin an Herzinsuffizenz und koronaren Herzerkrankungen mit Angina Pectoris. Bei Anstrengungen bekommt sie sehr schlecht Luft. Außerdem leidet sie unter Schwindel, Gang- und Standunsicherheit. Frau A. macht bei allen Gruppenbeschäftigungen mit, kann sich aber nicht lange auf eine Sache konzentrieren und klagt dann über ihre Gesundheit und ihre Tochter. Bei Werkarbeiten wird sie schnell ungeduldig, nimmt dann aber gerne Hilfe von anderen an.

Frau B. ist eine stille, zurückhaltende Frau. Sie ist 75 Jahre alt, war nicht verheiratet und lebte mit ihrer Schwester zusammen, die vor einem halben Jahr gestorben ist. Frau B. kommt erst seit zwei Wochen zu uns in die Tagespflege und fühlt sich hier noch fremd. Nach Aussagen ihres Hausarztes leidet Frau B. an Depressionen mit somatischen Beschwerden (Appetitmangel, Konzentrationsstörungen, Kopfschmerzen). Auf uns macht sie einen ängstlichen Eindruck. Von Beruf war Frau B. Schneiderin, doch hat ihr Sehvermögen stark nachgelassen, so dass sie nicht mehr Handarbeiten kann. An einer Werkstunde hat sie noch nicht teilgenommen.

Frau C. kommt seit einem Jahr regelmäßig zweimal in der Woche zu uns. Sie erlitt vor knapp zwei Jahren einen schweren Schlaganfall, wodurch sie linksseitig gelähmt wurde. Nach einem längeren Reha-Aufenthalt ging sie in ihre Wohnung zurück. Die Folgen ihres Schlaganfalls sind inzwischen erheblich gemindert, nur die Beweglichkeit des linken Armes ist eingeschränkt.

Frau C. war verheiratet und hatte fünf Kinder. Sie sagt, dass da für Hobbys kein Platz mehr war. Da sie sehr ehrgeizig ist, nimmt sie an den Beschäftigungsangeboten vor allem teil, um sich geistig und körperlich zu aktivieren. Frau C. drängt sich häufig in den Vordergrund, zeigt aber auch viel Interesse an ihren Mitmenschen.

Frau A. und Frau C. kennen sich durch den Besuch der Tagespflege sehr gut. Sie pflegen einen freundlichen Umgang miteinander, wobei das Schimpfen über die »undankbaren« Kinder eine große Gemeinsamkeit darstellt.

Ich bin Altenpflegerin, arbeite seit drei Jahren in der Tagespflege und habe in unserem Team die Beschäftigungsangebote »Werken und Gestalten« übernommen.

1.2 Themenfindung

Ich möchte mit den drei Damen eine Malarbeit mit Wasserfarben machen. Dabei wird ein weißer Zeichenkarton zerschnitten, bemalt und wieder zusammengeklebt, so dass ein buntes, abstraktes Bild entsteht. Diese Technik ist besonders geeignet für ungeübte »Maler«, da dabei nicht jede die Gesamtfläche eines ganzen Blattes zu gestalten hat.

Außerdem kann bei dieser Arbeit kaum etwas »verkehrt« gemacht werden, ein Verlaufen der Farben ist eher reizvoll und es darf auch ruhig »über den Rand hinweg« gemalt werden. Das Bild soll in der Wohnküche aufgehängt werden, so dass Frau B. erlebt, dass sie zur Gestaltung der Räumlichkeiten auch etwas beitragen kann.

1.3 Ziele

- Besseres Kennenlernen der Besucherinnen untereinander

Durch die Gemeinschaftsarbeit sollen die Besucherinnen miteinander ins Gespräch kommen, und durch das gemeinsame Ergebnis soll ein »Wir-Gefühl« entstehen. In dieser kleinen Gruppe hat auch Frau B. die Möglichkeit, sich angstfrei zu äußern.

- Positive Einstellung zu eigenen Fähigkeiten erlangen

Diese Werkarbeit garantiert ein eindrucksvolles Ergebnis, so dass die drei Damen Vertrauen in die eigenen Fähigkeiten gewinnen können.

- Gestalterischen Umgang mit Wasserfarben kennenlernen

Alle drei Besucherinnen haben laut eigener Aussage »ewig« nicht mehr mit Farben gemalt. Diese Werkarbeit soll sie damit wieder vertraut machen, um evtl. dann weitere Möglichkeiten des kreativen Handelns damit ausüben zu können.

- Grob- und Feinmotorik erhalten und fördern

Durch unterschiedliche Arbeitsschritte wird die Motorik aktiviert.

2. Vorbereitung

2.1 Ort und Zeit

Am Dienstag, den 20. Mai, von 10.00 Uhr bis 11.30 Uhr in der Wohnküche der Tagespflege. Die anderen Besucherinnen fahren zu der Zeit zum Wochenmarkt.

2.2 Information und Absprache

Mit den drei Damen habe ich die Werkarbeit besprochen. Das Team weiß Bescheid.

2.3 Finanzierung

Die Materialien gehören zu unserem Bestand. Der Wechselrahmen wird von einer alten Collage genommen.

2.4 Praktische Vorbereitung

- Arbeitsblatt vorbereiten.

  Auf einem weißen Tonkarton werden von mir Flächen eingezeichnet und gut leserlich markiert,

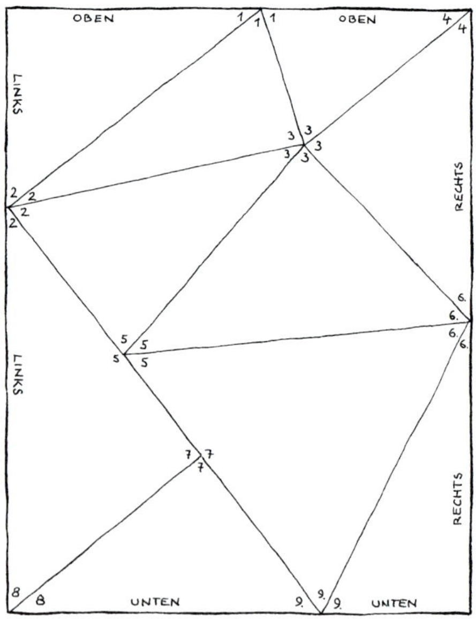

- Folgende Materialien müssen in entsprechender Menge zurecht gelegt werden:
  Schutzfolien für den Tisch, Schürzen, Scheren, Wassergläser, Tuschkästen, Borstenpinsel, Haushaltsrolle (zum Reinigen der Pinsel),
  Klebeband, Papierkleber, mehrere unterschiedlich farbige Tonkartons,
  Wechselrahmen,
- Werktechnik nochmal ausprobieren,
- Getränke und Gläser bereitstellen,
- Liederbücher bereit legen.

3. Durchführung

3.1 Arbeitsplatzvorbereitung

Gemeinsam mit den drei Besucherinnen werde ich den Arbeitsplatz vorbereiten. Die Materialien stehen in greifbarer Nähe auf der Anrichte.

3.2 Sitzordnung

Wir sitzen an einem großen rechteckigen Tisch. Frau C. sitzt links von mir. Da sie mit ihrer linken Hand nicht so gut arbeiten kann, bin ich nah bei ihr, um evtl. helfen zu können.

Frau B. sitzt mir gegenüber, so dass ich sie besonders gut im Blick habe (und sie mich).

Frau A. sitzt rechts von mir. Ich nehme an, dass sie sehr selbständig arbeitet.

3.3 Programmablauf

- Vorbereitung unseres Arbeitsplatzes (Tische abdecken, Schürzen anziehen).
- Kurze Erklärung über den Arbeitsablauf. Dabei wird das vorgefertigte Blatt gezeigt.
- Zerschneiden des Blattes mit Scheren.
  Ich werde erst Frau A. bitten, mit dem Ausschneiden zu beginnen. In der Zwischenzeit werde ich mit Frau B. und Frau C. die

benötigten Materialien auf den Tisch stellen (für jede ein Wasserglas, Farben, Pinsel, Abtupftücher). Wenn Frau A. nicht mehr ausschneiden möchte, wird eine andere Dame oder werde ich weiter schneiden.

- Jede Teilnehmerin hat nun 3 – 4 Teile zum Bemalen vor sich liegen. Ich fordere dazu auf, jedes Teil mit verschiedenen Farben abstrakt zu gestalten, so dass kein weißes Papier mehr zu sehen ist. Es kann z. B. getupft oder Streifen gemalt werden, die Farben können harmonisch ineinander verlaufen oder einfarbige Flächen mit einer anderen Farbe aufgelockert werden. Wichtig dabei zu beachten ist, dass alle Teile von der rechten Seite bemalt werden, also die Seite, auf der keine Markierungen sind.
- Beim Bemalen gebe ich den Teilnehmerinnen Hilfestellung (wenn nötig), rege durch Lob und Anleitung zum Mischen der Farben an.

- Nachdem alle Teile bemalt sind, wird der Tisch aufgeräumt und die fertigen Stücke liegen in der Mitte. Da wahrscheinlich einige Farben noch nicht trocken sein werden, legen wir eine Pause mit Getränken ein und sprechen über die Teilergebnisse und das weitere Vorgehen.

- Nun werden alle Teile auf die rechte Seite gelegt und mit Hilfe der Markierungen passend zusammengefügt.
- Gemeinsam werden die Teile mit Klebeband verbunden. Dabei sollen alle miteinander arbeiten.
- Nun wird das Bild herumgedreht und (hoffentlich) bestaunt.
- Um den Ausdruck des Bildes zu verstärken, soll ein passend farbiger Tonkarton als Rand bzw. als Passepartout dienen. Wir probieren mit unterschiedlichen Tonkartons die Wirkung aus.
- Wenn wir uns auf eine Farbe geeinigt haben, wird das Bild aufgeklebt und in den Wechselrahmen gelegt.
- Wir hängen das Bild an die vorgesehene Wand.
- Gemeinsam betrachten wir es und sprechen über seine Wirkung; über Assoziationen, die dazu aufkommen.
- Ich werde die Teilnehmerinnen fragen, ob und welche Materialien sie weiterhin interessieren würden.
- Den Abschluss bildet das gemeinsame Aufräumen der Wohnküche.

3.4 Lückenfüller

Da die Werkarbeit schon im Vorfeld besprochen wurde und die drei Damen damit einverstanden waren, habe ich keinen Lückenfüller vorbereitet. Sollten wir eher als beabsichtigt fertig sein, können wir mit Hilfe der Liederbücher ein Lied aussuchen, das etwas mit Farben zu tun hat (z. B. Grün, grün, grün sind alle meine Kleider) und singen.

3.5 Nachbereitung

Eintragung in die Dokumentation. Beim anschließenden Mittagessen werde ich die anderen Besucherinnen auf das neue Bild aufmerksam machen.

4. Reflexion und Auswertung

Lesen – Vorlesen – Erzählen

Das Ziel ist,

→ *die Vielfalt der Beschäftigungsmöglichkeiten mit Texten kennen zu lernen und eine Lesestunde mit Hochbetagten durchführen zu können.*

DAS ZIEL IST...

Motivation zum Lesen

Das Lesen ist eine der vielfältigsten Beschäftigungsmöglichkeiten des Menschen. Gelesen werden Zeitungen, Bücher, Briefe, Anleitungen, Aufschriften und vieles, vieles mehr. Die Motivation zum Lesen kann ganz unterschiedlich sein. Da wäre zuerst die Informationsvermittlung, die Auskunft oder Aufklärung erhält. Doch gelesen wird auch zur Entspannung und Unterhaltung, um die Alltagswirklichkeit in den Hintergrund zu schieben. Dabei kann der Leser in eine andere Welt »eintauchen« und einen Ersatz finden für das, was der Alltag nicht bietet. Neben dieser »Flucht aus dem Alltag« bietet das Lesen auch die Möglichkeit der Anregung, das eigene Denken und Handeln zu überprüfen. Durch das Lesen werden häufig neue Vorstellungen entwickelt und eigene Meinungen und Ansichten reflektiert. Doch beim Lesen wird nicht nur der Verstand angesprochen, sondern es werden auch Empfindungen und Gefühle angeregt. Wut, Angst und Trauer, aber auch Freude, Hoffnung und Frohsinn können durch Texte ausgelöst werden. Lesen liefert Gesprächsstoff und erweitert die Kommunikationsmöglichkeiten. Menschen können sich über Gelesenes austauschen und Erinnerungen und Assoziationen, die durch Themen und Inhalte wachgerufen werden, vertiefen. Dadurch können eigene Einstellungen, Meinungen, Gefühle, Wünsche und Bedürfnisse im Austausch mit anderen Menschen verglichen, gefestigt und auch korrigiert werden.

Lesen liefert Gesprächsstoff

Diese »gewinnbringenden« Gegebenheiten des Lesens können und sollten auch in der Beschäftigung mit Hochbetagten genutzt werden!

Anregung

Formulieren Sie (mit Hilfe des obenstehenden Textes) Ziele für das Lesen in der Altenarbeit!

Einsatzmöglichkeiten der Beschäftigung »Lesen«

Gehörte zu den bisherigen Lebensgewohnheiten der Hochbetagten das Lesen, ist vom Pflegepersonal darauf zu achten, dass diese Lesegewohnheiten weitergeführt werden können. Aber auch für die alten Menschen, die das Lesen weniger gewohnt sind, sollten Anregungen und Bedingungen geschaffen werden, die die Beschäftigung mit dem Lesen ermöglichen. Eine optimale Versorgung mit Sehhilfen (Brille, Licht, Lupe) ist dabei eine grundlegende Voraussetzung.

Lesegewohnheiten

Versorgung mit Sehhilfen

Tageszeitungen bilden einen Schwerpunkt der Lesegewohnheiten der alten Menschen. Sie bieten Informationen und damit Orientierung und fordern auf zur Auseinandersetzung mit der realen Welt. Das Auslegen von Zeitungen und Zeitschriften hat einen hohen Aufforderungscharakter. Viele Hochbetagte interessieren sich besonders für ihre regionale Zeitung, das Gemeinde- oder Kirchenblatt. Ein Hinweis auf bestehende Wünsche der alten Menschen an die Angehörigen könnte manche Informationslücke »schließen«. Das Weiterreichen von bereits gelesenen Zeitungen und Zeitschriften schafft Begegnung und Austausch unter den Hochbetagten.

Tageszeitungen

Gemeinde- oder Kirchenblatt

Bücher in Großdruck

Da es viele Menschen gibt, die trotz Brille ein größeres Schriftbild wünschen und brauchen, sind in den letzten Jahren viele Bücher in Großdruck erschienen. Sie zeichnen sich durch größere Schrift sowie größere Abstände zwischen den Buchstaben und zwischen den Zeilen aus. Großdruckbücher können durch jede Buchhandlung bezogen werden und sind auch in den meisten Bibliotheken ausleihbar.

Vorlesen

Wenn das Lesevermögen der Hochbetagten stark eingeschränkt ist, bietet das Vorlesen eine Möglichkeit im Umgang mit Texten. Dabei kann einer einzelnen Person etwas vorgelesen werden oder einer Gruppe. Situationen und Möglichkeiten zum Vorlesen eines Textes sind:

→ **Möglichkeiten:**

- Zeitungs- oder Zeitschriftenartikel,
- Kalenderblätter,
- religiöse Texte oder Abschnitte aus der Bibel,
- »Gute-Nacht-Geschichten«,
- Post vorlesen.

→ **Situationen:**

- bei Gruppenveranstaltungen (um ein Thema zu vertiefen oder zur Entspannung am Ende einer Veranstaltung),
- bei Feierlichkeiten,
- im Gesprächs- oder Literaturkreis.

Diese Liste ist sicher nicht vollständig, soll aber den vielfältigen Einsatz von Vorlese-Möglichkeiten deutlich machen. Selbstverständlich muss der Vorlesende dabei nicht aus dem Kreis der Mitarbeiter sein, sondern die Aufgabe kann auch von einem Hochbetagten übernommen werden. Natürlich muss so ein Einsatz vorher abgesprochen werden, damit der Vorleser die Möglichkeit hat, sich mit dem Text vertraut zu machen.

Sprachverhalten

Beim Vorlesen muss hinsichtlich des Sprachverhaltens auf Folgendes geachtet werden:

- das Sprechtempo sollte langsam sein,

- die Aussprache muss laut und deutlich sein,
- das Zuhören wird erleichtert, wenn das Gesicht des Lesers den Zuhörern zugewandt ist. Der Mund darf nicht verdeckt sein (z. B. durch eine Hand),
- mit der richtigen Betonung wird die Textaussage hervorgehoben. Dabei muss die Sprechmelodie passend zum Text variieren. Besonders bei wörtlicher Rede sollte versucht werden, die Charaktere stimmlich entsprechend zu interpretieren,
- durch Blickkontakt überprüft der Leser die Aufmerksamkeit der Zuhörer, um gegebenenfalls sein Sprachverhalten daraufhin anzupassen.

Eine Alternative zum Vorlesen sind Tonkassetten, durch die der Zuhörer vom Vorleser unabhängig ist. Diese mit Buchtexten besprochenen Kassetten können in öffentlichen Büchereien ausgeliehen werden bzw. über den Buchhandel bezogen werden.

Tonkassetten

Märchen

Hochbetagte können sich an Märchen meist besser erinnern als die heutige Generation. Auch alte Menschen mit Demenz erinnern sich vielleicht an einige Kernsätze oder Reime, die in den Märchen vorkommen. Märchen vorlesen und vor allem Märchen erzählen erzeugt eine schöne Stimmung, hat eine beruhigende Wirkung und kann sehr entspannend sein.

Gestaltung einer Lesestunde

In der Altenarbeit bietet die Gestaltung einer Gruppenstunde mit Texten vielfältige Möglichkeiten und muss sorgfältig geplant werden. Im Mittelpunkt einer Lesestunde sollte die Auseinandersetzung mit neuen und alten Inhalten und die Erhaltung bzw. Verbesserung der Kontakt- und Kommunikationsfähigkeit der Hochbetagten stehen. Um diese Ziele zu erreichen, müssen von der Gruppenleitung neben den allgemeinen Kriterien der Gruppenarbeit, die Auswahl

Erhaltung bzw. Verbesserung der Kontakt- und Kommunikationsfähigkeit

des Textes und die Anregungen für das anschließende Gespräch gut durchdacht werden.

Textauswahl

Bei der Textauswahl ist das wichtigste Kriterium, dass der Text zur Zielgruppe passt. Das betrifft neben dem Inhalt auch die Länge des Textes, die Verständlichkeit und das Thema. Mitentscheidend bei der Textauswahl ist, ob den Hochbetagten der Text während des Vorlesens vorliegt. Soll ein Text nur durch das Hörverstehen aufgenommen werden, darf die Satzstellung nicht zu kompliziert sein. Texte mit überwiegend wörtlicher Rede sind beim reinen Zuhören oft schwer zu verstehen. Die Wahl des Textes kann natürlich auch mit den Gruppenteilnehmern abgesprochen bzw. von ihnen bestimmt werden. Die inhaltliche Auswahl des Textes sollte sich orientieren an der Biographie und den Interessen der Teilnehmer, an aktuellen Anlässen oder an den Jahreszeiten.

Gesprächsimpulse erarbeiten

Nach der Auswahl des Textes muss die Gruppenleitung Gesprächsimpulse erarbeiten, um die Teilnehmer zum Gespräch über die Textinhalte zu aktivieren. Was ist dabei zu beachten? Die Gesprächsanregungen sollten lebens- und erfahrungsbezogen sein und sich an der Biographie der Hochbetagten orientieren. An dieser Stelle wird wieder deutlich, wie wichtig es für die Gruppenleitung ist, die Teilnehmer zu kennen, um auch sozialkulturelle und anthropogene Voraussetzungen berücksichtigen und einbeziehen zu können. Nur dadurch ist es möglich, Erfahrungsbezüge herzustellen und personenorientiert zu arbeiten. Um ins Gespräch zu kommen, stellt die Gruppenleitung Fragen, die zum Denken und Erzählen anregen sollen. Ungünstig sind dabei direkte Fragen, die mit nur wenigen Worten beantwortet werden können, z. B. Hat Ihnen der Text gefallen? Direkte Fragen, dazu zählen Fragen, die mit wo, wann, was, wer beginnen, schränken eher ein und fordern kaum zum weiteren Nachdenken auf.

Beispiele:

Wo sind Sie geboren?	In Osnabrück!
Wann sind Sie hierher gezogen?	1968!
Was haben Sie gewonnen?	Einen Blumenstrauß!
Wer hat Ihnen geholfen?	Meine Tochter!

Ebenfalls ungeeignet für eine Gesprächsanregung sind Suggestivfragen, die eine verdeckte Bewertung beinhalten, z. B. Glauben Sie das nicht auch? Sinnvoller sind indirekte Fragen oder Gesprächsimpulse. Sie regen zum Nachdenken an und fordern die eigene Meinung heraus.

Beispiele:

Welche Erinnerungen haben Sie an dieses Fest?

Könnten Sie sich eine andere Lösung vorstellen?

Versuchen Sie zu erklären, was Tierliebe ist!

Gesprächsanregungen zu einem Text können auch durch Materialien, die einen Zusammenhang zum Text darstellen, entstehen, z. B. durch Fotos, einen Blumenstrauß, ein Souvenir. Dazu ein Beispiel: Es wird eine Geschichte vorgelesen, die von einem Besuch eines älteren Ehepaares in Berlin erzählt. Anschließend werden Postkarten und Fotos von Berliner Sehenswürdigkeiten angeschaut.

Eine gründliche Vorbereitung ist für das Gespräch über die Inhalte des Textes unerlässlich!

Aufgabe

Lesen Sie den folgenden Text und formulieren Sie dazu passende Gesprächsimpulse und -anregungen!

Die Kartoffel

Die Männer schleppen die vollen Kartoffelsäcke in die Keller. Es gibt wieder alles, wer denkt noch an die schlechten Zeiten, wo man für Kartoffeln andere Sachen eintauschte. Es gibt wieder alles. Eine Kartoffel rollt in den Rinnstein, bleibt unbeachtet liegen. Der Lastwagen fährt wieder weiter. Viele Menschen gehen an der goldgelben Frucht vorbei. Sie sehen sie liegen, aber sie gehen vorbei, wohin mit der Kartoffel, was soll man damit.

Ein Junge kommt auf dem Fahrrad angesaust, er fährt dicht an die Kartoffel heran, gibt ihr mit dem Fuß einen Stoß, sie rollt mitten auf die Straße. Eine junge Frau kommt mit ihrem Kind, die Kleine ruft: »Mutti, da liegt eine schöne Kartoffel.« Die Mutter zieht ihr Kind zurück. »Nicht doch, lass sie liegen, du machst dich ganz schmutzig, wir haben genug Kartoffeln.«

So liegt die Kartoffel auf der Straße, wie auf einem großen Tablett. Eine alte Dame kommt angelaufen, man sieht, jeder Schritt fällt ihr schwer. Sie bleibt stehen, guckt nach links und rechts, dann geht sie so schnell sie kann zu der Kartoffel, hebt sie auf, läuft zurück auf den Bürgersteig. Sie fährt mit den Händen über die Frucht, legt sie mit Bedacht in ihre Tasche. »Nein, so etwas, wie kann man nur so eine schöne Kartoffel liegenlassen«, meint sie zu den Vorbeigehenden, aber die haben alle keine Zeit.

Sie geht langsam weiter, die Rettungsaktion für eine Kartoffel hat sie sichtlich angestrengt, die Gleichgültigkeit der Menschen hat sie erschreckt.

Eine Kartoffel – mehr nicht. Die alte Frau hat davon Abertausende geschält, gekocht, zubereitet, sie konnte ganz einfach nicht achtlos an dieser einen Kartoffel vorübergehen, die wie verloren auf der Straße lag.

(Aus: »Drei Minuten täglich« von Herbert und Martha Berger, Bechtermünz Verlag Augsburg 1998)

Lesestunde

Für den Verlauf einer Lesestunde bietet sich die folgende Gliederung an:

- Begrüßung
- Evtl. Vorstellung der Teilnehmer und der Gruppenleitung
- Alltagsgespräch
  Die Teilnehmer sollten nicht mit dem Text »überfallen« werden. Besser ist es, erstmal etwas »warm« miteinander zu werden. Ein kurzer Überblick über die geplante Stunde vermittelt den Hochbetagten Sicherheit.
- Hinführung zum Text
  Die Gruppenleitung stellt vor, welcher Text gelesen wird. Dabei kann sie etwas über den Autor oder die Autorin sagen, warum

sie den Text gewählt hat, welche Thematik angesprochen wird. Auch ein Lied oder Materialien zum Anschauen oder Anfassen können sachlogisch zu dem Text hinführen.

- Text lesen
  Der Text wird vorgelesen und evtl. von den Teilnehmern mitgelesen,
- Das Gespräch
  Nach dem Vorlesen sollten erst Verständnisfragen geklärt werden. Manchmal ist es sinnvoll, den Text kurz von den Teilnehmern noch einmal erzählen zu lassen, um sicher zu gehen, dass ihn alle verstanden haben.
  Dann beginnt das Gespräch, dessen Ausgangspunkt der vorliegende Text bildet. Bei dem Gespräch sollte die Gruppenleitung darauf achten, auch zurückhaltende Hochbetagte zum Mitreden zu motivieren und die unterschiedlichen Aspekte zusammenzufassen und gemeinsame Berührungspunkte herauszustellen.
- Abschluss
  Zum Schluss der Lesestunde sollte die Gruppenleitung kurz noch einmal zusammenfassen, worüber gesprochen wurde. Ein Lied oder der Ausblick auf die nächste Gruppenstunde können den Abschluss der Lesestunde bilden.

Natürlich kann jede Lesestunde auch mit Elementen des Gedächtnistrainings, des Spiels oder der Musik bereichernd verknüpft werden.

Varianten einer Lesestunde

Folgende Varianten für eine Lesestunde sollen Ihnen als Anregung dienen:

→ **Zeitungsrunde**
Aus der Tageszeitung werden Artikel, Anzeigen oder Kommentare vorgelesen und miteinander besprochen. Um den Hochbetagten das Mitlesen zu ermöglichen, können dafür einzelne Abhandlungen vergrößert fotokopiert und verteilt werden.

→ **Ein Dichter wird vorgestellt**

Unterschiedliche Texte und Gedichte eines Dichters werden vorgestellt. Die Lebensgeschichte dieses Dichters vervollständigt die Lesestunde.

→ **Geschichte mit offenem Ende**

Es wird eine Geschichte ohne Schluss vorgelesen, und die Zuhörer erfinden gemeinsam ein Ende.

→ **Vorbereitung auf eine auswärtige Veranstaltung**

Ein Museums-, Zoo- oder Theaterbesuch wird thematisch durch Texte und Gespräche vorbereitet.

→ **Bildergeschichten**

Die Teilnehmer beschreiben – einer nach dem anderen – die Bilder. Anschließend wird der Inhalt der Geschichte noch einmal zusammengefasst und besprochen.

→ **Schreibwerkstatt**

Vielleicht lassen sich einige Hochbetagte dazu motivieren, auch eigene Texte zu verfassen.

→ **Werbung**

Auch Reklame und Werbung kann als Textvorlage für eine Lesestunde dienen. Wie wirkt ein Slogan? Wer wird angesprochen? Welche Versprechungen werden gemacht?

Einzelgespräch

Neben den Vorschlägen für Gruppenveranstaltungen ist es natürlich auch möglich, einzelnen alten Menschen einen Text zu geben und sich im Einzelgespräch zwischen Altenpflegerin und Hochbetagten über den Text auszutauschen.

Beispiel

Während eines Praktikums in einem Altenheim hatte eine Altenpflegeschülerin die Aufgabe, eine Lesestunde mit ein paar Bewohnerinnen durchzuführen. Dazu lud sie vier Hochbetagte ein und überreichte ihnen mit der Einladung auch den Text, der bei der Veranstaltung besprochen werden sollte. Die Eingeladenen wussten, wer an der Lesestunde teilnimmt und kannten sich ein

wenig untereinander. Der Text war ein paar Seiten lang und konnte durch das frühzeitige Verteilen von allen Teilnehmerinnen in Ruhe gelesen werden.
Zu der Lesestunde, die an einer schön gedeckten Kaffeetafel stattfand, kamen die vier Bewohnerinnen gut vorbereitet. Zuerst wurde der Inhalt des Textes von zwei Damen noch einmal wiederholt, dann folgte ein anregendes Gespräch über die geschlechtsspezifische Rollenverteilung, die in dem Text angesprochen wurde. Zum Schluss der Veranstaltung sagte eine der Frauen: »Jetzt haben wir uns intensiv ein paar Tage mit dieser Geschichte beschäftigt. Jedesmal, wenn wir uns trafen, war der Text der Inhalt unserer Gespräche. Wir haben uns dadurch richtig kennengelernt. Eigentlich hätte ich jetzt gerne eine neue Geschichte, über die wir sprechen können.«

Methodisch/didaktische Planung einer Lesestunde

1. Vorplanung

1.1 Ausgangslage: Vier Bewohnerinnen eines Altenpflegeheimes

Frau A. wohnt seit fünf Jahren in diesem Heim. Sie ist hier im Ort geboren und hat ihr ganzes Leben hier verbracht. Sie war verheiratet und ist Mutter von fünf Töchtern, die inzwischen ebenfalls verheiratet sind und in unterschiedliche Städte gezogen sind. Frau A. ist seit ihrem Schlaganfall (vor vier Jahren) rechtsseitig in ihren Bewegungen eingeschränkt. Sie verbringt viel Zeit in ihrem Zimmer, sieht fern und liest Zeitschriften. An Beschäftigungsangeboten nimmt sie selten teil, da sie sich in größeren Gruppen nicht wohl fühlt. Sie ist eine sehr stille, zurückhaltende Dame, die wenig von sich erzählt.

Frau B. ist 81 Jahre alt. Seit vier Jahren wohnt sie im Nachbarzimmer von Frau A. Frau B. ist in Hannover geboren. Nach ihrer Schulzeit lernte sie in einem Lebensmittelgeschäft. Anschließend heiratete sie und arbeitete im Büro des Fuhrgeschäftes ihres Mannes. Seit neun Jahren ist sie Witwe und lebte vor dem Heimeinzug allein. Frau B. leidet an einem Parkinson-Syndrom, sie zittert leicht, benötigt zum Gehen einen Gehwagen, ihre Sprache ist leise und etwas langsam. Außerdem trägt sie ein Hörgerät und eine Brille. Frau B. lebt hier sehr zurückgezogen und ist leicht depressiv. Manchmal geht sie für einen kurzen Besuch zu Frau A.

Frau C. ist vor einem Jahr von einem Bus angefahren worden. Nach dem darauffolgenden Krankenhausaufenthalt kam sie in dieses Heim. Ihr rechter Unterschenkel ist amputiert worden, sie trägt einen Blasenkatheter und ist zeitweise leicht desorientiert. Frau C. hat viele Jahre in einer Sparkasse als Bankangestellte gearbeitet. Sie war verheiratet und hat einen Sohn, der hier in der Nachbarschaft wohnt. Frau C. ist 79 Jahre alt und trotz ihrer Behinderung sehr selbständig. Sie ist kontaktfreudig, vergisst aber die Begegnungen schnell wieder.

Frau D. ist 95 Jahre alt und wohnt seit fast 10 Jahren hier im Haus. Von Beruf war sie Kinderkrankenschwester. Sie ist in ihrem Leben viel gereist, war in Indien, Afrika und Mexiko. Frau D. leidet unter einer rheumatischen Erkrankung mit heftigen Schmerzen in den Händen und Kniegelenken. Ihre Hände sind durch die Krankheit deformiert, dadurch ist sie bei vielen Handlungen sehr eingeschränkt. Frau D. ist eine aufgeschlossene, nette Dame und vielseitig interessiert.

Die vier Damen bewohnen alle ein Einzelzimmer auf dem oberen Wohnbereich. Sie kennen sich ein wenig untereinander. In der letzten Woche habe ich bereits eine Lesestunde mit ihnen gemacht, die ihnen gefallen hat.

Ich bin Altenpflegerin und arbeite seit sechs Wochen auf dem Wohnbereich. Da ich selber gerne und viel lese, finde ich Beschäftigungsangebote mit Texten besonders reizvoll.

1.2 Themenfindung

In der letzten Woche war Frühlingsanfang, und es gab hier im Haus ein Frühlingsfest. Da die vier Damen daran nicht teilnehmen wollten, habe ich mit ihnen im Aufenthaltsraum unseres Wohnbereiches gesessen. Wir haben uns unterhalten, und ich habe ihnen Frühlingsgedichte vorgelesen. Da den vier Damen diese kleine Runde so gut gefallen hat, habe ich ihnen versprochen, so etwas noch einmal zu wiederholen.

Bei der Vorbereitung dazu habe ich einen kleinen Text von Tucholsky (»Der Floh«) gefunden, der die Themen »Briefe« und »Neugierde« beinhaltet. Ich denke, dass zu diesen Themen jede der alten Damen etwas sagen kann, ein Bezug zur Biographie besteht. Da der Text verhältnismäßig kurz ist, hoffe ich, dass auch Frau C. ihn verstehen kann. Zum Thema »Briefe« werde ich ein paar Fragen und Aufgaben stellen, die das Gedächtnis anregen sollen. Das Thema »Neugierde« werden wir zum Ende der Stunde besprechen. Dabei werde ich versuchen, einen Alltagsbezug zu ihrem jetzigen Leben herzustellen.

1.3 Ziele

- Kommunikation fördern,
- geistige Anregung durch die Geschichte und das Gedächtnistraining geben,
- positive Abwechslung vom Alltag durch eine gemütliche, anregende Stimmung vermitteln.

2. Vorbereitung

2.1 Ort und Zeit

Im Aufenthaltsraum auf dem Wohnbereich findet am Mittwoch um 15.00 Uhr die Lesestunde statt.

2.2 Information und Absprache

- Bewohnerinnen (durch persönliche Einladung),
- Stationsteam (am Dienstag in der Dienstbesprechung).

2.3 Finanzierung

Es entstehen keine Kosten.

2.4 Praktische Vorbereitung

- Türschild »Bitte nicht stören« anfertigen, Klebeband mitnehmen,
- Namensschilder vorbereiten,
- Geschichte lesen üben,
- Informationen über Kurt Tucholsky mitnehmen (Lexikon),
- Wörter suchen, die mit »Brief« beginnen,
- 20 Briefumschläge beschriften mit Namen von Bewohnern und Angestellten des Heimes (dafür benutze ich gebrauchte Umschläge),
- 5 Zettel vorbereiten mit den Aufschriften: Küche, Verwaltung, Oberer Wohnbereich, Unterer Wohnbereich, Neubau,
- Liederbücher bereitlegen.

3. Durchführung

3.1 Arbeitsplatzvorbereitung

Die Materialien werden bereitgelegt. Die Bewohnerinnen hole ich ab, und das Türschild befestige ich außen an der Tür.

3.2 Sitzordnung

Wir sitzen um einen Tisch. Frau A. sitzt rechts neben mir, da sie im linken Ohr das Hörgerät trägt.

3.3 Programmablauf

- Begrüßung, Verteilen der Namensschilder und damit auch Vorstellung aller Teilnehmer,
- kurzes Gespräch über unser erstes Treffen,
- kurzen Überblick über das heutige Programm,
- Hinführung zum Text: »Bei der Vorbereitung dieser Stunde habe ich einen Text von Kurt Tucholsky gefunden, der Ihnen hoffentlich gefallen wird. Kurt Tucholsky war ein deutscher Jour-

nalist und Schriftsteller. Er wurde 1890 geboren und starb mit 45 Jahren. Die Geschichte, die ich Ihnen nun vorlesen möchte, spielt in Frankreich.«

- Text vorlesen:

Der Floh

Im Département du Gard – ganz richtig, da, wo Nimes liegt und der Pont du Gard: im südlichen Frankreich – da saß in einem Postbüro ein älteres Fräulein als Beamtin, die hatte eine böse Angewohnheit; sie machte ein bisschen die Briefe auf und las sie. Das wusste alle Welt. Aber wie das so in Frankreich geht: Concierge, Telefon und Post, das sind geheiligte Institutionen, und daran kann man schon rühren, aber daran darf man nicht rühren, und so tut es denn auch keiner.

Das Fräulein also las die Briefe und bereitete mit ihren Indiskretionen den Leuten manchen Kummer.

Im Département wohnte auf einem schönen Schlosse ein kluger Graf. Grafen sind manchmal klug, in Frankreich. Und dieser Graf tat eines Tages folgendes:

Er bestellte sich einen Gerichtsvollzieher auf das Schloss und schrieb in seiner Gegenwart an einen Freund:

Lieber Freund!

Da ich weiß, dass das Postfräulein Emilie Dupont dauernd unsere Briefe öffnet und sie liest, weil sie vor lauter Neugier platzt, so sende ich Dir anliegend, um ihr einmal das Handwerk zu legen, einen lebendigen Floh.

Mit vielen schönen Grüßen: Graf Koks.

Und diesen Brief verschloss er in Gegenwart des Gerichtsvollziehers. Er legte aber keinen Floh hinein. Als der Brief ankam, war einer drin.

(aus: Kurt Tucholsky, Gesammelte Werke. Copyright (c) 1960 by Rowohlt Verlag GmbH, Reinbek)

- Aufgabe an die Gruppe: Fassen Sie einmal zusammen, was in dieser Geschichte passiert! (Kurzes Gespräch darüber).

- In der Geschichte öffnet eine Postangestellte die Briefe. Es gibt aber doch das Briefgeheimnis. Was ist das (evtl. Frau C. fragen nach dem Bankgeheimnis)?
- Wir wollen uns nun erst einmal mit der Post und den Briefen beschäftigen. Welche Arten von Briefen kennen Sie? (Liebesbriefe, Rechnungen, Geburtstagskarte, Geschäftsbrief, Urlaubsgruß,...)
- Gespräch über den persönlichen Umgang mit Briefen: Welche Art von Briefen bekommen Sie? Wie gehen Sie damit um? Schreibt jemand von Ihnen Briefe? Worin sehen Sie den Wert eines Briefes? Oder telefonieren Sie lieber? Wie hoch ist das Briefporto heute? Was kostet eine Postkarte? Wo befindet sich der nächste Briefkasten?
- Nun wollen wir Begriffe sammeln, die mit dem Wort »Brief« beginnen! Die genannten Begriffe werden von mir mitgeschrieben, z. B. Briefmarke, -taube, -kasten, -träger, -beförderung,- öffner, -umschlag, -beschwerer.
- Bei dieser Aufzählung wurde auch der Briefträger genannt. Was fällt Ihnen zu dem Briefträger ein? Vor 20 Jahren kassierte der Briefträger auch die Rundfunk- und Fernsehgebühren. Fallen Ihnen noch weitere Aufgaben ein, die ein Briefträger erledigte? (z. B. brachte er früher auch die Rente, sofern kein Konto vorhanden war).
- Nun habe ich noch eine Aufgabe für Sie vorbereitet: Ich habe Briefumschläge mit Namen beschriftet und bitte Sie, diese zu sortieren. Sie sind alle adressiert an Menschen, die hier im Haus wohnen oder arbeiten. (Die Briefumschläge werden auf den Tisch gelegt und die Gruppe bespricht gemeinsam, wohin die Briefe müssen. Als Hilfestellung können fünf Zettel auf den Tisch gelegt werden, die die Zielorte angeben – Küche, Verwaltung, Oberer Wohnbereich, Unterer Wohnbereich, Neubau)
- Jetzt kommen wir gedanklich noch mal auf unsere Geschichte zurück (kurze Wiedergabe der Geschichte durch die Teilnehmer). In diesem Text spielt die Neugierde eine Rolle. Was ist denn Neugierde? Ist »neugierig sein« eine gute oder schlechte

Eigenschaft? Fällt Ihnen eine Situation ein, in der Neugierde vorteilhaft ist? Hier im Heim wohnen viele Menschen nah beieinander, ist da Neugierde manchmal lästig?

- Schluss ankündigen.
- Fällt Ihnen ein Lied ein, das inhaltlich etwas mit »Post« zu tun hat? (z. B. »Hoch auf dem gelben Wagen« oder »Kommt ein Vogel geflogen«). Gemeinsam wird ein Lied gesungen.
- Verabschiedung.

3.4 Lückenfüller

- Welche Serviceleistungen bietet die Post? (z. B. Telegrammannahme, Postbank, Brieftransport, Paketzustellung, Verkauf von Busfahrkarten).
- Was ist eine Brieffreundschaft? Haben Sie persönliche Erfahrungen mit Brieffreundschaften? Wie sahen diese aus?

3.5 Nachbereitung

Wir räumen gemeinsam auf. Ich begleite die Bewohnerinnen zu ihren Zimmern, entferne das Türschild und erledige die Eintragungen in die Dokumentation.

4. Reflexion und Auswertung

In der nächsten Dienstbesprechung berichte ich von der Lesestunde.

Feste und Feiergestaltung

Das Ziel ist,

→ *die Bedeutung von persönlichen, kirchlichen und gesellschaftlichen Festen zu kennen und diese mit und für die alten Menschen zu gestalten.*

DAS ZIEL IST...

Bedeutung von Festen und Feiern

Den Alltag unterbrechen

Feste und Feiern unterbrechen den Alltag und geben dem Menschen die Möglichkeit der Begegnung und Besinnung, der Erholung und Belebung. Sie lassen für begrenzte Zeit das Alltagseinerlei vergessen, um etwas Besonderes, etwas Einmaliges zu erleben.

Die Begriffe »Fest« und »Feier« werden im heutigen Sprachgebrauch synonym (= bedeutungsgleich) verwendet. Sprachgeschichtlich betrachtet steht der Begriff »Feier« für sakrale, religiöse Feiern; ein »Fest« ist eher eine Veranstaltung jeder Art und Größe mit unterschiedlichen Inhalten und Hintergründen. Heute werden auch die Begriffe »Party« und »Fete« für ein Fest benutzt.

Feste werden schon seit Urzeiten auf der ganzen Welt gefeiert. Waren und sind die Ausführung und der Anlass auch sehr unterschiedlich, haben sie doch einige Dinge gemeinsam. Feste tragen die Kultur eines Volkes in sich, halten Tradition und Bräuche aufrecht und bilden Höhepunkte im Leben eines Menschen.

Feste werden unterschieden in persönliche, gesellschaftliche und kirchliche Feste, je nach Anlass.

- Persönliche Feste sind die Feste, die im Laufe eines persönlichen Lebens gefeiert werden. Dazu gehören: Geburtstag, Namenstag, Taufe, Einschulung, Kommunion oder Konfirmation, Schulabschluss, Hochzeit, Jubiläen und viele mehr. Jedes persönliche Fest ist für den Einzelnen wichtig. Die positiven und negativen Erinnerungen daran prägen den Menschen und machen ein Teil seines Lebens aus.

Persönliche Feste

- Gesellschaftliche Feste werden in Vereinen oder Einrichtungen gefeiert, wie z. B. ein Sommerfest, Grillfest, Tanz in den Mai oder Ähnliches. Diese Feste sind meist saisonbedingt. Auch die historisch orientierten Feste fallen unter diese Rubrik. Viele Dorf- oder Stadtfeste mit Tradition haben einen festen Platz im heutigen Leben, z. B. Schützenfest, 500-Jahr-Feier, Maifest.

Gesellschaftliche Feste

- Kirchliche Feste bilden die größte Gruppe der Feste. Sie sind im Jahreskreis eingebettet und den Jahreszeiten angepasst. Grundsätzlich ist das Kirchenjahr im Christentum so angeordnet, dass Christen im Laufe eines Jahres alle wichtigen Stationen des Lebensweges Jesu feiernd nachgehen können von seiner Erwartung, Geburt bis hin zu Leiden, Tod, Auferstehung und zur Sendung des heiligen Geistes zu Pfingsten. Rein menschlich weckt diese jährliche Wiederkehr die Vorfreude auf das jeweilige Fest. Feste zu feiern, das heißt, aus dem Alltag auszubrechen, um das Besondere, das Herausgehobene zu erleben. Feste teilen das Leben der Menschen ein, geben ihm Struktur und Rhythmus. Sie geben dem Menschen die Möglichkeit, in Ruhe zurückzuschauen, sich zu erinnern, um dann vielleicht mit neuer Hoffnung weiterzuleben.

Kirchliche Feste

Feste im Jahresverlauf

Um den Sinn der Feste und Feiern im Jahresverlauf zu erkennen, ist es wichtig, sich die Hintergründe und Bedeutung der Feste wieder ein wenig bewusst zu machen.

Im Folgenden sollen die wichtigsten Fest- und Feiertage im Jahresverlauf beschrieben werden, wobei an dieser Stelle nur ein kleiner Teil der vielen Bräuche, Sitten und Traditionen aufgezeigt werden kann.

Ein Teil der genannten Fest- und Feiertage sind gesetzliche Feiertage, die sich durch allgemeine Arbeitsruhe auszeichnen. In der Regel werden die gesetzlichen Feiertage durch Landesrecht festgelegt. Die meisten der Fest- und Feiertage haben einen religiösen Anlass, doch einige haben auch einen politischen bzw. weltlichen Hintergrund.

Während das christliche Kirchenjahr mit dem Advent beginnt, fängt das weltliche Jahr am 1. Januar an.

→ Neujahr, 1. Januar

Seit Ende des 17. Jahrhunderts wird der 1. Januar als Jahresanfang bezeichnet.

Das neue Jahr ist immer mit großen Hoffnungen und Erwartungen in Gesellschaft mit anderen Menschen begrüßt worden. Durch die Gemeinsamkeit des geschlossenen Kreises fühlte man sich sicher vor bösen Geistern. Heute wird das neue Jahr häufig mit einem Gottesdienst und einem langen Spaziergang begrüßt.

Seit 1967 ist der 1. Januar auch der Weltfriedenstag. Er wurde durch Papst Paul VI. eingeführt und soll daran erinnern, wie gefährdet der Weltfrieden ist. Frieden: der wichtigste Wunsch zu Beginn des neuen Jahres für alle Menschen!

→ Dreikönigstag, 6. Januar

Am 6. Januar feiert die Christenheit die Ankunft der drei Weisen aus dem Morgenland in Bethlehem. Dieser Tag wird auch Epiphanias genannt – die Offenbarung des Herrn. Die drei Könige sind nach der Erzählung des Neuen Testamentes dem Stern über Bethlehem gefolgt, um den neugeborenen »König der Juden« zu huldigen und ihm Geschenke zu bringen.

Bei dem heute üblichen Sternsingen (vor allem in katholischen Gegenden) ziehen als Könige verkleidete Kinder von Haus zu Haus, singen, sammeln Geld für karitative Zwecke und schreiben zusammen mit der Jahreszahl die Buchstaben C + M + B an die Haustür. Diese drei Buchstaben bedeuten nicht nur die Anfangsbuchstaben der Weisen Caspar, Melchior, Balthasar, sondern ursprünglich sind sie die Abkürzung für »Christus Mansionem Benedicat«: Christus segne dieses Haus.

Die Namen der drei Weisen entstanden erst im 9. Jahrhundert und sollten drei Menschenrassen verkörpern: Afrikaner, Asiaten, Europäer. Seit dem 12. Jahrhundert werden die Gebeine der Könige im Kölner Dom aufbewahrt.

Die Heiligen Drei Könige gelten als Schutzpatrone der Reisenden, daher tragen viele Gaststätten Namen wie »Zur Krone« oder »Zum Stern«.

→ Valentinstag, 14. Februar

Der Valentinstag wurde nach dem Bischof Valentin von Terni benannt, der im Jahr 269 am 14. Februar hingerichtet wurde. Einer Legende nach wurde er von Römern geköpft, weil er junge Männer aufgefordert hatte, nicht in den Kampf zu ziehen, sondern bei ihren Liebsten zu bleiben. Deshalb gilt er als Schutzpatron der Liebenden.

Der Valentinstag ist der Festtag der Liebenden, an dem man sich Blumen oder kleine Geschenke schenkt. Das Symbol dieses Tages ist das Herz. Der Valentinstag ist seit dem Mittelalter das eigentliche Fest der Jugend und der Liebe. In Deutschland erhielt er erst nach dem 2. Weltkrieg einen starken Aufschwung durch die Engländer und Amerikaner.

→ Internationaler Frauentag, 8. März.

Der Internationale Frauentag ist ein Tag für die Rechte der Frauen, für den Frieden und eine humane Gesellschaft. 1910 beschlossen 100 Frauen aus 17 Nationen auf ihrer zweiten Frauenkonferenz in Kopenhagen alljährlich einen Frauentag mit internationalem Charakter zu veranstalten.

→ Karneval, 11.11. bis Aschermittwoch

Die Narrenzeit beginnt am 11.11. um 11.11 Uhr. Die Zahl elf gilt als böse Zahl, die nach der guten Zahl zehn folgt (10 Gebote). Der Höhepunkt der Narrenzeit, je nach Gebiet Karneval, Fasching oder Fastnacht genannt, beginnt am Donnerstag (Altweiberfastnacht) vor dem Aschermittwoch und endet am Dienstag darauf. In der närrischen Zeit geschieht noch einmal alles im Übermaß, bevor die 40tägige Fastenzeit (von Aschermittwoch bis Ostern) beginnt. Die vorchristlichen Ursprünge des Karnevals sind Vorfrühlings- und Fruchtbarkeitsfeste, bei denen der Winter mit dunklen Geistern und Dämonen vertrieben wurde und die guten Geister wachgerüttelt wurden.

Die Karnevalsbräuche sind regional sehr verschieden, allen gemeinsam ist das Sichverkleiden, das Lärmen, die bunten Umzüge, die Schlemmereien und die sogenannte Narrenfreiheit, die jedem die Möglichkeit gibt, etwas zu tun, was sonst verboten ist. Jeder darf hemmungslos albern und ausgelassen sein und sich über die Obrigkeiten lustig machen.

Am Aschermittwoch beginnt die 40tägige Fastenzeit als Vorbereitung auf das Osterfest. Der Aschermittwoch hat seinen Namen von der Asche mit der in alten Zeiten die Büßer bestreut wurden. Dabei ist die Asche ein Symbol für Vergänglichkeit und Wertlosigkeit, aber auch der Trauer und Buße. Noch heute wird das sogenannte Aschekreuz in der katholischen Kirche den Gläubigern auf die Stirn gezeichnet, um damit an die Vergänglichkeit des Lebens zu erinnern und zur Umkehr aufzufordern. Die Asche wird durch das Verbrennen der Palmzweige vom vorjährigen Palmsonntag gewonnen.

→ Fastenzeit

Nach den ausgelassenen, fröhlichen Karnevalstagen beginnt am Aschermittwoch die Fastenzeit. Ernst, Stille und Enthaltsamkeit kennzeichnen die vierzig Tage bis zum Karsamstag. Bei diesen vierzig Tagen werden die Sonntage nicht mitgerechnet, da an den Tagen nicht gefastet wird. Ursprünglich war die Fastenzeit zur Vorbereitung der Taufbewerber bestimmt, die in der Osternacht die Taufe empfangen wollten. In der christlichen Tradition ist das Fasten ein Zeichen der Buße, der Bekräftigung des Gebetes und eine Form der Gottfindung und -verehrung. Heute benutzen viele die Fastenzeit als eine Zeit der Besinnung, gekoppelt mit dem Verzicht auf Genussgifte.

→ Erster April

Der Narrentag wird in der ganzen Welt nach dem Spruch gehandelt: Am 1. April – schickt man die Narren, wohin man will. Woher dieser Brauch kommt, ist ungeklärt. Fest steht, dass der 1. April auch heute noch ein Tag ist, an dem jeder jeden mit schelmischen Erfindungen irreführen kann. Vielleicht hat der 1. April den Sinn, bewusst zu machen, wie schnell man auf die Aussagen von anderen hereinfällt?

→ Karwoche

Die Karwoche beginnt am Palmsonntag und endet am Karsamstag. Die Feste dieser Woche orientieren sich an den letzten Tagen im Leben Jesu. Der Palmsonntag, der letzte Sonntag vor Ostern, erinnert an den Einzug Jesu in Jerusalem, bei dem ihm die Menschen zujubelten und Palmzweige schwenkten. In evangelischen Kirchen werden am Palmsonntag häufig Konfirmationen gefeiert, in der katholischen Kirche nimmt neben der Palmweihe und -prozession die Verkündung der Leidensgeschichte einen großen Raum ein.

Der Gründonnerstag erinnert an das letzte gemeinsame Mahl, das Jesus mit seinen Jüngern gefeiert hat, bevor er festgenommen und hingerichtet wurde. Dass auch heute noch am Gründonnerstag meist grüne Speise gegessen werden, geht vermutlich auf den heidnischen Brauch zurück, zu Ehren von Thor (dem Donnergott) Nesseln mit grünem Kohl zu essen.

Der Karfreitag erinnert an das Leiden und den Tod Jesu am Kreuz. Der Todestag Christi ist der höchste evangelische Feiertag und wird mit Fasten, Ruhe und Besinnlichkeit begangen. Tanz und lärmende Freude sind untersagt, die Arbeit ruht. In der katholischen

Messe steht die Enthüllung und Verehrung des Kreuzes im Mittelpunkt.

Der Karsamstag gilt als Reinigungstag. Das Haus wird für Ostern geputzt und festlich geschmückt.

→ Ostern

Ostern ist das Fest der Auferstehung Jesu Christi. Es ist das älteste Fest im Jahresverlauf und wird seit dem 4. Jahrhundert von den Christen gefeiert. Ostern findet jedes Jahr am Sonntag nach dem ersten Frühjahrsvollmond statt. Der Name »Ostern« kommt entweder durch die germanische Frühlingsgöttin Ostera oder von »Osten«, wo die Frühlingssonne aufsteigt. Das altgermanische Frühlingsfest wurde mit der Einführung des Christentums im nördlichen Europa mit dem Osterfest verschmolzen. Aus beiden Inhalten (Aufkeimen und Aufblühen der Natur plus Auferstehung Jesu Christi) ist zum Osterfest ein reiches Brauchtum entstanden. So ist zum Beispiel das Osterei aus christlicher Sicht ein Symbol der Auferstehung: Die Schale stellt das Grab dar, aus dem neues Leben hervorgeht. Nach altem Volksbrauch ist das Ei ein Symbol für Fruchtbarkeit und ewige Wiederkehr des Lebens.

Der Ostersonntag beginnt mit der Auferstehungsfeier vor Sonnenaufgang, indem Osterkerzen, Tauf- und Weihwasser und auch Speisen geweiht werden. Das Osterfeuer ist ein Sinnbild für das hereinbrechende, lebendige Licht. Das Osterlamm steht für Fruchtbarkeit und für Jesus (»der die Sünde der Welt wegnimmt«). Dass der Osterhase die Eier bringt, mag daran liegen, dass auch er als Sinnbild für Fruchtbarkeit und des Werdens und Wachsens steht. Es gibt aber auch Gegenden, in denen der Hahn, Fuchs, Storch oder Kuckuck die Ostereier bringen.

Auferstehungs- und Frühlingsfreude machen Ostern zu einem besonders bunten, hellen und fröhlichen Fest.

→ Erster Mai

1890 wurde der 1. Mai von der internationalen Arbeiterbewegung zum Feiertag ausgerufen und wird seitdem mit Kundgebungen und Demonstrationen von den Gewerkschaften begangen. Seit dem 1. Mai 1933 ist dieser Tag in Deutschland gesetzlicher Feiertag. Das Datum der proletarischen Maifeier geht auf ältere Traditionen zurück: der 1. Mai war häufig Stichtag für Ablieferungstermine, Arbeitsverträge und Gesindewechseltermin.

Neben den gewerkschaftlichen Veranstaltungen werden am 1. Mai dörfliche Maifeste gefeiert, in denen der Frühling und die Sonne begrüßt werden. Das Hauptsymbol der Maifeier ist der Maibaum, der auf dem Dorf-, Markt- oder Festplatz aufgestellt wird. Der Maibaum wird in allen Gegenden anders verziert, aber immer bedeutet der Schmuck Fruchtbarkeit, Reichtum und Fülle.

In den Bergen wird am 1. Mai das buntgeschmückte Vieh ausgetrieben.

→ Muttertag, 2. Sonntag im Mai

Der Muttertag wird am zweiten Sonntag im Mai gefeiert. Er entstand 1906 durch eine Gedenkfeier, die die Amerikanerin Ann Jarvis für ihre verstorbene Mutter arrangierte. Daraus entwickelte sich die Idee, einen allgemeinen Gedenk- und Ehrentag für alle Mütter zu feiern. 1914 erklärte Präsident Wilson den ersten offiziellen Muttertag und acht Jahre später wurde er auch in Deutschland gefeiert. Ann Jarvis war am Ende ihres Lebens nicht mehr stolz auf den von ihr ins Leben gerufenen Muttertag (sie prozessierte sogar dagegen), weil sie sah, dass in erster Linie Geschäftsleute davon profitierten. Das eigentliche Anliegen, den Müttern Anerkennung zu verschaffen, gerät immer mehr ins Hintertreffen.

→ Himmelfahrt

Seit dem 4. Jahrhundert feiern Christen vierzig Tage nach Ostern Christi Himmelfahrt, die Auffahrt des Herrn in den Himmel. Dabei ist der Himmel kein geographischer Ort, sondern der Herrschaftsbereich Gottes. Wenn es im Glaubensbekenntnis heißt »... aufgefahren in den Himmel«, bedeutet dies, dass der auferstandene Christus »bei Gott ist«.

Heute wird am Himmelfahrtstag in Deutschland auch »Vatertag« gefeiert. An diesem Tag ziehen die Väter mit Bier und Schinken ins Freie. Die historischen Wurzeln dafür liegen wahrscheinlich in dem Flurumgängen der bäuerlichen Gesellschaft.

→ Pfingsten

Pfingsten wird am fünfzigsten Tag nach Ostern gefeiert. Der Name Pfingsten leitet sich von dem griechischen Zahlwort fünfzig = pentecoste ab. Die christliche Kirche feiert Pfingsten als den Tag ihrer Gründung. Es ist der Tag der Ausgießung des heiligen Geistes, an dem Jesus den Jüngern den Auftrag gab, seine Lehre in die ganze Welt zu tragen.

Pfingsten ist außerdem ein Sommerfest und steht im Zusammenhang mit den Maibräuchen. Die Pfingstmaien sind frische, junge Birken, die rechts und links von der Haustür aufgestellt werden und deren würziger Duft Fruchtbarkeit und Segen bringen soll.

Die Pfingstfeiertage werden heute häufig als Gelegenheit für Ausflüge oder einen Kurzurlaub genutzt.

→ Fronleichnam

Fronleichnam wird am Donnerstag nach Trinitatis (das ist der 1. Sonntag nach Pfingsten) gefeiert und ist ein hoher Feiertag der katholischen Kirche. Er soll den Glauben stärken und zeigt die Wesensverwandlung der Hostie in den Leib Christi. Der Legende nach geht Fronleichnam auf eine Vision der Nonne Juliana zu Lüttich zurück, die im Mond eine Lücke entdeckte und glaubte, sie nur durch ein hohes kirchliches Fest ausfüllen zu können. Ab Mitte des 13. Jahrhunderts veranstaltete man am Fronleichnamsfest Prozessionen, und diese Sitte ist geblieben. Der Weg der Prozessionen führt um die Kirche (in Städten und Gemeinden) oder das Dorf bzw. um die Felder.

Dabei werden an vier im Freien aufgebauten Altären die Anfänge der vier Evangelien gelesen. Geschmückte Bäume, reich verzierte Altäre und Blumenbildteppiche gehören zur Ausstattung der Prozessionen.

→ Johannistag, 24. Juni

Der 24. Juni wurde von der Kirche zur Feier des Geburtstages Johannes des Täufers bestimmt, weil auf diese Weise der Mittsommertag, das uralte Fest der Germanen und Kelten, eine christliche Deutung bekam.

Es gab früher den Brauch, in Gedenken an den heiligen Johannes in der Nacht zum 24. Juni in Flüssen und Teichen zu baden, wovon man sich eine heilsame und reinigende Wirkung versprach. Da die Sonne am Johannistag am höchsten steht, sprach man ihr an diesem Tag die größte Macht zu. Auch das Feuer hielt man in dieser Nacht für besonders magisch, so wurde das Johannisfeuer oder Sonnenwendfeuer zum festen Brauch in der Mittsommernacht. In der Zeit des Nationalsozialismus wurde das Sonnenwendfeuer als altgermanischer Kult hochstilisiert und zu Propagandazwecken missbraucht.

→ Erntedank

Das kirchliche Erntedankfest wird am ersten Sonntag im Oktober gefeiert. Erntedankfeste werden gefeiert, seitdem es Ackerbau gibt. Die Germanen feierten nach dem Einbringen der Ernte ein großes Opferfest. Aus den Opferfesten sind durch das Christentum Erntedankfeste geworden.

Heute werden beim Erntedankgottesdienst die Altäre festlich mit Ähren, Obst, Gemüse, Blumen und Brot geschmückt, eine Erntekrone wird aufgehängt. An diesem Tag wird für die eingebrachte Ernte gedankt und für die gebetet, die keine reiche Ernte hatten und nicht genug zum Leben haben. Auf dem Land wird die Ernte mit dem Tanz unter der Erntekrone gefeiert.

→ Tag der deutschen Einheit, 3. Oktober

Seit 1990 wird am 3. Oktober die Wiedervereinigung Deutschlands gefeiert.

Nach der Öffnung der innerdeutschen Grenze am 9. November 1989 wurde der rechtliche Zusammenschluss durch einen Beschluss der Volkskammer der Deutschen Demokratischen Republik mit Wirkung vom 3. Oktober 1990 vollzogen. Damit traten die Länder der DDR nach Artikel 23 des Grundgesetzes der Bundesrepublik Deutschland bei.

→ Totengedenktage: Allerheiligen, Allerseelen, Volkstrauertag, Totensonntag

Allerheiligen wird in der katholischen Kirche am 1. November als Gedächtnisfest für alle Heiligen gefeiert. Allerheiligen ist mit dem Allerseelentag am 2. November verbunden, an dem das feierliche Gedächtnis für alle Verstorbenen gefeiert wird. Zu diesen Tagen werden die Gräber der Verstorbenen mit Blumen, Kränzen und Lichtern geschmückt.

Volkstrauertag ist am vorletzten Sonntag vor dem 1. Advent, er gilt dem Gedenken an die Sinnlosigkeit des Krieges. Von den Nationalsozialisten ist im Dritten Reich der Volkstrauertag zum Heldengedenktag umfunktioniert worden. Seit 1952 ist es ein nationaler Trauertag in Deutschland zum Gedenken der Gefallenen beider Weltkriege und der Opfer des Nationalsozialismus.

Totensonntag (oder auch Ewigkeitssonntag) wird am letzten Sonntag vor Advent begangen und ist das evangelische Pendant zu Allerheiligen und Allerseelen. Am Totensonntag ist es in den evangelischen Gottesdiensten üblich, die Namen aller Verstorbenen des vergangenen Jahres in der Gemeinde zu nennen und in die Fürbitten einzuschließen. Die Totengedenktage haben das Gedenken an die Toten und die Auseinandersetzung mit dem Tod (auch dem eigenen) zu einer festen Einrichtung gemacht.

Passend zu der Jahreszeit, die an die Vergänglichkeit erinnert, haben diese besinnlichen Novembertage das Ziel, den Gedanken an den Tod in das eigene Leben aufzunehmen.

→ Martinstag, 11. November

Das Fest des heiligen Martin wird am 11. November gefeiert. Er ist der Schutzheilige der Armen, der Reiter und Soldaten. Martin wurde im Jahre 316 in Ungarn geboren. Nach vielen Jahren in der römischen Armee quittierte er seinen Dienst und gründete das erste Kloster des Abendlandes. Er lebte zurückgezogen als Eremit und wurde 372 zum Bischof geweiht. Der Legende nach hat er einst seinen Mantel mit dem Schwert in zwei Stücke gehauen und mit einem Bettler geteilt und ist so das christliche Symbol für Mildtätigkeit geworden.

Das St. Martinsfest ist heute ein Fest für Kinder, die mit Laternenumzügen und Martinssingen den Heiligen als Mantelteiler feiern. Wie der heilige Martin mit der Martinsgans zusammengekommen ist, ist umstritten. Eine Legende erzählt, dass Martin sich in einem Gänsestall versteckt hat, um nicht das Amt des Bischofs antreten zu müssen. Doch das Gänsegeschnatter hat ihn verraten. Eine andere Legende erzählt, dass er sich als Bischof durch Gänsegeschnatter beim Predigen gestört fühlte. Eine plausiblere Erklärung für die Martinsgans ist dagegen, dass die Gänse im November am fettesten sind.

→ Advent

Advent ist die vorweihnachtliche Zeit (advent = Ankunft) und die Vorbereitung auf das Fest der Geburt Jesu Christi. Mit dem Advent beginnt das Kirchenjahr. Früher war die Vorweihnachtszeit (ab 11.11.) eine Fastenzeit, die Papst Gregor der Große im 7. Jahrhundert auf vier Wochen begrenzte und damit die vier Adventssonntage festlegte.

Das Brauchtum dieser Zeit setzt sich zusammen aus der Weihnachtserwartung und der Aussicht auf die Wintersonnenwende. Immergrüne Zweige haben unsere Vorfahren so schon in der vorchristlichen Zeit ins Haus geholt. Die Zweige sollten als Symbol der ewigen Lebenskraft die bösen Dämonen verscheuchen. Der Adventskranz ist vermutlich die Wiederholung einer alten Wintersitte: er wurde zur Abwehr böser Geister geformt und geht auf den

Ringzauber zurück. Aus dem heidnischen Kranz hat der Hamburger Johann Heinrich Wichern, Begründer der inneren Mission und des Rauhen Hauses, 1860 den Adventskranz gemacht. In der vorchristlichen Zeit glaubten die Menschen, wer zu Beginn des neuen Sonnenjahres Schalen mit Früchten und Nüssen auf den Tisch stellte, würde im künftigen Jahr keinen Mangel leiden. So folgen wir heute dieser alten Sitte, wenn wir Schüsseln mit Nüssen, Backwerk und Äpfeln auf den Tisch stellen. Das Licht, als Abbild der Sonne, ist ein Schatz- und Segenssymbol. Die Adventslichter weisen auf das große helle Licht hin, das mit Christus auf die Welt kommt. Der Adventskalender wird als Zeitmesser für die letzten vier Wochen vor dem Weihnachtsfest genutzt und soll die Vorfreude erhöhen. In der Adventszeit werden die Krippen aufgebaut und im Laufe der Zeit (bis zum 6. Januar) vervollständigt.

→ Nikolaus, 6. Dezember

Das Fest des heiligen Nikolaus, Bischof von Myra, wird am 6. Dezember gefeiert und ist heute hauptsächlich ein Fest für Kinder. Als Schutzheiliger und Freund der Kinder wird er wegen seiner vielen Wunder und seiner Freigebigkeit verehrt und geliebt. Um ihn herum gibt es eine Vielzahl von Legenden: er schenkte drei armen Mädchen Gold, damit sie heiraten konnten; erweckte drei zerstückelte Schüler zum Leben, schützte Schiffer in Seenot und vieles mehr. Heute ist aus dem Nikolaus die eher »unchristliche« Figur des Weihnachtsmannes geworden, der im roten Mantel und mit einem langen weißen Bart dargestellt wird.

Früher war der 6. Dezember das große Gabenfest für die Kinder; erst in der Reformationszeit (16. Jahrhundert) wurde die Weihnachtsbescherung eingeführt.

→ Weihnachten, 24., 25. und 26. Dezember

Weihnachten wird bei uns an drei Tagen gefeiert, wobei der wichtigste Tag mit den feierlichsten Augenblicken der Abend des 24. Dezembers ist. Weihnachten – das Fest Christi Geburt – wurde im Jahr 325 auf den 25. Dezember festgelegt. Da der genaue Tag von

Christi Geburt unbekannt ist, legte die Kirche das Fest auf den Tag der nordischen Wintersonnenwende, der auch gleichzeitig im Mittelmeerraum als Geburtstag des Sonnengottes Mithras gefeiert wurde. Damit setzte die christliche Kirche einen Gegenpol zu den heidnischen Bräuchen.

Der Weihnachts- oder Tannenbaum ist das Symbol des Weihnachtsfestes. Aus dem Elsass und dem Schwarzwald gibt es die ersten Zeugnisse für die geschmückte Tanne (um 1600), die dann zum Weihnachtssymbol der Protestanten erklärt wurde, so wie die Krippe zur katholischen Weihnacht gehört. Erst im 19. Jahrhundert wurde der Tannenbaum zum Weihnachtssymbol beider Konfessionen. Geschenke erinnern an die Gaben der heiligen drei Könige und an das Erlösungsgeschenk von Gott in Gestalt seines Sohnes. Dieses Geschenk Gottes soll als Aufforderung verstanden werden, Zeichen der Zuneigung und Liebe an andere Menschen weiterzugeben. Der Stern ist das Sinnbild für die Jahreszeiten und erinnert an den Stern, der die drei Weisen nach Bethlehem geführt hat. Die Kerzen symbolisieren das Licht der Welt, das mit der Geburt Christi auf die Erde gekommen ist. Außerdem steigen mit dem Kerzenlicht die Gebete zum Himmel. Der Christstollen soll als Abbild des Jesukindes in seiner schneeweißen Windel (Zuckerguss) verstanden werden. Rot und grün sind die klassischen Farben der Weihnachtszeit. Rot erinnert an das Blut, das Christus für die Menschen vergossen hat. Grün ist die Farbe der Hoffnung. Außerdem sind rot und grün die Farben des Lebens. Wenn also die Dekoration zur Weihnachtszeit aus Tannen, roten Äpfeln, Sternen und Kerzen besteht, werden uralte Regeln befolgt.

→ Silvester, 31. Dezember

Silvester ist der letzte Tag im Jahr und wurde nach dem heiligen Silvester (Papst Silvester I.) benannt. In der Silvesternacht, der Nacht zwischen den Jahren, werden mit Geknalle, Lärm und Feuerwerk böse Geister abgewehrt und das Dunkle des kommenden Jahres wird erhellt. Oder etwas anders ausgedrückt: Das alte Jahr wird verabschiedet und das neue willkommen geheißen.

Geburtstag

Der Geburtstag ist ein ganz individueller Feiertag, an dem der Tag der Geburt gefeiert wird. Egal wie alt man wird, an diesem Tag wird man zum »Geburtstagskind«, steht im Mittelpunkt und bekommt Glückwünsche von der Familie, Freunden und Bekannten. Früher wurden nur die Geburtstage der Könige und Hochgestellten gefeiert, da sie sehr wichtig waren. Später wurde es ein allgemeiner Brauch, der auch für Kinder galt.

Geburtstagssitten

Die bekanntesten Geburtstagssitten haben einen alten magischen Ursprung. Man gratuliert sich gegenseitig zum Geburtstag, weil man in alten Zeiten glaubte, dass sich die bösen Geister besonders an einen Menschen heranmachten, wenn dieser ungeschützt zwischen den Jahren stand. Deshalb scharten sich die Freunde und Verwandten dicht um das Geburtstagskind herum, um es zu behüten. Ein Geburtstagsgeschenk multiplizierte diese Wirkung noch. Die Geburtskerze strahlte Zauberkraft aus und trug die guten Wünsche zu den Göttern. So entstanden Geburtstagseinladungen und -feste als eine Schutzgeste und Garantie für Sicherheit im kommenden Lebensjahr.

Kindheitserlebnisse

Überdenken der Zukunftsperspektive

Der Geburtstag hat für die meisten Menschen eine hohe Bedeutung, die oft abhängig davon ist, welche Kindheitserlebnisse mit diesem Tag verbunden werden. Geburtstag zu feiern ist auch eng verknüpft mit einem Rückblick auf das vergangene Leben und dem Überdenken der Zukunftsperspektive.

Natürlich gibt es auch in der Altenarbeit immer wieder Gelegenheit, auf einen Menschen ganz persönlich einzugehen. Ein Geburtstag bietet die Möglichkeit, jemanden zu überraschen, zu verwöhnen und ihm Gutes zu tun.

Dazu gehören:

- Glückwünsche (schriftlich oder persönlich),
- Blumen (als Zeichen des Lebens),
- brennende Kerze,
- Geschenke (die etwas mit der Person zu tun haben und auf die Interessen und Neigungen des Geburtstagskindes eingehen),

- Kuchen,
- »Ständchen« (ein Glückwunschlied oder das Lieblingslied des Geburtstagskindes).

Anregung

Veranstalten Sie in Ihrer Klasse eine Ideenbörse zum Thema »Geburtstag«!
Überlegen Sie, welche Geschenke für Hochbetagte in Frage kommen könnten, z. B. auch für Altenpflegeheimbewohner und -bewohnerinnen. Tauschen Sie Ihr Liedgut der Geburtstagslieder untereinander aus. Vielleicht gibt es auch ein paar Geburtstagsgedichte oder -geschichten?
Sammeln Sie Ihre Ideen in einer Mappe, auf die Sie in Ihrem Berufsleben zurückgreifen können.

In manchen Altenheimen und -tagesstätten findet einmal im Monat eine Geburtstagsfeier statt für die alten Menschen, die in einem Monat geboren sind. Aber auch ein Geburtstagsfest mit den

Angehörigen der hochbetagten Geburtstagskindern ist in vielen Institutionen möglich.

Geschmücktes Plakat

Um das Zimmer einer Jubilarin zu schmücken, kann, neben den bereits erwähnten Aufmerksamkeiten, ein geschmücktes Plakat aufgehängt werden, auf dem sich die Gratulanten des Tages eintragen können. Somit bleibt eine Erinnerung auch über den Tag hinaus. Glückwunschkarten, die mit der Post gekommen sind, können dieses Plakat vervollständigen.

Festgestaltung mit alten Menschen

Frühzeitige Planung

Festausschuss bilden

Ob in der offenen oder stationären Altenhilfe: Die Voraussetzungen für das gute Gelingen eines Festes sind eine frühzeitige Planung und eine durchdachte und überlegte Organisation. Sinnvoll ist es dabei, eine Arbeitsgruppe (Festausschuss) zu bilden, die sich aus Mitarbeitern, Hochbetagten und evtl. Angehörigen zusammensetzt. Bei der Planung ist das Arbeiten nach dem methodisch-didaktischen Raster hilfreich, um alle Aspekte eines Festes zu bedenken.

1. Ausgangslage

Zuerst muss überlegt werden, mit wem gefeiert werden soll.

Gewohnheiten und Rituale

Neben den sozialkulturellen und anthropogenen Voraussetzungen der alten Menschen gilt es, Gewohnheiten und Rituale zu berücksichtigen und mit einzubeziehen. Durch die persönliche Nachfrage bei den Hochbetagten können Erinnerungen, Wünsche und Anliegen zusammengetragen werden, die dann in der Planung und Gestaltung des Festes umgesetzt werden. Dadurch können Sitten und Gebräuche aus der Vergangenheit mit neuem Leben gefüllt werden.

Aber auch die Bedürfnisse, Fähigkeiten und Fertigkeiten von den Mitarbeitern müssen berücksichtigt werden, ebenso sollte den Angehörigen Beachtung geschenkt werden.

2. Themenfindung

Einen Anlass, ein Motto oder ein Thema für ein Fest zu finden, ist nicht schwer. Anregungen dafür ergeben sich aus den Jahreszeiten (z.B. Sommerfest, Adventsfeier), aus persönlichen Anlässen (Geburtstag, Jubiläum) und aus den Festen der jeweiligen Gegend (z.B. Weinfest, Karneval). Die Wahl des Anlasses oder des Mottos sollte die Zielgruppe berücksichtigen und einbeziehen. Das Thema des Festes bestimmt den Rahmen und die Gestaltungselemente.

Literaturtipp: »Das bewegte Jahr« von Bergmoser und Höller. In zwei jahreszeitlich geordneten Mappen finden Sie darin eine Fülle von Anregungen für Feste und Feiern. Die Mappen enthalten Gedichte, Spiele, Dekorationsideen, Gesprächsanregungen und vieles mehr. Zu beziehen bei: Bergmoser und Höller (Hrsg. und Verlag), Karl-Friedrich-Str. 76, 52072 Aachen.

3. Ziele

→ Geselligkeit und Gemeinschaft erleben

Das Hauptanliegen eines Festes ist die Geselligkeit, denn dabei sind zahlreiche soziale Kontakte möglich. Auf Festen werden gemeinsame Erfahrungen gemacht, und es wird miteinander kommuniziert. Manchmal kann ein Fest auch Anstoß geben, sich einer bestimmten Gruppe zugehörig zu fühlen oder sich anzuschließen. So wird Isolation unterbunden.

→ Abwechslung vom Alltag

Viele alte Menschen leiden unter einem leeren und erlebnisarmen Alltag. Ein Fest unterbricht diesen eingefahrenen Alltag und lässt Sorgen und Nöte für eine Weile vergessen.

→ Psychische Entspannung

Platz für Gefühle

Ein Fest bietet viel Platz für Gefühle. Freude, Aufregung und Spaß, aber auch Rührung und Trauer finden ihren Raum. Es werden Denkanstöße gegeben und Aktivität und Kreativität können sich in Phantasie und Selbstdarstellung ausdrücken. Ablenkung und das Ausleben von Gefühlen verschaffen psychische Entspannung und können zu Harmonie mit sich und der Umgebung führen.

→ Körperliches Wohlbehagen

Nicht nur das gute Essen und die Getränke führen bei einem Fest zu körperlichem Wohlbehagen. Durch die Ablenkung vergessen manche Hochbetagte während des Festes ihre körperlichen Einschränkungen. Herz und Kreislauf kommen in Schwung, die Durchblutung wird angeregt, und dadurch werden die Organe besser versorgt. Die Atmung geschieht unbewusst und unverkrampft, und grob- und feinmotorische Bewegungsabläufe werden automatisch durchgeführt. Feste schaffen also körperliche Entspannung und wirken sich positiv auf den ganzen Körper aus.

Körperliche Entspannung

4. Ort und Zeit

Die Räumlichkeiten werden passend zum Motto ausgewählt. Soll das Fest im Freien stattfinden, ist es sinnvoll, sich im Vorfeld eine Alternative zu überlegen, wo bei »schlechtem« Wetter gefeiert wird.

Ausstattung des Raumes

Bei der Ausstattung des Raumes sind folgende Punkte zu berücksichtigen und zu organisieren: ausreichend Platz, Beleuchtung, Stühle, Tische, Bühne, Dekoration, tontechnische Anlage, Toiletten, Garderobe und die Erreichbarkeit des Raumes.

Die zeitliche Planung umfasst neben dem Veranstaltungsdatum, die Tageszeit und Veranstaltungsdauer. Dabei ist zu prüfen, ob der Termin für alle Beteiligten günstig ist und dass keine Parallelveranstaltungen stattfinden.

5. Information und Absprachen

Persönliche Einladungen oder Plakate

Die Besucher des Festes können mit persönlichen Einladungen oder durch Plakate informiert werden. Musiker, Künstler oder andere Vortragende sollten möglichst früh benachrichtigt werden. Außerdem sind Absprachen zu treffen mit den hauseigenen Kollegen, ehrenamtlichen und Honorar-Mitarbeitern.

6. Finanzierung

Kostenrechnung

Vor dem Fest sollte eine Kostenrechnung angefertigt werden, die erkennen lässt, welche Kosten zu erwarten sind.

Zur Finanzierung eines Festes können beitragen: Spenden von Firmen, Vereinen und Privatpersonen, Einnahmen aus Verkaufsständen, Basaren, Verlosungen, Versteigerungen und durch des Eintrittsgeld.

7. Praktische Vorbereitung

Folgende Aufgaben müssen von dem Festausschuss übernommen werden:

- Festlegung des Programmablaufs (verhandeln mit Künstlern und Mitwirkenden, vorbereiten von Materialien),
- Bekanntmachung und Werbemaßnahmen organisieren (Plakate, Einladungen, Handzettel, Zeitungsartikel, Einladungsliste),
- Speisen und Getränke festlegen (auch Geschirr, Besteck und Bewirtungspersonal müssen vorbereitet werden),
- Dekoration beschaffen (Wandschmuck, Tischschmuck, Servietten, Tischdecken, Kerzen),
- Technische Hilfsmittel vorbereiten (Beleuchtung, Mikrophon, Musikanlage, Ausschilderung, Unfallverhütung, Personenbeförderung).

8. Sitzordnung

Bestuhlung

Die Bestuhlung richtet sich nach der Art der Veranstaltung und muss sich daran orientieren (z. B. Reihenbestuhlung für eine Theateraufführung, kleine Tischgruppen bei einem Sommerfest). Es ist darauf zu achten, dass die Stühle nicht zu eng stehen und geeignete Plätze für Rollstuhlfahrer freigehalten werden. Auch für Krankenbetten sollte bei Bedarf Platz geschaffen werden.

9. Programmablauf

Bei einem großen Fest wird der Programmablauf von einem Mitglied des Festkomitees moderiert, d. h. er begrüßt die Gäste, begleitet sie durch das Programm und übernimmt die Verabschiedung. Eine zeitliche Strukturierung der Programmpunkte hilft dabei, die vorgegebene Zeit einzuhalten. Schriftlich verteilte Programme dienen als zusätzliche Orientierungshilfe für alle Beteiligten. Im Programm sollten auch genügend Pausen zwischen den einzelnen Programmpunkten eingebaut werden.

Schriftlich verteilte Programme

Der Auftakt eines Festes und der Schluss sollten immer eine Gemeinschaft verbindende Aktion sein. Außerdem ist noch zu beachten, dass der Höhepunkt eines Festes nicht zu früh im Programm steht.

10. Lückenfüller

Während der Durchführung eines Festes sollte nicht zu straff am Programm festgehalten werden. Es ist einerseits wichtig, Platz für Spontanität zu lassen, andererseits dämpfen zu lange Pausen evtl. die Stimmung, so dass ein zusätzlicher Programmpunkt eingeschoben werden muss.

11. Reflexion

Jede Veranstaltung sollte ausgewertet werden im Festkomitee bzw. mit den Hochbetagten und Mitwirkenden. Sinnvoll ist es dabei, Kritik und neue Ideen für das nächste Fest schriftlich zu dokumentieren.

Methodisch/didaktische Planung eines »Käsefestes«

1. Vorplanung

1.1 Ausgangslage: Neun Besucher/innen der Kurzzeitpflege

Unsere Kurzzeitpflegeeinrichtung besteht seit fünf Jahren und ist für zehn Besucher konzipiert. Die Aufenthaltsdauer beträgt im Durchschnitt vier Wochen, und zur Zeit leben bei uns sieben Damen und zwei Herren. Die Besucher/innen kennen sich untereinander durch die gemeinsame Tagesgestaltung. Doch die Kontakte sind eher oberflächlich, da alle Beteiligten wissen, dass der Aufenthalt hier nur vorübergehend ist.

Zu dem Konzept unserer Einrichtung gehört, dass am Freitagnachmittag immer eine gemeinsame Aktivität stattfindet, in der die Geselligkeit im Vordergrund stehen soll. Bei der Organisation des Nachmittags wechseln wir uns im Team ab, am nächsten Freitag bin ich zuständig und werde von meiner Kollegin Silke unterstützt. Wir sind beide Altenpflegerinnen und kennen die Besucher/innen verhältnismäßig gut.

1.2 Themenfindung

In unserer Stadt findet zur Zeit eine »Holländische Woche« mit unterschiedlichen Aufführungen und Verkaufsständen statt. Leider ist ein gemeinsamer Besuch der Veranstaltung nicht möglich, da sechs der jetzigen Besucher/innen der Kurzzeitpflege nicht ohne Hilfe gehen können. Wir haben am Wochenanfang mit den Hochbetagten über die »Holländische Woche« gesprochen und gemeinsam überlegt, dass wir statt eines Besuches am Freitagnachmittag ein eigenes kleines »Käsefest« feiern wollen.

Die Dekoration dieses Festes haben wir zusammen besprochen: gelbe Tischdecken, gelbe Servietten, rote Kerzen (da die Käserinde oft rot ist) und kleine Mäuse, die meine Kollegin Silke mit zwei Besucherinnen aus Papier herstellen will (die Mäuse werden aus grauem Tonkarton ausgeschnitten, Barthaare aufgeklebt, Nase und Augen schwarz aufgemalt). Die inhaltliche Vorbereitung übernehme ich.

1.3 Ziele

- Gemeinschaftserlebnis,
- Förderung der Konzentration,
- Erinnerungen wecken.

2. Vorbereitung

2.1 Ort und Zeit

In der Wohnküche unserer Einrichtung am Freitagnachmittag von 15.30 Uhr bis 17.00 Uhr.

2.2 Information und Absprache

Während der Dienstbesprechung am Mittwochmittag wird das Team informiert über das »Käsefest«. Die Hochbetagten wissen durch die gemeinsame Planung von dem Fest und werden im Laufe der Woche daran erinnert. In der Küche bestelle ich den Kuchen für diesen Tag ab und fordere statt dessen Käse, Wein, Traubensaft, Weintrauben und salziges Gebäck an.

2.3 Finanzierung

Für die Freitagnachmittagveranstaltung stehen uns immer 30,00 DM zur Verfügung. Ich kaufe davon gelbe Stofftischdecken, Servietten, Kerzen und Ziegenkäse (den ich nicht in der Küche bestellen kann).

2.4 Praktische Vorbereitung

- Weinlaub für die Tischdekoration mitbringen,
- fünf unterschiedlich farbige Teller bereitstellen,
- Liederkopien anfertigen,
- informieren über Käseherstellung (Lexikon),
- im Kochbuch Informationen über Käse suchen,
- Ziegenkäse kaufen,
- genaue Absprache mit der Küche über die bestellten Lebensmittel.

3. Durchführung

3.1 Arbeitsplatzvorbereitung

Gemeinsam mit den Besucher/innen gestalten wir die Tischdekoration (Tischdecke, Servietten, Weinlaub, Kerzen, Weintrauben und salziges Gebäck, Weingläser, Kuchengabeln, Papiermäuse).

Ich teile den Käse in kleine Häppchen, lege je eine Sorte auf einen farbigen Teller und stelle diese zur Seite. Wandtafel, Kreide, Liederkopien, Schreibutensilien und Informationsmaterial lege ich bereit. Wein, Mineralwasser und Traubensaft stehen griffbereit.

3.2 Sitzordnung

Wir sitzen um einen großen Tisch. Jede/r Besucher/in wählt seinen/ihren Platz. Silke und ich sitzen uns gegenüber, so dass jede von uns für eine Tischhälfte »zuständig« ist.

3.3 Programmablauf

- Begrüßung und kurze Übersicht über den Programmablauf,
- Lied: »Im Krug zum grünen Kranze«,

- Getränke werden angeboten, und gemeinsam stoßen wir auf unser »Käsefest« an. Es folgt ein kurzes Gespräch über die Tischdekoration,
- Frage: Welche Käsesorten kennen Sie?
  Die Antworten werden von mir aufgeschrieben, und im Laufe des Nachmittags wird diese Liste vervollständigt, wenn weitere Käsesorten genannt werden.
- Gesprächsanregungen: Wie wird Käse hergestellt? Evtl. auch: Wie wird Butter hergestellt? Gibt es besondere Vorlieben oder Abneigungen bei verschiedenen Käsesorten in der Runde? Welche Lebensmittel werden auch aus Milch hergestellt? (z. B. Joghurt, Butter, Buttermilch, Quark, Kefir, Dickmilch, Kakao);
- Käsequiz: Vier Käsesorten sollen am Geschmack erkannt werden! Dazu schreibe ich vier Käsenamen an die Tafel: Gouda, Emmentaler, Camembert, Harzer Roller. Dann stelle ich den ersten Teller auf den Tisch und bitte alle Besucher/innen mit der Kuchengabel ein Stück zu nehmen, zu probieren und zu sagen, um welche Sorte es sich handelt. Auf die Tafel schreibe ich hinter der erkannten Sorte die Farbe des Tellers. So probieren wir alle vier Sorten. Sollte den Teilnehmern noch der Sinn nach einer fünften Sorte stehen, biete ich den Ziegenkäse zum Probieren an. Ob der auch erkannt wird?
- Die Käseteller bleiben auf dem Tisch stehen, und gemeinsam essen und trinken wir,
- Bei der Herstellung von Käse wird die Milchsäure unter anderem zu Kohlendioxid abgebaut, was zur Bildung der Löcher im Käse führt. Frage: In welchen Gegenständen kann auch ein Loch sein? Die Antworten werden an die Tafel geschrieben. Beispiele dazu: Loch im Schuh, in der Tasche, Astloch, Brandloch in der Tischdecke, Loch in der Strumpfhose. Die Antworten dürfen ruhig phantasievoll sein.
- Lied: »Ein Loch ist im Eimer«. Dieses Lied wollen wir im Wechselgesang singen, wobei die Tischrunde in zwei Gruppen eingeteilt wird.

- Frage: In welchen Gerichten wird Käse verarbeitet? (z. B. Auflauf, Toast Hawaii, Käsefondue, Pizza, Käsekuchen).
- Schluss ankündigen und unsere (hoffentlich lange) Liste der Käsesorten noch einmal durchgehen.
- Lied: »Trink, trink, Brüderlein trink«.
- Gemeinsam beenden wir unser kleines Fest und räumen auf. Wenn es von den Anwesenden gewünscht wird, hängen wir unsere Käsesortenliste auf, so dass wir im Laufe der nächsten Tage noch etwas hinzufügen können. Auch werden wir uns gemeinsam eine Verwertung für die Papiermäuse überlegen.

3.4 Lückenfüller

Zum Thema »Käse« lese ich aus einem Kochbuch Informationen vor, z. B. von einem Käsemarkt in Holland oder von der früheren holländischen Nachbarschaftssitte des »Käsesonntags« (dort glaubte man, dass man am zweiten Fastensonntag – in der Fastenzeit – siebenerlei Brot essen müsse. Deshalb besuchte man alle Freunde und Bekannte nacheinander und ließ sich von allen mit Brot und Käse bewirten).

3.5 Nachbereitung

Die restlichen Materialien werden von meiner Kollegin und mir weggeräumt. Die Besucher/innen werden zu ihren Zimmern bzw. zur Toilette begleitet.

4. Reflexion und Auswertung

Mit meiner Kollegin Silke werde ich die Veranstaltung auswerten.

10-Minuten-Aktivierung

Das Ziel ist:

→ *die Aktivierungsmöglichkeit kennen zu lernen und in die Altenarbeit umsetzen zu können.*

Methode zur Aktivierung alter, demenzkranker Menschen

Vor einigen Jahren wurde von Frau Schmidt-Hackenberg die 10-Minuten-Aktivierung entwickelt. Es handelt sich um eine Methode zur Aktivierung alter, demenzkranker Menschen. Es geht darum, mit Alltagsgegenständen die Sinne anzusprechen, Erinnerungen wachzurufen und Gespräche anzuregen.

Frau Schmidt-Hackenberg arbeitete viele Jahre als Aktivierungstherapeutin in einem Altenpflegeheim und lehrt an verschiedenen Altenpflegeschulen. Dabei erfuhr sie einerseits vom Bedarf an Beschäftigungsangeboten auch für demenziell erkrankte Bewohner/innen und andererseits von der mangelnden Zeit der Mitarbeiter für Beschäftigungsangebote. Daraus entwickelte sie die 10-Minuten-Aktivierung, bei der be-greifbare Materialien angeboten werden, um darüber zu sprechen, Bewegungsübungen zu machen oder sie einfach nur wahrzunehmen.

Kleine Aktivierungseinheiten

Die zeitliche Begrenzung soll einerseits den Mitarbeitern ermöglichen, trotz Zeitmangel kleine Aktivierungseinheiten anbieten zu können. Andererseits ist die Leistungskapazität und die Konzentrationsfähigkeit der demenziell erkrankten Hochbetagten sehr gering, so dass eine Aktivierung nicht länger als 20 Minuten dauern sollte. Sinnvoll ist es, das Angebot kurz vor dem Mittagessen oder nach dem Nachmittagskaffee anzubieten, da dann die Hochbetagten schon im Tagesraum sitzen und nicht extra geholt werden müssen.

Wie könnte eine 10-Minuten-Aktivierung konkret aussehen?

Es sitzen ein paar demenziell erkrankte Damen an einem Tisch mit einer Betreuungsperson. Auf dem Tisch liegen unterschiedliche Küchengeräte, z.B. Holzlöffel, Käsereibe, Kaffeemühle, Brotmesser, Schneebesen, Fleischklopfer und Einmachglas. Die Hochbetagten werden nun einzeln oder als Gruppe aufgefordert, die Gegenstände anzufassen und vielleicht etwas dazu zu erzählen, sie auszuprobieren, sie zu halten oder auch daran zu riechen. Dazu kann die Betreuungsperson Fragen stellen, z.B. ganz allgemeiner Art »Was macht man damit?« oder »Was ist das?«. Oder sie stellt zu einzelnen

Gegenständen spezielle, auch biografische Fragen, z.B. »Wer hat in Ihrer Familie immer das Brot geschnitten?« oder »Welche Früchte wurden von Ihnen in Weckgläser eingemacht?«. Durch das Be-greifen, also das konkrete Anfassen und Hantieren mit den Gegenständen ist eventuell ein Zugang zu dementen Menschen möglich, der verbal nicht möglich ist. So kann das Wort »Kaffeemühle« vielleicht nicht ausgesprochen bzw. nicht gefunden werden, aber der Umgang mit der Kaffeemühle ist wie selbstverständlich: Es ist klar, wie sie gehalten wird, woran gedreht werden muss und wo das duftende Kaffeepulver landet. Durch das Hantieren und die Beschäftigung mit den Gegenständen werden Erinnerungen und damit verbundene Emotionen geweckt.

Beschäftigung mit Gegenständen

Bei der 10-Minuten-Aktivierung geht es um eine Beschäftigungsmöglichkeit, bei der durch vertraute Alltagsgegenstände an frühere Lebensabschnitte erinnert wird. So kann z.B. ein Waschbrett der Schlüssel zu Erinnerungen an anstrengende Waschtage werden, oder der Geruch von Bohnerwachs erinnert an die gute Stube im Elternhaus. Die Gespräche über die Bedeutung und Funktion der Gegenstände ermöglichen sowohl eine Zeitreise in die Vergangenheit als auch das Vergegenwärtigen der Gegenwart.

Vertraute Alltagsgegenstände

Ein Beispiel aus der Praxis

> Eine 92jährige, sehr stille verwirrte Dame nimmt sich aus dem Aktivierungskasten zum Thema Schule ein Holzlineal. Es ist ziemlich abgegriffen und sieht richtig alt aus. Die Dame schaut es sich genau an und legt es zurück, um sich den Griffelkasten zu nehmen. Sie öffnet ihn und lächelt vor sich hin. Dann schaute sie auf und sagt in die Runde: »Ich saß immer neben Marlies, und wir haben viel gesungen.« Eine andere Dame aus der Gruppe nahm dieses Stichwort auf und so wurde ein Lied angestimmt.

Aktivierungsschränke

Welche Vorbereitungen müssen getroffen werden, um diese Aktivierung umsetzen zu können? Ute Schmidt-Hackenberg empfiehlt »Aktivierungsschränke« einzurichten, die Kästen und Kartons mit unterschiedlichen Themen enthalten.
Dazu könnte gehören:

- Spielzeug (z.B. Teddy, Puppe, Kreisel, Eisenbahn, Murmeln, ...),
- Nähutensilien (z.B. Fingerhut, Zwirn, Stopfpilz, Knöpfe, ...),
- Werkzeug (z.B. Zange, Hammer, Schrauben, Maurerkelle, ...),
- Taschentücher (z.B. bestickt, mit Spitze, aus Seide, Herrentaschentuch, ...),
- Nordseestrand (z.B. Muscheln, Steine, Seestern, Sand, ...),
- Ostern (z.B. bemalte Eier, Osterhase, Küken, Moos, ...),
- Kopfbedeckungen (z.B. Kopftuch, Hut, Bademütze, Pudelmütze, ...),
- Reinigungsmittel (z.B. Staubtuch, Schuhputzbürste, Glasreiniger, ...).

Weitere Themen: Gürtel, Geburtstag, Tücher, Schmuck, Handarbeiten, Musikinstrumente usw.

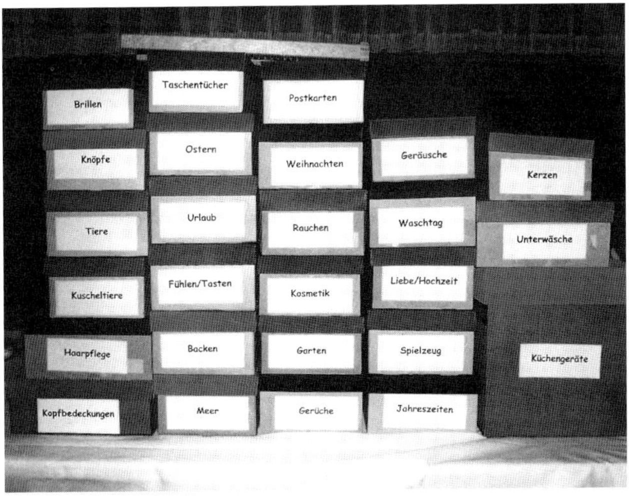

Beim Sammeln der Gegenstände entstehen sicher weitere Ideen. Auch ein Gang über den Flohmarkt wird sich kreativ auswirken. Vielleicht ist es auch möglich, die Angehörigen der alten Menschen beim Sammeln mit einzubeziehen. So wird die Idee der 10-Minuten-Aktivierung bekannt, und vielleicht möchten die Angehörigen auf diese Sammlung zurückgreifen, wenn sie zu Besuch sind.

Wenn diese Vorarbeiten des Materialsammelns abgeschlossen sind, kann täglich und ohne weitere Vorbereitung die 10-Minuten-Aktivierung durchgeführt werden.

Biografischer Ansatz

Bei der Durchführung ist darauf zu achten, dass der biografische Ansatz berücksichtigt wird. Das heißt, das Thema der 10-Minuten-Aktivierung bzw. die Gegenstände müssen einen Bezug zum Leben der Hochbetagten haben. Außerdem sollten möglichst viele Sinne angesprochen werden. Die Betreuungsperson sollte also zum Anfassen, Riechen vielleicht auch zum Schmecken oder Hören, auffordern. Interessant sind auch regionale Besonderheiten, auf die eingegangen werden sollte.

Anregung

Zur Ergänzung der Themenkästen können auch passende Lieder, Geschichten und Gedichte beigelegt werden, die das Angebot vervollständigen.

Neben dem Be-greifen und Beschäftigen mit den Gegenständen sind auch Bewegungsübungen mit den Alltagsgegenständen möglich. So können zum Beispiel Taschentücher, Gürtel oder auch beklebte Papprollen eingebunden werden in gymnastische Übungen und die 10-Minuten-Aktivierung ergänzen und bereichern (siehe dazu das Kapitel Seniorengymnastik »Einsatz von Handgeräten«).

Erinnerungskoffer

Die Idee des Erinnerungskoffers wird in dem Buch »Erinnern« von Caroline Osborn (u.a.) empfohlen. Mit alten und auch neueren Alltagsgegenständen sollen Erinnerungen wach gerufen werden, um biografische Gespräche anzuregen und zu führen. Es wird vorgeschlagen, Koffer z. B. mit Kinderspielzeug oder Kosmetikartikel, mit Haushaltsgegenständen oder Schulartikel zu füllen, um bei Gruppentreffen damit hantieren zu lassen und Erinnerungen zu wecken. »Biografiearbeit mit Hilfe eines Erinnerungskoffers«, vielleicht ist das eine zusätzliche Variante der 10-Minuten-Aktivierungskästen.

Snoezelen

Das Ziel ist:

→ *Snoezelen als Sinnesanregung kennen zu lernen, Prinzipien und Ziele des Snoezelens zu verstehen und die Methode in die Altenarbeit umsetzen zu können.*

DAS ZIEL IST ...

Stellen Sie sich bitte folgende Situation vor:

Sie liegen auf einer bequemen Matratze, es ist angenehm warm, das Zimmer ist abgedunkelt und mit Hilfe einer Spiegelkugel gleiten bunte Lichtpunkte über die Wände und die Zimmerdecke. Im Hintergrund hören Sie leise, ruhige Musik und Sie haben nichts anderes zu tun, als die Farben, Formen und Töne auf sich wirken zu lassen. In einer Zimmerecke steht eine Wassersäule, in der Luftblasen aufsteigen und das Wasser in immer anderen Farben angestrahlt wird. Auf dem Boden liegt ein Lichtfaserteppich, in dem ganz viele kleine Lichter eingewebt scheinen, die unregelmäßig erleuchten. Sie liegen da und lassen die Dinge auf sich wirken. Sie spüren den weichen Untergrund, auf dem Sie liegen und halten vielleicht ein Kuscheltier im Arm. Sie müssen nicht denken, aber Sie können denken – ganz wie Sie mögen. Sie können alles genau beobachten, aber Sie können auch die Augen schließen, wenn Ihnen danach ist. Ihre Gedanken treiben dahin, Sie fühlen sich ruhig und entspannt, Sie snoezelen!

Was ist Snoezelen?

Das Snoezelen wurde Ende der 70er Jahre in den Niederlanden in der Arbeit mit schwer geistig behinderten Menschen entwickelt. Es begann mit einem Aktivitäten-Zelt bei einem Sommerfest der Einrichtung »De Hartenberg«. In diesem Zelt wurden unterschiedliche Anregungen angeboten, die die Sinne so dosiert wie möglich und möglichst einzeln ansprachen. Das Snoezelen sollte ein Freizeitangebot sein und Erholungsmöglichkeit bieten. Ad Verheul, ein Mitarbeiter der genannten Einrichtung, gilt als »Vater des Snoezelens«, da er sich systematisch mit der neuen Aktivität beschäftigte und wesentlich für die Weiterentwicklung und Verbreitung sorgte. Ihm war wichtig, dass das Reizangebot so ausgelegt wird, dass es dem Behinderten angenehme und lustvolle Sinneswahrnehmungen ermöglicht. Snoezelen soll besondere Erfahrungen bieten, die im Alltag sonst nicht zu machen sind. Beim Snoezelen soll man sich wohl und sicher fühlen.

Lustvolle Sinneswahrnehmungen

Das Wort »Snoezelen« setzt sich aus den beiden niederländischen Verben »snuffelen« und »doezelen« zusammen. Snuffelen steht für schnüffeln und schnuppern, wie auch für freies Entscheiden. Doezelen wird mit schlummern, dösen und träumen übersetzt und steht auch für Zuwendung und Geborgenheit. Der Begriff Snoezelen hat auch Ähnlichkeit mit dem englischen Wort »to snooze«, das man mit »ein Nickerchen machen« oder »dösen« übersetzen kann. Das Wort Snoezelen wird wie »snuselen« ausgesprochen, mit einem gedehnten »u«.

»snuffelen« und »doezelen«

Eigentlich kann man nicht erklären, was Snoezelen ist, man muss es erfahren. Es ist eine besondere Form des »süßen Nichtstun« mit meditativer Wirkung. Beim Snoezelen kann eine besondere Stimmung entstehen, eine Art »Trancezustand«, den wir oft als entspannend und angenehm empfinden.

»Süßes Nichtstun«

Beim Snoezelen geht es im Kern um die Wahrnehmung mit allen Sinnen. Durch Musik, Lichteffekte, taktile Stimmulation, leichte Vibration und angenehme Gerüche werden die Sinne angesprochen, um damit Gefühle von Entspannung, Wohlergehen und Sicherheit zu erzeugen. Es sollen nicht Inhalte, sondern Eindrücke aufgenommen werden.

Definition der Deutschen Snoezelen-Stiftung

»Snoezelen ist eine ausgewogen gestaltete Räumlichkeit, in der durch harmonisch aufeinander abgestimmte multisensorische Reize Wohlbefinden und Selbstregulationsprozesse bei den Anwesenden ausgelöst werden.

Durch die speziell auf die Nutzer hin orientierte Raumgestaltung werden sowohl therapeutische und pädagogische Interventionen als auch die Beziehung zwischen Anleiter und Nutzer gefördert.

Snoezelen kann im Kranken-, Behinderten- und Nichtbehindertenbereich wirksam angewendet werden.«

(www.snoezelen-stiftung.de)

Beim Snoezelen soll eine Atmosphäre geschaffen werden, in der sich der Mensch wohlfühlen und ausruhen kann. Das kann in speziellen Snoezelenräumen sein, das ist aber auch draußen in der Natur oder in einem Krankenzimmer mit Hilfe von Snoezelenmaterialien möglich.

Das ursprünglich für schwerstbehinderte Menschen entstandene Snoezelen wurde in den letzten Jahren auf andere Personengruppen ausgedehnt. In nahezu allen Bereichen der sozialen Arbeit hat man das Snoezelen eingesetzt und überwiegend gute Erfahrungen gemacht. So wird das Snoezelen nicht nur im Freizeitbereich, sondern auch als begleitendes Mittel bei der therapeutischen Arbeit angeboten.

Heute gibt es Snoezelenräume und -möglichkeiten in

- Psychiatrieeinrichtungen und Werkstätten für Behinderte,
- Kindergärten (z.B. um hyperaktiven Kindern zur Ruhe zu verhelfen),
- Schulen und Ausbildungsstätten (Snoezelen in den Pausen),
- freien Praxen (z.B. Schwangere oder Schmerzpatienten erleben die Tiefenentspannung als sehr wohltuend, außerdem wird gesnoezelt bei Schlafstörungen, Asthma und Herz-Kreislauferkrankungen),
- Sterbehospizen (sowohl für die Sterbenden als auch für die Angehörigen),
- Alten- und Pflegeheimen (hier besonders in der Betreuung von dementen alten Menschen; auch bei Koma-Patienten verspricht die Arbeit mit Düften Wirkung),
- Firmen und Freizeiteinrichtungen (die gezielte Entspannung wird zur allgemeinen Stressbewältigung des Alltags genutzt).

Ziele und Prinzipien des Snoezelens

Die Begründer von Snoezelen entwickelten den folgenden Satz: »niets moet, alles mag.« Dieser Satz bedeutet, es muss nichts gemacht werden, aber es ist alles erlaubt.

Snoezelen bietet die Gelegenheit, sich in eine Oase der Entspannung und Ruhe einzulassen. Es geht darum, Freude, Spaß und Vergnügen in einer Umgebung mit sanften Farben und Formen zu erleben, die frei von Stress, Druck, Misserfolgen und bedrohlichen Aktivitäten ist. Snoezelen stellt keine intellektuellen Anforderungen und fordert keine verbalen Reaktionen. Es orientiert sich an den Bedürfnissen des Benutzers. Das bedeutet, jeder bestimmt für sich, welcher Sinn angesprochen werden soll, womit er sich beschäftigen möchte, wie lange das Snoezelen dauern soll.

Pflegebedürftige Menschen werden beim Snoezelen von einer Pflege- oder Betreuungsperson begleitet. Die Hauptaufgabe des Begleiters ist die Beobachtung der snoezelnden Personen. Dabei geht es darum zu erkennen, ob Hilfe benötigt wird, ob alles in Ordnung ist, ob eventuell gezielt Materialien angeboten werden sollten oder wann der Mensch das Snoezelen beenden möchte.

Freiwilligkeit und Entspannung

Freiwilligkeit und Entspannung gehören zu den Grundsätzen des Snoezelens. Die Begründer des Snoezelens sagen, dass das Einfach-Auf-Sich-Wirken-Lassen und das angenehme passive Genießen schon Ziele des Snoezelens sind.

Möglicherweise gibt es auch Menschen, die auf das Snoezelen mit Unbehagen oder Verunsicherung reagieren. Natürlich müssen die Begleiter auf eventuelle Ängste reagieren und die Snoezelen-Situation verändern oder beenden.

Snoezelen-Materialien

Snoezelen-Raum

Wohnbereich

Mobiles Snoezelen

Im folgenden Absatz werden ein paar Materialien der Snoezelen-Einrichtung vorgestellt. Am bekanntesten ist wohl die Einrichtung eines separaten Snoezelen-Raumes (oft auch Weißraum genannt). Durch seine Abschirmung zu Alltagsräumlichkeiten stellt ein Snoezelen-Raum die optimalste Variante dar. Es ist aber auch möglich in dem Wohnbereich integriertes Snoezelen anzubieten (Flure, Sitzecken oder Zimmernischen werden mit Snoezelen-Material eingerichtet). Als dritte Möglichkeit hat sich die Idee des mobilen Snoezelens durchgesetzt. Beim mobilen Snoezelen werden mit

Hilfe eines Rollwagens die elementaren Zubehörteile des Snoezelens direkt in die Bewohnerzimmer gebracht.

Hier nun eine kleine Auswahl der wichtigsten Snoezelen-Materialien:

1. Materialien für das Sehen

- Spiegelkugel mit Discospot
  Wenn sich die Spiegelkugel dreht, bewegen sich die Lichtpunkte an den Wänden.
- Effekt-Projektoren
  Sie funktionieren ähnlich wie Diaprojektoren; statt Dias werden runde Scheiben eingelegt, die bunte abstrakte Formen und Farben über die Wände gleiten lassen.
- Wasserwirbelsäulen
  Sie sind mit Farbscheiben ausgestattet, so dass die aufsteigenden Wasserblasen farbig erscheinen. Sehr ähnlich sind Luftwirbelsäulen, in denen Federn oder Bälle bewegt werden.
- Milchstraßenteppich
  Dieser Teppich besteht aus schwarzem Material mit kleinen Lichtfaserpunkten.
- Mobiles
  Es geraten einzelne Objekte durch Luftströmungen in Bewegung.
- Spiegel und Zerrspiegel
  Spiegel verleihen dem Raum eine zusätzliche Demension.

2. Materialien für das Hören

- Musikanlage mit CDs
  Die Musik im Snoezelenraum ist ein Hauptbestandteil des Snoezelens. Vor allem wird Entspannungsmusik verwendet, die eine ruhige und stimulierende Atmosphäre erzeugt.
- Musikinstrumente, z.B. Rasseln
  Damit können Rhythmen und Töne selbst produziert werden.

3. Materialien für das Fühlen und Tasten

Neben dem Tastsinn nimmt die Haut unterschiedliche Reize auf, dazu gehören Wärme und Kälte wie auch Vibration.

- Tastwände

  Tastwände oder auch Tastsäulen sind mit unterschiedlichem Material ausgestattet (z.B. unterschiedliche Bürsten auf einem Brett) und werden von den Snoezelenden befühlt, erforscht, begriffen.
- Wasserbett

  Bei einem Wasserbett ist die Matratze mit Wasser gefüllt, das beheizt werden kann. Außerdem gibt es Musik-Vibrations-Wasserbetten, bei denen die Musik pysisch erlebbar ist (man spürt die Klang- und Wasserschwingungen).
- Decken und Kissen

  Sie spenden Wärme und Geborgenheit, geben Sicherheit, machen das Liegen oder Sitzen bequemer und geben Schutz. Neben den vielen optischen Varianten (Farbe und Formen) ist das Material für das Fühlen entscheidend.
- Kuscheltiere

  Mit einem Kuscheltier im Arm oder vielleicht auch als Kopfstütze snoezelt es sich besonders gut.
- Massagezubehör

  Jede Art von Massage, ob Selbstmassage mit einem Igelball oder eine Handmassage durch eine Pflegekraft, soll den Tastsinn anregen und das Wohlbefinden fördern.

4. Materialien für das Riechen

- Duftöle

  Mit Duftlampen, elektrischen Aroma-Verbreitern oder Duftzerstäubern werden Düfte verbreitet, um die Atmosphäre sinnlich zu bereichern. Aus der Aromatherapie ist bekannt, dass unterschiedliche Aromen auf den Menschen wirken (z.B. Zitrone ist anregend und stimmungsaufhellend).
- Naturmaterialien

  Natürlich ist es auch möglich, an einem Kräuterkissen zu riechen, an einer Hand voll Heu zu schnuppern oder den Duft eines Sträußchens Maiglöckchen zu genießen.

Dies ist nur eine kleine Auswahl der wichtigsten Snoezelen-Materialen. Der Fachhandel bietet eine sehr große Auswahl an weiteren Materialien an. Natürlich ist es auch möglich Snoezelen-Materialien selbst herzustellen.

Link-Empfehlung:
weitere Informationen finden Sie unter:
http://www.snoezelen-online.de
http://www.snoezelen-stiftung.de
Wenn Sie schöne Fotos zu diesem Thema sehen wollen: Suchmaschine mit der Funktion Bildsuche unter dem Stichwort: »Snoezelen«

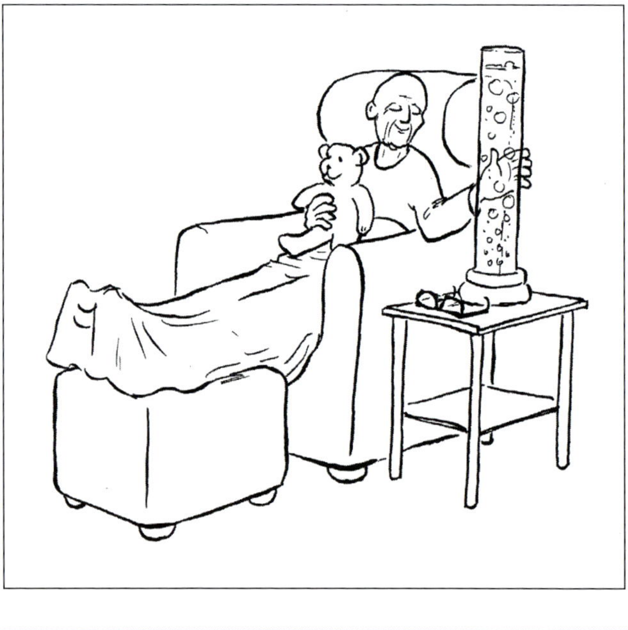

Snoezelen in der Altenarbeit

In der Anwendung unterscheidet sich das Snoezelen mit alten Menschen nicht wesentlich von dem mit jüngeren Menschen. Allerdings sollten die Räumlichkeiten und Medien den Bedürfnissen der alten Menschen gerecht werden, also besser bequeme Sitzmöbel statt eines tiefen Sitzsackes, fester Boden statt eines weichen Mattenbodens, und auch die Musik oder Aromen sollten passend zur Biografie eingesetzt werden.

Bedürfnisse der alten Menschen

Mittlerweile wird in vielen Altenpflegeeinrichtungen gesnoezelt. Die Wirkung des Snoezelens auf die Stimmung und das Verhalten der alten Menschen wird in der Literatur meist als positiv beschrieben, aber es gibt auch Gegenargumente. So wird die Methode das Snoezelen als zu wenig theoretisch untermauert kritisiert, die Wirkweise wird als trivial oder unbedeutend abgetan. Dem Snoezelen wird nachgesagt, dass es eine teure Scheinwelt schaffe, statt derer solle doch besser der Alltag in der Institution schöner und reizvoller gestaltet werden.

Um wissenschaftlich zu prüfen, ob und inwieweit durch Snoezelen die Lebensqualität alter, verwirrter und pflegebedürftiger Menschen verbessert werden kann, wurde ein Forschungsprojekt in einem Senioren Wohn- und Pflegeheim in Regensburg durchgeführt. Unter der Begleitung von Prof. Dr. Matthias Dalferth wurde bis zum Frühjahr 2003 eine kontrollierte Langzeitstudie konzipiert. Zweieinhalb Jahre besuchten 18 Heimbewohner (mit verschiedenen Beeinträchtigungen, davon die Hälfte mit demenziellen Erkrankungen) mit ihren Begleitern regelmäßig die Snoezelenräume im Haus. Gleichzeitig wurde eine vergleichbare Kontrollgruppe gebildet, die ebenfalls regelmäßig in Einzel- oder Gruppenarbeit nach der Aktivierungsmethode von Frau Schmidt-Hackenberg betreut und beschäftigt wurde. Mit dieser Kontrollgruppe wollte man ausschließen, dass sich die erwünschten Effekte nicht einzig auf die intensive Zuwendung der Betreuungspersonen zurückführen lassen.

Die Mitarbeiter, die an diesem Forschungsprojekt mitgearbeitet haben, erhielten neben den Fallbesprechungen Informationen und Schulungen über Aromatherapie, Biografiearbeit, Validation, Verwendung von Snoezelenutensilien sowie Aktivierungs- und Entspannungsmethoden. Nach zweieinhalb Jahren wurden fast 1500 Dokumentationsbögen ausgewertet und mit den Ergebnissen der Kontrollgruppe verglichen.

Die Zusammenfassung der Ergebnisse formuliert Prof. Dr. Matthias Dalferth so: »Snoezelen hat sich als ein hochwirksames Verfahren in der Betreuung älterer Menschen erwiesen, mit dem sich beachtliche Effekte erzielen lassen.« Es wurde beobachtet, dass die Bewohner, die regelmäßig gesnoezelt haben, verstärkt Kontakt zu den Begleitern und Gruppenmitgliedern aufnahmen, sie äußerten Zustimmmung und Freude, reagierten positiv auf Ansprache, konnten beim Snoezelen rasch Ruhe finden. Gleichfalls kam es zu einem deutlichen Rückgang von negativen Bemerkungen, Angst- und Unruheäußerungen, ruhelosem Umherwandern und stereotypen Verhaltensmustern. Die Untersuchung zeigte ganz deutlich, dass das Wohlbefinden und die positiven Gefühle demenziell erkrankter Menschen steigen, während negative Verhaltensweisen und negative emotionale Äußerungen deutlich zurückgehen. Im Vergleich zu der Aktivierungsmethode von Ute Schmidt-Hackenberg wurde deutlich, dass besonders bei demenziell erkrankten Menschen und Menschen mit großen körperlichen Einschränkungen das Snoezelen positivere Effekte hervorruft und diese positiven Effekte länger erhalten bleiben.

Snoezelen-konzeption

In der oben genannten Studie wurde allerdings auch deutlich, dass eine sorgfältige Betreuungsplanung für das Snoezelen notwenig ist. Für jeden Teilnehmer sollte eine Snoezelenkonzeption entwickelt werden, in der der Gesundheitszustand, die Biografie und die gemachten Erfahrungen berücksichtigt werden. In diesem Zusammenhang weist Prof.Dr.Dalfert auf »Empfehlungen für das Snoezelen in Bereichen der Altenpflege« hin, in denen unter anderem betont wird, dass nur regelmäßiges Snoezelen zum erwünschten Erfolg führt und dass es wichtig ist, Pflegekräfte in das Snozelen einzubeziehen.

Snoezelen soll nicht in Konkurrenz zu den Pflegeleistungen treten, sondern eine Möglichkeit bilden, den Kontakt, die Qualität der Pflege und die Lebensqualität der Hochbetagten zu verbessern. Außerdem wurde in der Studie festgestellt, dass auch für die Begleiter das Benutzen der Snoezelen-Räume eine beruhigende Wirkung hatte und sie ihre Arbeit anschließend ausgeglichener verrichten konnten.

Snoezelen – Sinnesanregung mit therapeutischer Wirkung auch für Sie?

Die rasche Verbreitung des Snoezelens in Deutschland und die Öffnung der Snoezelen-Zentren auch für nicht-behinderte Menschen zeigt, dass das Snoezelen als eine Form der Entspannung oder der Meditation gelten kann.

Wirkungen des Snoezelen

Die Wirkungen des Snoezelen, betrachtet aus der Perspektive des gesunden, in der Ausbildung stehenden Menschen, sind:

Konzentration

- Das Dösen oder auch ein kurzes Schläfchen verbessert die Datenverarbeitung im Gehirn. Danach ist die Konzentration erhöht, und die Arbeitsproduktivität ist verbessert.

Angenehme Gefühle

- Die sensorische Anregung mit den unterschiedlichen Angeboten wie Musik, bunten Bildern, Düften usw. führt bei vielen Menschen zu angenehmen Gefühlen, wie Entspannung, Wohlbefinden und Es-sich-gut-gehen-lassen.
  Die Wirkung von positiven Gefühlen beim Lernen und Denken ist nachweisbar.

Ausbilden spielerischer Verhaltensweisen

- Die Objekte des Snoezelenraumes haben einen hohen Aufforderungscharakter, sich ihnen zuzuwenden, sich mit ihnen zu beschäftigen. Dadurch wird das Ausbilden spielerischer Verhaltensweisen gefördert, was in der Arbeit und im Unterricht zu Kreativität und neuen Ideen führen kann.

Ich-Kompetenz

- Die sinnliche Wahrnehmung über alle Sinneskanäle erzeugt ein Gefühl des »Lebendigseins« und dient damit auch der Förderung einer »Ich-Kompetenz«. Die Förderung der Ich-Kompetenz befähigt, sich selbst ernst zu nehmen und sich den anderen gegenüber abgrenzen zu können.

- Die entspannende Atmosphäre eines Snoezelenraumes und insbesondere das gemeinsame Snoezelen führt zu einer Stimmung, in der die Teilnehmer sich gleichwertig fühlen und eventuell gewohnte Rollen (wie z.B. Klassenkasper oder Primus) abgelegt werden können.

Die oben beschriebenen Wirkungen lassen die Folgerung zu, dass Snoezelen eine Entspannungsmethode darstellt, in der Stress abgebaut und Kraft gewonnen werden kann. Somit kann daraus gefolgert werden, dass das Angebot zum Snoezelen in die Ausbildung integriert werden sollte.

Gestaltung der Wohnumwelt

Das Ziel ist,

→ *die Bedeutung von Wahrnehmung zu kennen, die Wohnumwelt der alten Menschen bewusst wahrzunehmen und Anregungen zu Hilfen zur Sicherheit, Orientierung und Vertrautheit geben zu können.*

DAS ZIEL IST...

Neben dem Bereich der Beschäftigung ist die Gestaltung der Wohnumwelt ein wichtiger Bestandteil, um die geistigen und sozialen Fähigkeiten der Hochbetagten zu aktivieren. Die Wohnumgebung eines alten Menschen sollte so gestaltet werden, dass verschiedene Sinne stimuliert, dass Sicherheit, Vertrautheit, Kontrollierbarkeit und Orientierung gegeben werden. Das betrifft das Umfeld eines Hochbetagten, der zu Hause lebt, besonders trifft es aber auf die Wohnumwelt der alten Menschen zu, die in einer Institution wohnen. Viele Hochbetagte fühlen sich unsicher und ängstlich in einem Heim, einem Krankenhaus oder einer Tagesstätte, da alles fremd für sie ist und zu ihrem früheren Leben kein Bezug besteht. Die Reaktion darauf ist häufig Rückzug, Passivität und das Ausharren in einer scheinbar aussichtslosen Situation. Wenn neue Eindrücke und Ereignisse nicht mehr aufgefasst und mit den Inhalten des Langzeitgedächtnisses in Beziehung gebracht werden können, entsteht Verwirrtheit oder die Verwirrtheit der alten Menschen wird verstärkt. Um Unsicherheit und Verwirrtheit zu vermeiden bzw. zu verringern, gehört die Schaffung einer anregenden Umgebung und die Gewährleistung von Orientierung zu den Aufgaben der ganzheitlichen Pflege.

Sicherheit, Vertrautheit, Kontrollierbarkeit

Rückzug, Passivität, Ausharren

Anregende Umgebung

Im folgenden Kapitel sollen Überlegungen und Anregungen zur Gestaltung der Wohnumwelt gegeben werden. Explizite Pflegekonzepte oder -therapien, wie z.B. Basale Stimulation, Milieutherapie oder biografiegestützte Pflege, werden dabei nicht dargestellt.

Bedürfnis nach Wahrnehmung

Mit dem Begriff Wahrnehmung wird die sinngebende Verarbeitung von Reizen bezeichnet. Normalerweise ist Wahrnehmung für uns selbstverständlich, wir denken erst darüber nach, wenn wir in eine Situation geraten, in der wir ihre Grenzen erfahren, z.B. dermaßen konzentriert lesen, dass wir eine herantretende Person nicht bemerken.

Wahrnehmungssystem

Das Wahrnehmungssystem eines Menschen ist auf die aktive Verarbeitung eines ständig wechselnden Reizstromes aus der

Umwelt ausgerichtet. Wird das Bedürfnis nach Wahrnehmung nicht befriedigt, kann das zu dramatischen Folgen führen. Ein wissenschaftliches Experiment macht dieses deutlich: Versuchspersonen wurden für zwei bis drei Tage und Nächte weitgehend von Umweltreizen isoliert. Diese Personen hatten nichts weiter zu tun, als bequem auf weichen Betten zu liegen. Spezialbrillen aus Milchglas sorgten für ein gleichförmiges und konturloses Gesichtsfeld; die Umgebungsgeräusche wurden ausgeschaltet; zur Vermeidung von Berührungsreizen waren Hände und Arme mit wattierten Spezialhandschuhen bedeckt.

Die Folgen dieses Versuches waren für die Versuchspersonen: Einschränkungen der psychischen Leistungsfähigkeit in Form von Konzentrations-, Denk- und Orientierungsstörungen, Stimmungsschwankungen und Affektausbrüchen, Trugwahrnehmungen und Halluzinationen. Ähnliche Auswirkungen auf das Verhalten, wie sie bei diesem Experiment besonders dramatisch aufgetreten sind, kann auch eine reizarme und eintönige Umgebung hervorrufen.

Unsere Wahrnehmungsfähigkeit wird zwar als ganzheitliches Geschehen erlebt, setzt sich aber aus unterschiedlichen Wahrnehmungsbereichen zusammen.

Dazu gehören:

- **somatische Wahrnehmung** (über die Haut, den Körper)

  Grundlage der Wahrnehmungen

  Die somatischen Erfahrungen sind die Grundlage der Wahrnehmungen. »Somatisch« [griechisch] bedeutet: leiblich, körperlich, den Körper betreffend. Der somatische Sinn lässt uns unseren Körper spüren, indem wir Oberflächen wahrnehmen und die Grenzen des Körpers spüren,
- **vestibuläre Wahrnehmung** (über den Lagesinn, Raumorientierung)

  Steuerung des Gleichgewichts

  Sie dient in erster Linie der Steuerung des Gleichgewichts und lässt uns wahrnehmen, in welcher Position wir uns im Raum befinden,
- **vibratorische Wahrnehmung** (über die Tiefensensibilität)

  Gefühl von innerer Stabilität

  Der vibratorische Sinn nimmt Schwingungen wahr z. B. beim Gehen, so dass wir unsere Knochen spüren und ein Gefühl von innerer Stabilität erhalten,
- **orale Wahrnehmung** (über den Geschmackssinn, Zungenaktivität)

  Geschmack und verschiedene Qualitäten

  Neben dem Geschmack nehmen wir auch verschiedene Qualitäten wie Konsistenz (hart, weich, flüssig), Temperatur und Berührungen an den Lippen wahr,
- **olfaktorische Wahrnehmung** (über den Geruchssinn)

  Erinnerungsauslöser

  Der Geruch ist einer unserer wichtigsten Erinnerungsauslöser. So denken wir z.B. bei dem Geruch von Zimt an Weihnachten, mit dem Grillgeruch assozieren wir Sommer und Garten. Auch Menschen können wir an ihrem Geruch erkennen,
- **auditive Wahrnehmung** (über das Hören)

  Fähigkeit zu hören

  Die Fähigkeit zu hören gibt uns die Möglichkeit, unterschiedlichste Eindrücke aus der Außenwelt aufzunehmen. Über das Gehör lernen wir unsere Muttersprache und können so mit anderen Informationen austauschen. Umweltgeräusche wie z.B. Donner, Telefonklingeln oder das Zwitschern der Vögel geben uns Informationen zur Warnung, zum Handeln oder auch zur Entspannung. Musik und Klänge lösen Emotionen in uns aus,

- **taktil-haptische Wahrnehmung** (über das Berühren und Greifen)
  Durch das Fühlen und Tasten machen wir uns unsere Umwelt begreifbar. Hierzu benutzen wir hauptsächlich unsere Hände, aber auch die Füße, den Mund und den Körper.

Fühlen und Tasten

Das Verständnis von Pflege als »umfassende Betreuung von Körper, Geist und Seele« ist nur zu erreichen, wenn dem Bedürfnis nach Wahrnehmung nachgegangen werden kann. Diese Tatsache muss den Pflegenden bei der täglichen Arbeit bewusst sein!

Schauen wir uns die Umweltreize eines alten, bettlägerigen Menschen an. Tagein, tagaus sieht er das gleiche Zimmer aus dem gleichen Blickwinkel, bei günstiger Lage des Raumes vielleicht noch durch ein Fenster einen begrenzten Umweltausschnitt. Der Tagesrhythmus wird immer gleich und monoton durch die Essens-, Pflege- und Schlafzeiten bestimmt. Die sozialen Kontakte beschränken sich auf die Pflegepersonen während der Zeiten der Essensausgabe und Grundpflege und auf Besucher, die hin und wieder die Monotonie durchbrechen. Die zu hörenden Geräusche können häufig nicht erkannt und zugeordnet werden. Zu selten sind Bewegung und Lageveränderung. Anregungen zum Fühlen und Denken, zum Agieren und Reagieren fehlen oft. Bei längerem Anhalten solcher Reizreduktionen kann das anfängliche Bedürfnis nach Wahrnehmung einem als Hospitalismus[1] bezeichneten Zustand weichen. Es kann zu einem Abkapseln von der Umwelt, Selbststimulation, Verwahrlosungstendenzen, gesteigerter Anfälligkeit gegenüber Erkrankungen, starrer Mimik und regloser Körperhaltung führen. Umweltinteresse, das über eine gewisse Zeit hinweg nicht mehr befriedigt

Hospitalismus

1 Hospitalismus wird hier als Sammelbegriff benutzt, der alle körperlichen und seelischen Veränderungen meint, die als Reaktion auf eine reizarme, leblose Umwelt und mangelnde Zuwendung entstehen können. Dazu gehören unter anderem Apathie, depressive Verstimmungen, motorische Unruhe, Kontaktarmut, Hilflosigkeit und Verwirrtheit.

Sozialer Tod

wird, geht verloren. Der soziale Tod geht dem biologischen Ende voraus.

Ich möchte Sie jetzt bitten, in Gedanken (oder auch beim nächsten Praxiseinsatz vor Ort) ein Bewohnerzimmer eines bettlägerigen Hochbetagten genauer zu betrachten und bewusst über die Wahrnehmung nachzudenken.

Blickfeld

- Wie sieht das Blickfeld eines bettlägerigen Bewohners aus? Auf welche Dinge ist der Blick meist gerichtet? Gibt es etwas Schönes zu sehen? Oder fällt der Blick auf einen Koffer, der auf dem Schrank verstaubt? Überlegen Sie bitte, wo Bilder und Erinnerungsstücke angebracht werden müssten, wo Kalender, Uhr, Blumen oder Mobiles innerhalb des Gesichtskreises stehen sollten.

Geruchssinn

- Gibt es Anregungen für den Geruchssinn? Normalerweise hat jeder Mensch einen eigenen, bestimmten Geruch. Dieser entsteht nicht nur durch die Schweißproduktion, sondern steht auch im Zusammenhang mit den persönlichen Pflegemitteln, dem Duft der Wäsche und der Nahrung, die gegessen wurde. Da die Wäsche vielfach in der Großwäscherei gewaschen wird, ist der Wäscheduft einheitlich. Umso wichtiger ist das Beachten individueller Vorlieben aller Pflegeprodukte wie z.B. der Waschlotion, des Deos oder des Haarsprays.

Kleidung

- Welche Reize und Anregungen werden über die Kleidung gegeben? Da es die Pflege erleichtert, tragen viele bettlägerige Hochbetagte keine Unterwäsche. Die enganliegende Wäsche hilft aber, den eigenen Körper bzw. Körperteile wahrzunehmen. Kann der pflegebedürftige Mensch an der Kleidung Tag und Nacht unterscheiden? Ist der Sonntag auch an der Kleidung zu erkennen?

Geräusche

- Was hört ein bettlägeriger Bewohner im Laufe des Tages? Bitte setzten Sie sich für ein paar Minuten mit ins Zimmer und nehmen ganz bewusst die Geräusche wahr, die zu dem Bewohner »durchdringen«.

Essen und Trinken

- Welche Anreize werden über das Essen und Trinken gegeben. Gibt es Temperaturunterschiede oder ist alles lauwarm? Die

Konsistenz der Speisen sollte genauso wechseln wie auch das Geschirr, mit dem die Speisen gereicht werden. Zum Trinken erhalten viele Pflegebedürftige einen Schnabelbecher. Damit geht die Wahrnehmung des Geruchs beim Trinken verloren. Außerdem wird ein Schnabelbecher oft nicht als Trinkgefäß erkannt. Eine Porzellantasse mit Kaffee oder ein Glas mit Saft stellt einen anderen Reiz dar und knüpft an Vertrautem an.

- Auch Bewegung ist ein Reiz. Jede Lageveränderung des Körpers oder einzelner Körperteile führt zur Körperwahrnehmung. Außerdem kann auch das Vibrationsempfinden angesprochen werden, um den Körper bewusst wahrzunehmen.

Bewegung

Sicher fallen Ihnen noch mehr Angebote zur Reizempfindung ein, z.B. Reize, die über die Haut wahrgenommen werden oder was mit den Händen gefühlt werden kann.

Auch die folgenden Vorschläge sollen als Anregung verstanden werden, dem alten Menschen sonst fehlende Reize anzubieten. Gefragt ist hierbei eine kreative und experimentierfreudige Herangehensweise, gekoppelt mit Einfühlungsvermögen und geduldiger Zuwendung.

Beispiele zur Anregung der Wahrnehmung:

Blumen	• jahreszeitliche Blumensträuße aufstellen, • einen einzelnen Blumenstiel in die Hände geben, befühlen, riechen lassen, • zur Blumenpflege der eigenen Zimmerpflanzen aktivieren.
Bilder	• auf Wandschmuck achten und diesen hin und wieder verändern, • gemeinsam Fotos ansehen, • Kalenderbilder betrachten und beschreiben, • Bilder auch in der passenden Höhe für Rollstuhlfahrer aufhängen.
Musik	• Radiosender oder Kasettenrekorder anstellen (aber keine Dauerberieselung!), • etwas vorsingen oder gemeinsam singen,

- oder mal etwas pfeifen?,
- den Klang eines Instrumentes ausprobieren.

Bewegung
- Bewegung fördern, z.B.bei der Grundpflege und beim Essen anreichen,
- etwas zum Greifen oder Anfassen geben (vielleicht mal einen Schneeball oder etwas welkes Laub mitbringen?).

Reize

Wichtig für die Herausbildung der Wahrnehmung ist vor allem, dass sich Reize ändern, damit man sie besser wahrnehmen kann. Ein ständig wiederkehrender, gleich bleibender Reiz wird irgendwann nicht mehr wahrgenommen. Der Körper gewöhnt sich daran, z.B. riecht man das eigene Parfüm nach einiger Zeit nicht mehr oder hört die Geräusche der nahen Autobahn nicht mehr. Dieses Phänomen wird Habituation (Gewöhnung) genannt.

Schaffung einer anregenden Umgebung

Stimulierende, anregende Umweltmerkmale

Für das psychische und physische Wohlbefinden von hochbetagten Menschen in Altenhilfeeinrichtungen sind stimulierende, anregende Umweltmerkmale wichtig. Grundsätzlich gilt, dass die Umwelt nicht zu neuartig sein darf, da sie sonst abschreckt, und sie darf nicht zu bekannt sein, sonst langweilt sie.

Bezüge zur Biografie herstellen

Wichtig bei der Gestaltung von anregenden Umweltbedingungen ist der Bezug zu den Menschen, die in der Institution leben. Das heißt, Gestaltungselemente sollten Bezüge zu den Erfahrungsfeldern bzw. der Biografie der älteren Menschen herstellen. Das gilt sowohl für die Einrichtung des eigenen Zimmers als auch für die Gestaltung des Wohnumfeldes (z. B. Flur, Aufenthaltsraum, Speisesaal). Bilder, Pflanzen, Möbel, Gebrauchsgegenstände wie Kissen, Lampen oder Tischdecken, Souvenirs und Dekorationsstücke können dazu beitragen, eine vertrauensvolle und anregende Wohnumwelt zu gestalten. So könnten z. B. Bilder von Häusern und Straßen, in denen die Bewohner früher gewohnt haben, den Aufenthaltsraum schmücken.

Um einen aktuellen Bedeutsamkeitsbezug herzustellen, eignen sich Fotos z. B. vom letzten Heimausflug oder einem Fest, das im Haus gefeiert wurde. Auch selbstgestaltete Bilder oder Gegenstände der Hochbetagten tragen zu einer anregenden, vertrauten Umgebung bei.

Wie bedeutungsvoll die Anregung durch stimulierende Umweltreize sein kann, macht das Ergebnis der folgenden Studie deutlich:
Im Aufenthaltsraum eines Pflegeheimes wurden Spiel- und andere Gestaltungsmaterialien ausgelegt und die Heimbewohner ermuntert, von diesen Gebrauch zu machen. Es zeigte sich, dass an Tagen, an denen die Spielmaterialien auslagen, 74 % der Pflegebedürftigen mit irgendeiner Beschäftigung oder Aktivität befasst waren. Dagegen waren an den Tagen, an denen das Material nicht bzw. nur auf Bitte von den Bewohnern zur Verfügung gestellt wurde, nur 20 bis 25 % der Heimbewohner mit irgendwelchen Aktivitäten beschäftigt.

Angebote zu Wahrnehmungen und Handlungen

- Zeitungen, Zeitschriften, Bücher, Bildbände

  Zeitungen und Zeitschriften haben einen hohen Aufforderungscharakter, sie können gelesen oder durchgeblättert werden. Dabei werden Erinnerungen geweckt und Neues erfahren. Bei demenzkranken Menschen geht mit fortschreitender Erkrankung die visuelle Wahrnehmung von Bildern verloren. Interessant ist, dass sie Buchstaben noch viel länger erkennen und versuchen Wörter zu buchstabieren, wobei der Wortinhalt wohl nicht immer verstanden wird. So geht es oft darum, dass eine automatisierte Bewegung, nämlich das Blättern, von den demenzkranken Menschen gerne durchgeführt wird, da ihre Aufmerksamkeit dabei auf ein vertrautes Ziel gerichtet ist.

- **Stofftiere und Puppen**

  Plüschtiere und Puppen fordern dazu auf, angefasst zu werden, sie an sich zu drücken, mit ihnen zu sprechen oder sie zu streicheln. Sie erfüllen nicht nur bei Kindern eine Ersatzfunktion oder dienen als »treuer Partner«. Auch Erwachsene erfreuen sich an den meist niedlichen Wesen, auch wenn sie nur zu Dekorationszwecken »genutzt« werden. Eine alte Puppe, die eine besondere Funktion im Leben eines Menschen gehabt hat, weckt viele Erinnerungen und gehört einfach zum Wohlfühlen. Aber auch neue Teddybären können erwachsenen Menschen in bestimmten Situationen Trost bieten.

  Angehörige oder auch das Pflegepersonal haben häufig Angst, die alten Menschen wie Kinder zu behandeln, wenn sie ihnen Stofftiere zum Schmusen anbieten oder eine Puppe mitbringen. Aber letztendlich entscheiden die alten Menschen selber, auch die demenzerkrankten Hochbetagten, inwieweit sie sich auf diese »Spielerei« einlassen.

  Natürlich sollen Stofftiere nicht die menschliche Zuneigung ersetzen, sie können aber einen Zugang zum Menschen bieten und damit die Herstellung von Nähe erleichtern.

- **Kinder- oder Puppenwagen**

  Auch ein Kinder- oder Puppenwagen kann zum Anfassen, Betrachten, Kommunizieren oder zum Bewegen motivieren.

  Bei manchen demenzkranken alten Menschen ist zu beobachten, dass sie Möbel verschieben, vermutlich weil sie sich dadurch spüren. Außerdem haben sie oft einen großen Bewegungsdrang. Das Schieben eines Kinderwagens durch die Flure kommt diesem Bewegungsdrang sicher entgegen.

- **Topfblumen und Blumensträuße**

  Zimmerpflanzen beeinflussen das Raumklima und sind ein wichtiges dekoratives Element. Sie müssen gepflegt werden, verändern sich und stellen unterschiedliche Reize dar. Jahreszeitliche Blumensträuße geben auch Orientierung.

- **Spiele**

  Spiele, die im offenen Regal oder sichtbar auf dem Tisch liegen, laden zum Gebrauch ein.

- **Tiere**

  Die positiven Effekte der Mensch-Tier-Beziehung werden seit vielen Jahren erforscht und dokumentiert. Auch mit der Beziehung zwischen Tieren und älteren Menschen haben sich unterschiedliche Untersuchungen beschäftigt. So ist u.a. festgestellt worden:

  - Tierbesitzer fühlen sich seltener einsam und sind seltener depressiv verstimmt.
  - Mit Tieren wird gespielt und gelacht. Das hat schmerzverringernde, beruhigende und euphorisierende Auswirkungen.
  - Durch die Bewegung (Spaziergang, Streicheln) wird der Mensch aktiviert und die Muskulatur trainiert. Außerdem kommt es durch den Körperkontakt zu Muskelentspannung.
  - Der Tastsinn wird durch das Streicheln angeregt, ebenfalls das Sehen, Hören und Riechen.
  - Das Tier vermittelt emotionale Nähe und lebendige Wärme. Das Bedürfnis nach Geborgenheit wird erfüllt.
  - Ein Tier kann beim Verlust eines nahestehenden Menschen sehr tröstlich und beruhigend wirken. So vermittelt ein Tier auch das Gefühl, gebraucht zu werden.
  - Außerdem kommen Menschen durch ein Tier schneller ins Gespräch und begegnen sich freundlicher.

  Welche Möglichkeiten des Kontaktes zwischen Hochbetagten und Tieren gibt es in Altenhilfeeinrichtungen?

  Die Regelung der Tierhaltung ist in den Altenpflegeeinrichtungen sehr unterschiedlich festgelegt. Manche Einrichtungen haben hauseigene Tiere wie Hund, Katze, Vögel, Fische, Kaninchen, Hamster oder andere, um die sich sowohl die Bewohner wie auch die Mitarbeiter kümmern. In ländlichen Gegenden gehören zur Einrichtung manchmal auch Nutztiere, wie z.B. Schafe oder Hühner. In einigen Heimen ist es möglich, dass die alten Menschen mit ihrem Haustier einziehen. Es gibt auch Institutionen, in denen keine Tiere leben dürfen.

Eine Variante zur Tierhaltung im Heim ist das Mitbringen der Haustiere von den Mitarbeitern oder von Angehörigen. Eine weitere Variante sind Tierbesuchsdienste, bei denen ehrenamtliche Mitarbeiter regelmäßig mit Tieren, meist einem Hund, zu Besuch kommen. Außerdem gibt es professionelle Tierbesuchsdienste, die mit einem kleinen Streichelzoo Altenpflegeeinrichtungen besuchen.

Link-Empfehlung:
Ausführliche Informationen zu Tierbesuchsdiensten und schöne Fotos zu diesem Thema finden Sie unter:
http://www.tfmm.de/bd1.htm

Flure

Die Flure sind in vielen Institutionen der Altenarbeit nicht nur Verkehrswege, sondern für die Bewohner auch häufig frequentierte Kommunikations- und Aufenthaltsorte.

Um die Kommunikation bzw. Interaktion der alten Menschen zu fördern, ist darauf zu achten, dass die Sitzmöbel im Flur bzw. im Aufenthaltsraum in einer Weise arrangiert werden, dass sich bei einer Unterhaltung die Gesprächspartner gegenüber sitzen. Die Anordnung der Sitzmöbel, die einen gegenseitigen Blickkontakt ermöglicht, kann eine wichtige Voraussetzung für Kommunikation bedeuten.

Zu einer anregenden Heimumwelt tragen auch große (Ganzkörper-) Spiegel und große, deutlich sicht- und lesbare Uhren und Kalender in den Fluren bei.

Entscheidungs-, Einfluss- und Wahlmöglichkeiten

Aber auch Entscheidungs-, Einfluss- und Wahlmöglichkeiten in Bezug auf die Gestaltung des Tages und des Wohnumfeldes stellen einen »Puffer« gegen Apathie, Hoffnungslosigkeit und Passivität von Heimbewohnern dar. Flexible Weck- und Mahlzeiten, Wahl-

möglichkeiten von Beschäftigungsangeboten und die Einflussnahme auf die Gestaltung des eigenen Zimmers und des Stockwerkes begünstigen selbstständige Aktivitäten der Hochbetagten. Sicherlich werden solche Chancen von den Bewohnern und Bewohnerinnen zunächst nur zögernd aufgegriffen. Haben sich aber in einer Institution derartige Mitwirkungs-, Einfluss- und Gestaltungsmöglichkeiten einmal eingespielt, werden sie meist auch gerne aufgegriffen.

Orientierungshilfen

Die Fähigkeit zur Orientierung bedeutet, sich in einem Raum oder einer Situation zurechtzufinden. Wir unterscheiden dabei die räumliche, zeitliche, persönliche und situative Orientierung. Eine fremde Umgebung (z. B. bei Heimeinzug) und nachlassende Gedächtnisfunktionen sowie zunehmende Wahrnehmungs- und Aufmerksamkeitsschwierigkeiten beeinträchtigen und erschweren die Orientierung vieler Hochbetagter.

Orientierungshilfen

Die folgenden Hinweise auf Orientierungshilfen sollen als Anregung verstanden werden[2]. Bei der Gestaltung der Wohnumwelt der alten Menschen müssen Orientierungshilfen auf die jeweilige Situation abgestimmt werden.

Anregungen zur persönlichen Orientierung:

- Hochbetagte werden möglichst häufig mit ihrem Namen angesprochen;
- Geburtstagskalender werden aufgehängt und Pflegende erinnern an Geburtstage und Lebensalter;
- Der private Bereich (das Zimmer bzw. die Zimmerhälfte) eines Hochbetagten wird persönlich gestaltet mit Familienfotos, Bildern, eigenen Zimmerpflanzen und möglichst eigenen Möbeln (mit den persönlichen Einrichtungsgegenständen sind oft wichtige persönliche Erinnerungen verknüpft). Auch eigene Bettwäsche, Handtücher, Kissen und Tischdecken können Vertrautheit und Orientierung geben. Ebenso tragen persönliche Dinge wie Wecker, Geldbeutel, Handtasche, Kulturbeutel, Utensilienschachteln und Ähnliches dazu bei.
- Durch quer gestellte Schränke, Paravents oder Vorhänge können Doppel- oder Mehrfachzimmer eine räumliche und optische Aufteilung erfahren, so dass jedem Bewohner eine persönliche Rückzugsnische geschaffen wird.
- Hochbetagte sollten über einen eigenen Zimmer- und Haustürschlüssel verfügen. Selbst wenn sie diese nicht benutzen, wird doch mit dem Besitz eine gewisse »Schlüsselgewalt« verbunden. Zimmertüren sollten von den Bewohnern abgeschlossen werden können und dürfen.
- Bei der Unterstützung aller AEDL´s durch Angehörige oder Pflegepersonal wird auf persönliche Gewohnheiten geachtet, z. B. bei der Kleiderauswahl.
- Spiegel, auch große Spiegel, in denen man sich ganz wahr-

2 Auf erläuternde Erklärungen der Theorien von verschiedenen Interventionsmöglichkeiten, pflegerischen Konzepten und psychosozialen Maßnahmen zur Orientierung für verwirrte ältere Menschen soll dabei verzichtet werden.

nehmen kann, werden angebracht, Handspiegel stehen Bettlägerigen zur Verfügung.

Anregungen zur situativen Orientierung

- Pflegende erklären die Situation konkret, z. B. Pflegemaßnahmen oder die Notwendigkeit des Trinkens.
- Verstecke von Geld oder Utensilien werden zugelassen.
- Erinnerungsstücke der Hochbetagten werden respektiert, tragen zur Gestaltung zur Wohnumwelt bei und werden als Gesprächsanregung genutzt.
- Pflegende tragen Namensschilder.
- Eine Informationstafel mit Fotos und Namen aller Pflegenden hängt im Flur.
- Pflegende klopfen vor dem Betreten eines Privatzimmers an die Tür und warten die Einwilligung zum Eintritt durch die Bewohner ab.
- Aushänge an Pinnwänden unterstützen die Erinnerung und Orientierung.
- Das Anschauen von aktuellen Fotos der Hochbetagten (und auch von Angehörigen und Bekannten) begünstigt die situative Orientierung.

Anregungen zur zeitlichen Orientierung

- Orientierungstafeln mit Wochentag und Datum bzw. Kalender aufhängen.

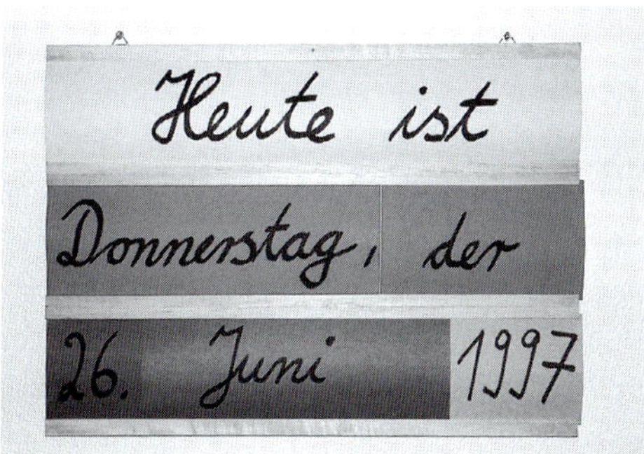

- Große, deutlich lesbare Uhren im Zimmer und auf den Fluren anbringen.
- Wohnbereiche jahreszeitlich dekorieren, z. B. mit den entsprechenden Blumen.
- Schalen mit Obst der Saison (und Obstmesser) hinstellen.
- Tageszeitungen auslegen bzw. daraus vorlesen.
- Wochenspeisepläne aushängen am schwarzen Brett.
- Veranstaltungen werden schriftlich angekündigt an einem feststehenden Ort, z. B. Pinnwand im Flur.
- Wöchentlich wiederkehrende Veranstaltungen finden am gleichen Tag zur gleichen Zeit statt, z. B. Gedächtnistraining – immer dienstags von 11 – 12 Uhr.
- Termine für Krankengymnastik, Fußpflege, Friseur und Ähnliches werden frühzeitig und schriftlich dem Hochbetagten bekanntgegeben.
- Pflegepersonal erinnert an Uhrzeit, Datum und Jahreszeiten.
- Auch jahreszeitliche Feste und Feiern erleichtern die zeitliche Orientierung.

Anregungen zur räumlichen Orientierung

- Farbsysteme erleichtern die Orientierung in den unterschiedlichen Etagen.
- Durch variable Raumbeleuchtung, intensivere Lichtquellen fürs Lesen oder Beschäftigen, Einsatz von Dimmern und das Ausleuchten (aber nicht blenden!) von Informationstafeln kann versucht werden, optische Wahrnehmungseinbußen von alten Menschen zu kompensieren.
- Namensschilder oder Bilder kennzeichnen die Bewohnerzimmer.
- Symbole oder Piktogramme (Bildzeichen) unterstützen das Orientierungsverhalten der Hochbetagten in der unmittelbaren Umgebung (z. B. Weg zur Toilette, zum Speisesaal). Bildzeichen mit einer realistischen Darstellung werden besser erkannt als abstrakte. Die Symbole oder Schilder sollten an der Biografie der Bewohner orientiert sein. So muss im Vorfeld mit den

Bewohnern abgesprochen werden, welche Bezeichnung z. B. für die Toilettentür gewählt werden soll, um die Orientierung auch wirklich zu erleichtern. Manche Hochbetagte können Abkürzungen wie »WC« oder »00« kaum einordnen, ein Herz oder ein stilisiertes »Plumpsklo« wird von manchen besser erkannt. Für den Speisesaal eignet sich am besten ein Bildzeichen, das den Blickwinkel der alten Menschen am ehesten repräsentiert, d. h. der Blick von oben auf Teller und Besteck.

- Treppensteigen ist wesentlich orientierungsgebener als Fahrstuhlfahren.
- Ein Foto einer Heim-Außenansicht auf jedem Flur hilft dem »Wegläufer«, das Heim wiederzuerkennen.
- Bilder der Stadt bzw. des Wohnortes weisen auf die Umgebung der Institution hin.
- Pflegende erklären den Blick aus dem Fenster. Sie weisen auf Orientierungshilfen hin und ermuntern die Hochbetagten, diese auch zu benutzen.

Vielfältige Orientierungshilfen tragen zur Ausdifferenzierung eines erkenntnismäßigen Vorstellungsbildes von der Umwelt bei und fördern so die Selbstständigkeit der Hochbetagten. Alle Orientierungshilfen müssen in das Gesamtkonzept eines Hauses bzw. einer Institution eingebettet werden. Was nützt es, die Orientierungsfähigkeit der Hochbetagten, z. B. durch Uhren und Kalender, zu erhalten oder zu verbessern, wenn die Tage im routinierten Einerlei vergehen? Eine strukturierende Tagesgestaltung, oder besser Alltagsgestaltung, stellt ein wichtiges Element zur Sicherung der Orientierung der alten Menschen dar. Beschäftigungsanregungen, -angebote und wiederkehrende Veranstaltungen unterstützen die Schaffung optimaler Umweltbedingungen für die Hochbetagten.

Literaturverzeichnis

ARIE, T. Das Nottingham Modell. In: Baltes, M. und H. Gutzmann. Brennpunkt Gerontopsychiatrie. Internationale Pflegekonzepte zur Langzeitbetreuung in der Altenhilfe. Hannover: Vincentz Network. 1990.

BALLER, G. Geistig fit ins Alter. Spielerische Gedächtnisübungen zum Erhalt der geistigen Beweglichkeit. Bochum: Senioren Verlag. 1994.

BALTES, M. und H. GUTZMANN. Brennpunkt Gerontopsychiatrie: Internationale Pflegekonzepte zur Langzeitbetreuung in der Altenhilfe. Hannover: Vincentz Network. 1990.

BAUMANN, H. (Hrsg.). Altern und körperliches Training. Bern, Göttingen, Toronto: Hans Huber. 1992. (Angewandte Alterskunde; Band 1).

BECHTLER, HILDEGARD. (Hrsg.) Gruppenarbeit mit älteren Menschen. Freiburg im Breisgau: Lambertus. 1991.

BELLMANN, R. Überlegen - entscheiden. Gedächtnistraining in Themen. Stuttgart: Memo-Verlag. 1994.

BERGMOSER UND HÖLLER (Hrsg.). Das bewegte Jahr. Teil 1 und 2. Bausteine Altenarbeit. Aachen: Bergmoser und Höller. 1996 und 1997.

BEYSCHLAG, R. Altengymnastik und kleine Spiele. Anleitung für Übungsleiter in Heimen, Begegnungsstätten und Verbänden. Stuttgart, New York: Gustav Fischer. 1989.

BLINZLER; A. und A. LOOBES: Reise in eine andere Welt. In: Altenpflege 1/1997. Hannover: Vincentz Network.

BEYSCHLAG, R. Bewegung und Harmonie. In: Altenpflege. Vincentz Network. 1986/5. S. 304 ff.

BÖGER, J. und S. KANOWSKI. Gerontologie und Geriatrie für Krankenpflegeberufe. Stuttgart, New York: Thieme. 1982 2.

BÖHLE, FRITZ, MICHAEL BRATER und ANNA MAURUS. Pflegearbeit als situatives Handeln. In: Pflege. Heft 1., 1997. S. 18-22. Bern: Hans Huber.

BRIGHT, R. Musiktherapie in der Altenpflege. Stuttgart, New York: Fischer; Kassel, Basel, London: Bärenreiter. 1984.

BUCHHOLZ, T. und A. SCHÜRENBERG. Lebensbegleitung alter Menschen. Basale Stimulation(r) in der Pflege alter Menschen. Bern, Göttingen, Toronto, Seattle: Verlag Hans Huber. 2003

BÜCKEN, HAJO. Kimspiele. Spiele zum Sehen, Schmecken, Riechen, Tasten, Hören und Denken. München: Hugendubel. 1993 4.

BÜKER, H.-J. und M. SCHUMACHER. Lesen und Erzählen. Hannover: Vincentz Network. 1992.

DALFERTH, MATTHIAS. Snoezelen im Altenpflegeheim. Ergebnisse der wissenschaftlichen Begleituntersuchung im Altenpflegeheim des BRK in Regensburg. In: Ergotherapie und Rehabilitation. 7/2004. Idstein: Schulz-Kirchner Verlag GmbH.

DEUTSCHER TURNER-BUND. Seniorenturnen. Lehrplan Deutscher Turner-Bund 2. München, Wien, Zürich: BLV Verlagsgesellschaft. 1983.

DIEKERMANN, DIRK. Anspruch und Wirklichkeit. In: Altenpflege 7/1997. S. 36 f.

DUNKEL, WOLFGANG. Pflegearbeit - Alltagsarbeit. Eine Untersuchung der Lebensführung von AltenpflegerInnen. Freiburg im Breisgau: Lambertus. 1994.

DUNKHORST, HEIKE. Gedächtnistraining: Ein Jahresprogramm. Hannover: Vincentz Network. 1994.

EVERS, MAGRIT. Geselligkeit mit Senioren: Wahrnehmen, Gestalten, Bewegen. Weinheim, Basel: Beltz. 1994.

FLEISCHMANN, U. M. Gedächtnistraining im höheren Lebensalter - Ansatzpunkte und Möglichkeiten. In: Zeitschrift für Gerontologie. Band 15. Heft 1. 1982.

FORTMANN, M., Liederbuch Volksliedertexte. Hannover: Vinventz. 1996

FÜLLER, K. Musik mit Senioren. Theoretische Aspekte und praktische Anregungen. Weinheim, Basel: Beltz. 1994.

GEUSS, H. Training kognitiver Fähigkeiten. In: Howe, J. (Hrsg.). Lehrbuch der psychologischen und sozialen Alternswissenschaft. Band 3: Hilfe und Unterstützung für ältere Menschen. Heidelberg: Asanger. 1991.

GLONNEGGER, ERWIN. Das Spiele-Buch. Brett- und Legespiele aus aller Welt; Herkunft, Regeln und Geschichte. München: Hugendubel. Ravensburg: Maier. 1988.

GOEKEN, ANNA. Gruppenarbeit mit älteren Menschen. Freiburg im Breisgau: Lambertus. 1976 3.

GROND, E. Praxis der psychischen Altenpflege. Betreuung körperlich und seelisch Kranker. München - Gräfelfing: Werk-Verlag Dr. Edmund Banaschewski. 1988 7.

HAAG, G. und J. C. BRENGELMANN (Hrsg.). Alte Menschen. Ansätze psychosozialer Hilfen. Therapieforschung für die Praxis 11. München: Gerhard Röttger. 1991.

HAARHAUS, J. DR. (Hrsg.). Bausteine Altenarbeit. Der Kreis führt zur Mitte. Aachen: Bergmoser und Höller. 3/1996.

HARMS, H und G. DREISCHULTE. Musik erleben und gestalten mit alten Menschen. Stuttgart, Jena, New York: Gustav Fischer. 1995.

HARTWANGER, ANNETTE. Auf dem Weg zum Wohlbefinden.In: Altenpflege. 3/2003. Hannover: Vincentz Network.

HEMKER, L. Gedächtnis erhalten, Gedächtnis fördern. In: Unterricht Pflege. Heft 1. 1996. S. 20 - 25.

HIRSCH, ANNA MARIA. Psychologie für Altenpfleger. München: Quintessenz. 1994.

HOLLMANN, W. und TH. HETTINGER. Sportmedizin. Arbeits- und Trainingsgrundlagen. Stuttgart, New York: Schattauer. 1990 3.

HULSEGGE, J. und AD VERHEUL. Snoezelen - eine andere Welt. Herausgegeben von der Bundesvereinigung Lebenshilfe für Menschen mit geistiger Behinderung e.V. Marburg: Lebenshilfe-Verlag. 1997 6.Auflage.

JAPSER, BETTINA M. Spiel und Gespräch. Hannover: Vincentz Network. 1995.

JOPPING, WOLFGANG. Gruppenarbeit mit Senioren. München: Bardtenschlager 1986.

JUCHLI, LILIANE. Krankenpflege. Praxis und Theorie der Gesundheitsförderung und Pflege Kranker. Stuttgart, New York: Thieme. 1991 6.

JUNKERS, GABRIELE, BERND MOLDENHAUER und UWE REUTER (Hrsg.). Pflegeversicherung. Konsequenzen für die Reorganisation, Finanzierung und Qualitätssicherung. Stuttgart, New York: Schattauer. 1996.

KIPP, J. und G. JÜNGLING. Verstehender Umgang mit alten Menschen. Eine Einführung in die praktische Gerontopsychiatrie. Berlin, Heidelberg, New York: Springer. 1991.

KLÜTSCH, EVELYN. Feste und Feiern. Hannover: Vincentz Network. 1991.

KNOLL, JÖRG. Kleingruppenmethoden. Effektive Gruppenarbeit in Kursen, Seminaren, Trainings und Tagungen. Weinheim, Basel: Beltz. 1993.

KNOR, STEFAN. Entspannen durch Harmonie. In: Altenpflege 3/1997. Hannover: Vincentz Network.

KÖTHER, I. und E. GNAMM. Altenpflege in Ausbildung und Praxis. Stuttgart, New York: Thieme. 2000 (4. Auflage).

KOLB, M. Gedächtnistraining mit Bewegungsspielen. In: Praxis der Psychomotorik. Februar 1996. S. 19 - 25.

KRUSE, ANDREAS und HANS-WERNER WAHL (Hrsg.). Alter und Wohnen im Heim: Endstation oder Lebensort? Bern, Göttingen, Toronto, Seattle: Huber. 1994.

KUNZ, EBERHARD und WOLFGANG LEHNIG. Seniorenarbeit alternativ. Heidelberg: Quelle und Meyer. 1979.

KURATORIUM DEUTSCHE ALTERSHILFE (Hrsg.). Gedächtnistraining. Ein lebendiges Arbeitsbuch als Einstieg für Gruppenleiter. Dr. M. Kuhn, B. Doll und M. Völker. Köln: Eigenverlag. 1992.

LADNER-MERZ, S. Gedächtnistraining. Warum ist es für Menschen in der zweiten Lebenshälfte so wichtig? In: Evangelische Impulse 1/96. S. 25 - 29.

LANDESVERSORGUNGSAMT HESSEN (Hrsg). Kreativ im Heim. 1984.

LATZ, INGE. Musik im Leben älterer Menschen. Bonn: Fred Dümmlers. 1989.

LEHRL, S. UND B. FISCHER. Gehirn-Jogging: Selber denken macht fit. Ebersberg: Vless. 1994 4.

LEPTIHN, TILMANN. Guter Wille allein reicht nicht. Leitfaden für ein gerontopsychiatrisches Pflegekonzept. Bonn: Psychiatrie-Verlag. 1996.

LÖDING, CLAUDIA. Snoezelen. München, Jena: Urban und Fischer. 2004.

MACIEJEWSKI, BRITTA, CHRISTINE SOWINSKI, KLAUS BESSELMANN und WILLI RÜCKERT. Qualitätshandbuch Leben mit Demenz. Zugänge finden und erhalten in der Förderung, Pflege und Begleitung von Menschen mit Demenz und psychischen Veränderungen. Köln: Kuratorium Deutsche Altershilfe. 2001.

MARR, DETLEF. Kunsttherapie mit altersverwirrten Menschen. Nürnberg: City Druck. 1993.

MARTIN, E. Didaktik der sozialpädagogischen Arbeit. Eine Einführung in die Probleme und Möglichkeiten sozialpädagogischen Handelns. Weinheim, München: Juventa. 1989.

MARWEDEL, ULRIKE. Gerontologie und Gerontopsychiatrie lernfeldorientiert. Haan-Gruiten: Europa-Lehrmittel. 2004.

MARZAHN, REINHILD. »Was kann ich bewegungstherapeutisch mit dementiell erkrankten alten Menschen machen?« In: Schmidt R. und R. Stephan. (Hrsg.) Der dementiell erkrankte ältere Mensch - Probleme der praktischen Altenhilfe. Berlin: Deutsches Zentrum für Altersfragen e. V. 1984.

MERTENS, KRISTA (Hrsg.). Aktivierungs-Programme für Senioren. Dortmund: verlag modernes lernen. 1997.

MERTENS, KRISTA. Psychomotorische Aktivierungsprogramme für Alten- und Pflegeheime. Grundfragen der Akzeptanzgewinnung und der praktischen Anwendung. Dortmund: verlag modernes lernen. 1997.

MEYER, H. Leitfaden zur Unterrichtsvorbereitung. Königstein/Ts.: Scriptor. 1980 3.

Meyer großes Taschenlexikon »Stichwort Fröbel« Band 7. S. 276.

Meyer großes Taschenlexikon »Stichwort Spiel« Band 20. S. 353 f.

MUTHESIUS, D. Musikerfahrungen im Lebenslauf alter Menschen. Hannover: Vincentz Network. 1997.

OETTING, MELANIE. »Brainwalk«: Jogging fürs Hirn. http://www.geo.de/GEO/medizin_psychologie/wellness/hintergrund/2004_05_GEO_brainwalk/?linkref=geode_teaser_sectionbox_text&SDSID= (4.1.2005)

OSBORN, C., P. SCHWEITZER und A.TRILLING. Erinnern. Eine Anleitung zur Biografiearbeit mit alten Menschen. Freiburg im Breisgau: Lambertus-Verlag. 1997.

PERRAR, KLAUS MARIA. Snoezelen - ein Betreuungsangebot auch für alte und hochbetagte Menschen?. In: Ergotherapie und Rehabilitation. 11/2003 und 2/2003. Idstein: Schulz-Kirchner Verlag GmbH.

PETERSSEN, WILHELM H. Handbuch Unterrichtsfragen: Grundfragen, Modelle, Stufen, Dimensionen. München: Ehrenwirth. 1988 3.

PLATZ, S. und S. WEGERER. Gedächtnistraining im Alter: Theoretischer Hintergrund und Entwicklung eines Interventionsprogramms für Altenheimbewohner. In: Zeitschrift für Gerontologie. Band 23. Heft 4. 1990. S. 197 - 204.

PÖLLATH, J. K. (Hrsg). Hausbuch der Feste und Bräuche. München: Südwest Verlag. 1993.

PRÜMMER, MONIKA. »Die trinken doch nur Kaffee...« In: Altenpflege 6/1997. Hannover: Vincentz Network.

RIES, CH. Sich als ganzheitlicher Mensch fühlen. Plädoyer für Beschäftigungstherapie in der Altenpflege. In: Altenpflege. 2/1996. Hannover: Vincentz Network. S. 102 ff.

RÖCKL, GABRIELE: Schnoezelen macht mehr als schönes Licht. In: Altenheim 5/2004. Hannover: Vincentz Network.

ROGGEMANN, BERNHARD. Ergotherapie in der Altenpflege. Dortmund: verlag modernes lernen. 1991 3.

SAUP, W. Alter und Umwelt. Eine Einführung in die Ökologische Gerontologie. Stuttgart, Berlin, Köln: Kohlhammer. 1993.

SCHAADE, GUDRUN. Stationäre Betreuung demenzkranker Menschen und ergotherapeutische Aufgaben. In: Ergotherapie und Rehabilitation. 5/2003. Idstein: Schulz-Kirchner Verlag GmbH.

SCHARLL, M. Bewegungstraining mit alten Menschen. Gruppengymnastik, Spiele, Altenpflege mit Übungen für Bettlägerige und Schlaganfallpatienten. Stuttgart: Georg Thieme. 1989 3.

SCHEIBER, J. Ergotherapie in der Psychiatrie. München: Bardtenschlager. 1989.

SCHMIDT, L. Bewegen, Berühren, Wahrnehmen - Das Konzept der Basalen Stimmulation in der Pflege. In: Heilberufe 5/2002, Seite 20-21.

SCHMIDT, R. und R. STEPHAN. Der dementiell erkrankte ältere Mensch - Probleme der praktischen Altenhilfe. Berlin: Deutsches Zentrum für Altersfragen e. V. 1993.

SCHMIDT-HACKENBERG, UTE. Wahrnehmen und Motivieren. Die 10-Minuten-Aktivierung für die Begleitung Hochbetagter. Hannover: Vincentz Network. 1996.

SCHÖNFELDT, S. Das große Ravensburger Buch der Feste und Bräuche. Ravensburg: Otto Meier. 1993.

SCHOENFELD-SCHOTTE, EVELYN. Inseln der Ruhe. In: Altenpflege 8/1996. Hannover: Vincentz Network.

SCHWANECKE, FRIEDRICH. Gemischte Gefühle. In: Altenpflege 2/2004. Hannover: Vincentz Network.

SCHWANK, EVELIN, EVA SEIDEL und DORIS TORMIN. Lern- und Gedächtnistraining im Alter. Frankfurt (Main): Pädagogische Arbeitsstelle, Deutscher Volkshochschul-Verband. 1986.

STADT WETTER, Diakonisches Werk Hagen (Hrsg.). Wetterspiele. Hausdruckerei der Stadt Wetter (Ruhr).

STECHLING, S. und I. SCHNEIDER-EBERZ. 1013 Spiel- und Übungsformen für Senioren. Schorndorf: Hofmann. 1996 4.

STÖHR, URSULA. Das Seniorenspielbuch. 250 praktische Anregungen für die Gruppenarbeit. Weinheim, Basel: Beltz. 1993.

STORMS, G. Spiele mit Musik. Sauerländer, Aarau, - Frankf/M., Diesterweg. 1984.

STUTZENBACH, ALICE. Gruppenarbeit mit Betagten. In: Altenpflege. November 1978. Hannover: Vincentz Network.

URBUS, L. Pflege eines Menschen mit Heimpflege nach dem Bobath-Konzept. Einführung in die therapeutische Pflege. Stuttgart, New York: Thieme. 1996 2.

VAN CLEVE-MARK, IRIS. Spielend Grenzen überschreiten. In: Altenpflege 8/93. Hannover: Vincentz Network. S. 484.

VAN DEEST, H. Heilen mit Musik. Musiktherapie in der Praxis. Stuttgart. Thieme. 1994.

VERHEUL, AD. Lehrgangsveranstaltungen »snoezelen«. Zentrum de Hartenberg. Ede.

VON DER HORST, ROLF. Politisches Umdenken tut not. In: Altenpflege 3/91. S. 187 ff.

WEBER-KELLERMANN, I. Saure Wochen - Frohe Feste. Fest und Alltag in der Sprache der Bräuche. München, Luzern: Bucher. 1985.

WEINSCHENK, R. Didaktik und Methodik für Sozialpädagogen. Bad Heilbrunn: Klinkhardt. 1981 2.

WILHELM, K. Vorurteile machen alt. In: Psychologie heute. Juni 1995. S. 9.

WILKEN, HEDWIG. Bewegen und Begegnen im Alter. Spiele für Senioren. Münster: Ökotopia. 1995.

WILKEN, HEDWIG. Stolpersteine gegen den Alltagstrott. In: Pflegezeitschrift. 3/1997. S. 118 ff.

WIRSING, KURT. Psychologisches Grundwissen für Altenpflegeberufe. Ein praktisches Lehrbuch. München, Weinheim: Psychologie-Verlags-Union. 1987 3.

ZGOLA, J. M. Etwas tun! Die Arbeit mit Alzheimerkranken und chronisch Verwirrten. Bern, Stuttgart, Toronto: Hans Huber. 1989.

ZIMMER, RENATE. Handbuch der Sinneswahrnehmung. Grundlagen einer ganzheitlichen Erziehung. Freiburg i. Br.: Herder. 1995.

Stichwortverzeichnis